人類行為與社會環境

Human Behavior
A Perspective for the Helping Professions

Robert L. Berger, James T. McBreen, Marilyn J. Rifkin 著

郭靜晃　校閱 ／ 陳怡潔　譯

Human Behavior
A Perspective for the Helping Professions

— Fourth Edition —

Robert L. Berger
James T. McBreen
Marilyn J. Rifkin

ISBN:957-8446-71-3

主編序

　　在台灣，社會工作專業的存在已有三十多年歷史，然而，近幾年來在台灣社會快速發展與社會問題不斷增多的情況下，社會工作業才受到重視與需要。所以，目前可說是台灣社會工作專業發展真正的契機。

　　一個專業要能夠培養真正可以勝任工作的專業人才，其專業的地位與權威，才會受社會所認可 (sanction)。因此，學校的教育人才、教學方法與教材、對社會工作在專業的發展上都具有其關鍵性影響。我們在學校任教，對教學教材與參考書不足深感困擾。環顧國內社會工作界，社會工作各專業科目的專業書籍實在不多。因此，在一個偶然相聚的機會中，揚智文化葉總經理願意出版社工叢書，以配合當前社會及專業的需要。

　　自1997年開始，在出版社的協助下，我們選購了國外一系列評價頗高的社會工作書籍，由社工領域中學有專長且具實務經驗的社工菁英來翻譯，另由我們邀請國內各大學中教授社會工作專業科目之教師撰寫書籍。而該年又適逢社會工作師法的通過，因此，我們希望規劃出版各類專書，能有助於實務工作者證照考試，以及學校課程的教授與學習。而最重要的是，期望藉著這些書籍的撰寫與翻譯，使專業教育不再受限於教材之不足，並能強化社會工作專業人員的能力，使我國本土的社會工作與社會福利服務實務能有最佳的發展。

　　最後，我們要感謝許多社會工作界的同道，願意花時間和我們一起進行此一繁重的工作，並提供意見給我們，並竭城地希望此一社工叢書能讓大家滿意。

曾華源、郭靜晃　謹識

序

對每一位社會工作人員來說，如何瞭解人類本身的特質、潛力並認清周圍環境的影響與力量始終是項需要學習不輟的課題，至於將內容龐雜、範圍廣泛的「人類行為」與「社會環境」兩大領域之相關知識加以融會貫通、相互佐證就成為專業人員亟須努力的一大任務。記得在修習人類行為與社會環境此門課程時，授課老師時常提起在收集教材上的困擾與不易，此乃因兩大領域均需兼顧，不可偏廢。而在進入實務工作之後，對於人類行為與社會環境之重要性與實用性有更深一層的體會，亦因此極渴求擁有一本學理與實務並重、說理明晰的工具書，振奮的是在此次的翻譯過程中，經常隨著本書作者的文字鋪陳與章節編排，而有份如獲至寶的欣喜。此乃書中除了在各相關理論上循序漸進的介紹與整理之外，更可貴的是各章結尾所附之真實案例，從解析與分享中，體會到人類行為與社會環境於實務工作中運用的技巧和關鍵。

在此要特別感謝東海大學社會工作系的曾華源教授，讓我有參與本書翻譯工作的機會，並不時給予鼓勵與支持。以及中國文化大學青少年兒童福利系主任郭靜晃教授於百忙之中撥冗校閱，使本書之譯文更為確切，更補足了第一次擔任翻譯工作的我的不足與疏漏之處。此外，家母國泰醫院社會服務室李雲裳主任亦於翻譯過程中時時給予鞭策與督促，亦極感謝。在此翻譯過程中承蒙各位師長之指導，方使工作順利完成，若有未臻完善之處，企盼各先進、同道予以指正，不勝感激。

陳怡潔
於台安醫院社會服務室

目錄

第四章　人生歷程中的人類行為　169

第五章　實務運用　225

前言

　　本書出版之際，國會正在辯論削減聯邦預算中學校營養午餐的部分，且致力於重新研議一項，即將大量減少美國貧苦家庭資源之福利方案。在論及綜合與個人所得稅的刪減時，許多國會議員對增加最低薪資持反對立場，所有的證據指出，一次激烈的攻擊事件是這個國家中，大多貧困人民所不斷遭遇到的，若此說成立，「與美國有約」(Contract with America) 將侵蝕許多用以支持困苦人民及家庭的資源。

　　這是以一個11歲的孩子Sandifer的故事為背景，一個11歲的孩子，同時也是一個殺人犯兼被害者的幫派分子，發生的所有的悲劇 (Gibbs, 1994: 54-59)。然而，這是個美國社會中一再上演的故事，兒童的福祉不斷的因為貧窮、暴力、缺乏教育、藥物和犯罪而遭到威脅。我們如何開始了解一個11歲大的殺手的所做所為？我們運用遺傳上的異常事例、個人心理學、家庭關係或社區生活去發掘答案？或者我們從巨視面來看，社會及政治議程造就了多少危害婦女、兒童及少數民族的政策？我們如何開始去了解政治人物的行動及其選民？誰正在尋求撤銷許多報酬低的老人、貧民、殘胞、婦女、兒童及少數民族等之服務？

　　成為一個有效率的專業助人者必須了解人類行為的許多面向。驚悚的和溫馨的、普通的及特殊的、吝嗇的及利他的，均是需要協助的人內在的一部分。顯而易見的是，許多情況是複雜的，各種因素牽涉在多元化社會系統中的個人、家庭及廣泛生活經驗中，了解它們是一項困難的任務，需要許多的知識及相當的敏感度。

　　本書的目標在於協助人們去了解，在助人的過程中所發生的各種狀況，這項任務始於你如何關心其他人，且有動機地去改善每個人的生活品質，而加強你的助人動力的是，對人群及其所生活之系統上的理論、實情和觀念。這是運用你的知識去投注於有需要的人並提供你規劃服務過程的基礎。本書將重點放在複習必要的理論，並提供可用以整合、運

用理論於實務中的架構。你也將會學到有效率的專業助人者是如何運用他們的知識於人類價值觀及倫理之中。

實現的與未完成的夢

這本書是有關於什麼對人類是重要的，和這些事如何影響他們的生活。從事助人專業的人是促進他人達成生活目標。為了有效的進行，我們首先必須了解人類的價值觀為何，因為價值觀和目標是密切相關的，人類追尋他們所重視的，並且依其價值觀及現實感而行事。因此，專業助人者也必須了解人類如何構思適當的策略以達成其生活目標。

許多因素影響著個人如何判斷重要性和可能性，這些因素中有些是具體的，例如缺乏正規教育的人渴望那些需要學歷的工作，這樣的人將會被排除於那些他們想要的工作之外，且被迫放棄這些可得到趣味及獎勵的工作。其它的因素是更模糊的，但卻是重要的。宗教信仰可能支持一個述說人們可以遠離種族衝突的夢想，即使這類衝突正在發生。這本書將幫助你了解為何人類有他們的夢想，他們的行為如何彼此影響，及他們的夢如何得以修正，甚且，時而摧毀，當你在下一章的末尾讀到11歲男孩Sandifer的個案時，你可能懷疑他可能還有一些夢想是再也無法實現的。是基於安全上的需求使得Sandifer參加幫派，或這是一個滿足歸屬感的方式？雖然我們不能正確的了解每個人的心意，但我們可以嘗試著去了解，影響人類生活之個人及社會力量。

「了解」需要知識。因為有許多因素影響人類的夢想與價值觀，故需要具備多元且廣泛的知識。這本書將幫助你複習和整理現有的理論，並在需要時將助你獲取必須的新知識。此外，你將學到如何以一個致力於影響人類現況之專業助人者的角色來運用這些知識。

澄清並建立目標

在許多個案中，專業助人者的首要任務是去協助當事人建立他們的價值觀及目標。雖然這些價值觀潛藏於內心深處，而且可能極少在思考或說話中呈現出來，因此當人們被協助於檢測及表達他的價值觀及目標

時，也就易於考慮要獲得或修正這些觀念的用意何在。當然，人們常把事情想成是無法達成的，而在這些個案中，藉由敏感度及人際支持來認清事實是專業助人者帶進助人過程中的一部分。價值觀及目標促成人類行為改變而且往往是矛盾的，父母可能目睹其子女在經濟上的成就，可能也希望其能成為具有愛心的、誠懇的人，具有道德感且攻擊性低的人，其他父母可能有同樣的夢想但並不鼓勵他們的子女追求這樣的目標，因為他們不相信這是符合現實的。我們都對自己及其他人有所期許和類似的目標，但往往這些難以在其中建立可行的優先順序，並分類出其中可實現的部分為何。專業助人者協助人們表達、澄清並組織他們的夢想與目標，而專業助人者在倡導那些支持基本需求的政策時亦並行不悖。

知識的類型

有各種知識，且均在持續發展中。科學、藝術和人文都在嘗試著去解釋和描繪心靈、身體和人類天性。每種知識均以不同的角度進行解釋。科學尋求持續的、可預期的，及量化的規律來解釋人類行為 (Leshan & Margnau, 1982: 7)。藝術正朝向人類的想像力，以發掘人類生存的要素，並透過人性以檢測文化及歷史傳統來發現人類生活中的意義，並為每種向度建立其有用的知識。

藉著了解知識的各種來源，我們可以避免行為研究上的錯亂。Fritz Perls (1969)，完形心理學家認為，當我們致力於研讀人類行為時有一個有用的隱喻，是借自於藝術上的用語；完形偏向以形體——背景 (figure-ground) 的二分法來了解行為 (Perls, 1969)。若我們嘗試以此蘋果（形體）在桌（背景）上，桌子是不被注意的。當我們凝視夜空（背景）時並想像它的密度，我們失去了對自己所在位置（形體）的洞察力。也因此我們連帶失去了，嘗試去獲取人類行為的基本要素。科學、藝術及人文都已經為我們在解釋人類行為時提供佐證。然而，藉著只專注於知識典藏庫的某一部分，我們試著去強調形體（我們所感興趣的特殊行為）且失去對背景的關注（各行為發生的背景）。在Sandifer的案件中亦發生類似狀況，專業助人者或可對其家人提供援助，專業助人者亦可能

已改善其現有之健康照護、居家及就業狀況,他們也可能已爭取到基金,此乃用於一切可提昇Sandifer生活狀況的,包括學業、日間照顧、職能發展、槍枝管制、多元化健康照護等各種社會及經濟資源。

人類行為是比這些可見部分的總和還多,除了我們的科學知識以外,人類行為尚有謎題:我們可能在某一特定時刻都不知道要為個人的行動負責的種種變項。然而,我們能進行人類行為的探討嗎?答案是:注意!人類一如世間萬物是同時被既定規律及隨機過程所引導的,從物理學來看,我們努力於可測性;從社會科學來看我們珍視多樣性;從藝術及人文來看,我們了解獨特性及各種角度。做為一個專業助人者,我們必須尋求學習所有的已知的,也向來都是任務中未完成的部分,必須密切注意的是,科學及謎題並非互不相容的原則,它們均為知識與禮讚。

這本書發展了那些興起於科學、藝術、人文等有用於實務的知識上,考慮何種知識對實務而言是重要的,運用Fritz Perls的假說,進行分隔形體與背景的任務。這個架構也同樣以社會工作價值觀及實務原則為根基。亦即,我們相信,這是對所有助人專業都是有用的,這是建築於人類行為的健康模型之上,主張人類是為福祉而奮鬥,並處於轉化的過程中。

你為任務的重要性而傷神時,至少必須牢記你已經知道的許多人類行為上的知識,因為你已修習人類學、心理學、社會學、政治學、經濟學及生物學,你已學習許多人類及其行為的各種面向。以這些知識為基礎,本書的焦點則放在協助你複習你所知的,學習一個整合這許多知識的架構,並繼而發展應用技巧於助人的真實情境中。使用這本書之後,應是一本非常具實務性的書,你應該對你所知的更具信心,且你應能運用你的知識於自助及助人中。

本書摘要與主旨

讓我們在你翻至第一章之前做些摘要吧!這本書是希望幫助從事助人專業者在實務中能運用知識,藉以了解社會環境中的人類行為,使專業助人者能做些更有效益的實務性決議。基於上述觀點而有以下假設:

1. 知識是具有專業性責任之助人歷程的基礎。

2. 某些知識在實務中比其它知識更有用，尤其是這種為人類發展建立了系統及多元化的背景之知識，這對了解受困者或求助者的處境來說是最有用的。

3. 為求能運用於實務，知識（觀念及資料的整體呈現）是絕對需要學習、整合及運用於實際生活狀況中的。實務工作者亦需知道要如何判定何種觀念及資料是最適用於某特定狀況中。除了摘錄適用的觀念外，我們將會討論其在於實務中的運用。

4. 我們現有的知識層級尚不足以讓我們了解一切與人類行為相關的事務。因此，我們鼓勵讀者在質疑人類行為的複雜性時，保持一顆敬畏與好奇的心。本書只是試著去查明各種來自於科學、藝術及人文的知識。知識在健康及大眾服務的領域中是不斷拓展的。結果，有關於人類行為的理論就能被發展、利用、標準化、調整，甚且在相當短的時間內被淘汰。本書將藉著評估這些理論與模式來幫助你研讀人類行為。它也應協助你從個人方面的原則中去獲得理論模式。近來，專業期刊中的文章可用以更進一步發展出有關於現今理論架構的批判標準。

這本書從上述假設中萃取出三大主旨，茲摘要如下：

1. **系統性的複習與摘錄有特殊關聯性的觀念及資料**　運用這些存在於生物學、社會及行為科學中的各種適用之概念，尤其是社會學、心理學、政治學、經濟學、人類學及人體生物學等科目。除了從上述學科中挑選出重要的概念外，亦將探討其於實務工作中的實用性。

2. **發展出一個可用以整合各種有關於探究人類行為的觀念架構**　當個人原則集中在教導各類觀念及理論時，這本書將會把焦點放在發現其中的各種關聯。這將使吸收、了解所有人類行為變得容易些，且比分解、拆散它們更好。

3. **指明整合性的知識可如何為專業助人者所用**　為支持這項目標，我們將嘗試建立一個可用於實務工作中的基本的分析及決策架構。

本版的特色

本版之主要架構與前三版是一樣的。我們持續擴充、更新前三版中的內容。第二章含蓋了更多系統理論及其論述方面的資料。而後在第三章則呈現行為的四種來源方面的其它相關資料，尤指遺傳學、心理學及社會結構、制度等領域。另外，在第四章則介紹，生命歷程中已經擴充至含蓋私人敘述的討論，及其對了解人類行為的重要性。最後，第五章則包含專業助人者角色，及助人過程的研討，並著重於應用在實務中的力量基礎觀點 (strengths based perspective)。

本版已加入新的研究問題與導讀。這些問題與導讀是設計來挑戰學生去獲取、整合及運用其以往所學的觀念。如同前版，主要名詞列於各章的功能在於去協助讀者，複習所呈現的重要觀念及議題。

本書前三版的作者之一，Ronald C. Federico教授逝世於1992年。他在社會工作領域中的貢獻將受人懷念，而且他對本書及其他作者的影響迄今依然存在。新的作者則為辛辛那提大學的Marilyn J. Rifkin教授，Rifkin教授加入編輯小組伴隨而來的是其25年的實務及教學經驗。

我們希望你將會發現這是一本，在學習及專業生涯中均有助益的工具書。

致謝詞

作者們希望向許多對修正版有所貢獻的人致謝。以及許多在前版中為此版本的發展及修正提出建言及意見的學生、教師、朋友、家人及同事。

我們尤其要感謝兩位辛辛那提大學社會工作研究所的研究生Rosemary Schroeder和Mary Kay Martin-Heldman，他們提供第五章導讀中的原始資料，我們要向其他慷慨的為本書提供資料的編輯和出版商致謝。

我們也要感謝家人，尤其是Maria McBreen，為她在撰寫本書期間的參與、支持表示謝意。

Longman出版社的工作人員，在技術方面的協助尤其助益良多。
George Hoffman及Hillary Henderson二位助理編輯，均在此修正版
中提供大量的技術協助。也要謝謝Linda Moser製作人，在製作過程中
的全程監督，以及東密西根大學的Linda F. Kurtz和堪薩斯大學的Den-
nis Saleebey檢視初稿並提供良議。

參考書目

Gibbs, N. (1994). Murder in Miniature. *Time*, September 19, pp. 54-59.
Leshan, L. and A. Margenau (1982). *Einstein's Space and Van Gogh's Sky: Physical Reality and Beyond.* New York: Collier Books, p. 7.
Perls, F. (1969). *Gestalt Therapy Verbatim.* Lafayette, CA: Real People Press.

第一章　人類行爲與有效實務

若這是個夢，這不是我的夢，因我不了解這夢中出現的詞彙。

———*Joyce Carol Oates**

我在乎我自己是只有一些模糊的知覺而已，這些知覺綁住我，使我對事業只有最原始的概念。

———*Gabriel Marcel***

概要

　　若你正考慮以社會工作或其他相關專業人群服務為事業，毫無疑問的表示你以服務大眾為志願。本章始於下述假設：助人專業實以此志願為根基。繼而將焦點轉移到為何知識對有效的助人專業是重要的，並討論何種知識對社會工作之實務工作者而言最有用。一個健康與力量取向 (health-and strengths-oriented) 的社會工作實務模式已呈現，且運用此種模式來研讀人類行為的方式亦在討論中。本章亦檢驗在實務工作者進行狀況評估時生態系統觀點模式的重要性為何。各種不同的理論均被提出、檢測。最後，為實務工作選取理論的問題是在檢驗社會工作實務一般模式的目的之前即已被探究。第一章的確是本書其後章節的基礎，而發展人類行為理論實以專業目的及社會工作的健康 (health)、生態學 (ecological)、力量 (strengths) 和使能 (empowerment) 模式為根基。

---

* Joyce Carol Oates (1990). *I Lock My Door Upon Myself.* New York: The Ecco Press, p. 75.

** Gabriel Marcel (1960) . *The Mystery of Being: 2. Faith and Reality.* Chicago: Gateway Edition, Henry Regnery Company, p. 19.

關於行為的一些說明

行為 (behavior) 的定義眾說紛云，學術界也一直尋求解釋而專家則嘗試去改變它。甚至科學家及實務工作者在人類行為的定義及認識上有極大的改變。一些定義中敍述行為是特殊行動之總和。行為，根據上述說法，簡單定義為人的行動。其他的可能提出一個較廣泛的解釋並再行動之外加上認知與情感。

《社會工作辭典》(*Social Work Dictionary*) 定義行為是：

> ⋯⋯任何個人的反應，包括可觀察的行動、可計算的心理改變、認知印象、迷幻與情感。〔Barker, 1991: 22〕

基於本書宗旨，我們正選取此項觀點，因為它提供一個標準，有助於在研讀這個主題中建立架構。有著這樣的一個廣泛定義，實務工作者能夠在思考人類行為時不但將其視為特殊行動的總和與結果，並且視為從發生起即存在的個體狀態。

這個定義協助社會工作者在收集相關資料時能儘量考慮受助者所面對的情況。在直接服務中，實務工作者可能發現下列問題，例如：「什麼是塑造或影響特定行為的內外在因素？」這同樣的問題可能在實務工作者尋求改變個人或團體的態度、信念和行為時發生，這些人就包括在種族歧視下遭到健康及福利不公的人們。行為就如同個人面對環境的反應，受下列三因素之交互影響：

- 認知（人所思考的、相信的、察覺的和願意的）
- 情感（人所感受的，包括官能的）
- 行為（人所做的）

本章之末記載「Sandifer的一生」，一個11歲的殺人犯和被害者。在Sandifer短暫的一生中經歷了除非我們生活在類似狀況下方能想像的許多慘事。在芝加哥南區的生活被描述成如同活在戰區。在嘗試去重建和

了解導致Sandifer步入死亡的生活、經歷、關係和社會力的時候，我們不能再去加以責備。社會工作者尋求不同的因素是如何影響行為以使得他們能調整處遇計畫。他們的目標是讓人能成長和存活，而不是對生活失去控制。

實務中的知識、技巧與承諾

社會工作者專業協會的倫理守則中記載：

> 社會工作者應該定期的保有、維持並盡力促進最新知識以及技巧的吸收，以達成其實務工作應具有之專業水準。〔NASW, 1973: Code of Ethics, 3.6〕

當然，被提出的問題是：「什麼樣的知識和技巧確實是社會工作者為達成其專業水準而需具備的？」當我們了解社會工作實務的內容時答案就變得清楚了。社會工作者專業協會提供社會工作實務之定義如下：

1. 社會工作是幫助個人、團體或社區提昇或重建其社會功能方面的能力及塑造適合其目標的社會環境之專業活動。

2. 社會工作實務包含社會工作倫理、原則及各種技巧的專業技能，其中含蓋：為個人、家庭和團體提供諮商及心理治療；協助社區或團體提供或改善社會和醫療保健服務；以及參與相關之立法程序。

3. 社會工作實務包含人類發展和行為、社會、經濟及文化機制的知識與上述各項因素間之交互影響狀況。〔NASW, 1973: 3-4〕

社會工作者專業協會也詳述社會工作實務之首要目標乃在於嘗試(NASW, 1982)：

1. 提昇個人問題解決、應對和發展能力。

2.聯結個人與提供其資源、服務和機會的系統。

3.提高供給人類資源與服務之系統的工作效率。

4.發展及改進社會政策。

當你認清社會工作的定義及社會工作實務的目標時，你可能開始發覺有效實務所需的知識、技巧之深度與廣度是相當大的。我們現能輕易的了解到為何社會工作者事業協會的倫理守則，為求融入有效的專業服務中，故對新進的知識與技巧有所要求。助人專業需要一個可建立實務工作基礎的理論體系。Briar在對此知識基礎之深度與廣度方面表明其看法：

> 一個持續擴增的多元性變化在今日表現出許多社會工作的特質。這是在實務工作的各項領域中、廣泛的理論定位及處遇取向中，和持續增加的研究方法中顯而易見的，在在均為提昇實務工作之理論基礎。〔Briar, 1987: 393〕

近來的研究顯示（Saltman and Greene, 1993）人類行為課程的內容一直改變並反應出目前正在思考那些模式應納入人類行為的課程。有趣的是，這個研究發現對實務社會工作者而言，他們在研究所課程中學到的各種人類行為的理論架構及相關實務模式除了在社會工作文獻與實務中的新觀念介紹之外都維持原貌。例如，對許多實務工作者所做的調查顯示，這些在60年代取得社會工作碩士學位的人是以心理分析或新佛洛伊德理論為其實務的根基。而於70年代取得學位者也是運用心理分析或新佛洛伊德理論，但他們更常用存在理論及系統理論。80年代的則是以系統理論及新佛洛伊德理論為其實務之重要依據。這些研究者指出社會工作者必須在養成過程中學習人類行為的各種理論並了解人類的差異性。

必須鄭重說明的是，無論如何，並不是所有的人類行為理論都是互補不足的，事實上，有些是相互衝突的。社會工作者可能運用各種不同的理論模式。這些理論必須在社會工作領域中塑造出一個通則。這個通則將於本章稍後討論。

研討人類行為及其與社會環境的關係是社會工作領域的基礎。人類行為是豐富且複雜的。當我們考慮任何生活狀況時必須考慮許多因素。社會工作實務的範圍從個人的直接服務延伸至國內法規的倡導。提供協助的成果必須增進正確地了解實務狀況的能力。我們也必須能夠判別可用於解決問題的資源為何，以及妨礙正常功能的障礙又是什麼。無論我們是對一個憂鬱的兒童進行諮商，致力於增加心理衛生基金或是設計一個有效的兒童心理衛生服務系統，了解個人及其與社會、物理環境之間的互動狀況是絕對需要的。

　　雖然這本書將會把焦點放在將知識視為有效助人歷程的一個要素，但知識只是助人歷程四大基本要素之一。這些要素有：(1)取得受助者的承諾；(2)擁有並運用需用於了解實務狀況中各項重要向度的知識；(3)表現施行處遇技巧的**能力**（competency）；並且(4)以符合助人專業之倫理道德規範的方式運用知識與技巧。

　　除了知識以外，社會工作實務必須取得承諾。今日人們面對的個人與社會問題之複雜性促使其希望對這些遭遇問題的人能提供協助。第一，我們必須取得這些受助者的認可。這項認可不能是被傳授的，但它能夠是從生命歷程中學習而來的。它必須是來自施助者，至少部分是其同理與關懷的能力。沒有這樣的認可，我們的案主所呈現的問題或是我們在助人過程中所遭遇的障礙可能會令我們感到失望。第二，我們必須不斷的在專業上成長，這包括持續的找尋增進自身專業知識及技巧的機會。有效的助人技巧是透過繼續教育、督導與實務中發展而來的。

　　當社會工作者與人進行互動時，他們變成那個人的社會環境的一部分且對其生活造成直接或間接的影響。具有知識及技巧的社會工作者與其所扮演的助人者角色合成一體後便將自身置於對受助者有所影響的位置上。由於社會工作者處於這樣的地位，使得這個專業促使其以符合倫理守則的方式運用所具備的知識與技巧。在社會工作者的專業教育中，他們發現社會工作價值、方法及知識將支持他們成為一個稱職者及倫理實踐者。

　　本章之末的導讀部分是在反映造成十一歲男孩Sandifer悲劇生涯及死亡的個人與社會力量之雙重影響。什麼樣的力量能向一個小孩擔保他

會是一個像別人一樣和善、可愛的孩子？Alex Kotlowitz在他《這裏沒有小孩》一書中 (1991) 提供一個在芝加哥Henry Horner家中兩個男孩的成長故事。像Sandifer一樣的孩子成長於極度艱困、危險的環境中。Singer和同事 (1995: 481) 在研討青少年所遭受到的暴力問題中發現，「有相當比例的青少年在暴力事件中成爲受害者或目擊者，而這樣的遭遇與其心理創傷有極大的關聯（憂鬱、焦慮、疏離和創傷後壓力）」。DuRant等人 (1994) 發現，在市區內的非裔美籍青少年中可見其憂鬱與絕望的心理症狀乃與自身遭遇的暴力事件有關。更進一步的研究指出，兒童情緒問題與其所居住之社會環境（貧窮、暴力、歧視）狀況的關聯，並建議「人在環境中」的取向是協助那些不幸兒童所必須的 (Proctor et al., 1993)。Sandifer的命運及其遇害可能改變嗎？如果可能，這需要了解各項造成兒童死亡的社會力量並具有改造它們的承諾與技巧。研讀人類行爲是以個人輔導及社會政策爲基礎，直接改變那些造成貧窮、種族主義及其他各種歧視的有害之社會結構。

社會工作觀點

　　社會工作專業藉著運用特殊的理論模式來了解人類行爲。社會工作理論與實務運用「**生態學觀點**」(ecological perspective)，如同Germain及Gitterman (1986)、Hartman與Laird (1983) 及Pardek (1988) 所倡議的。運用這個模式，社會工作者以完整的角度，視人類行爲乃是發展於生物的、心理的、社會的、經濟的、政治的及物理力量的整體性相互作用。人類自身是經由環境中所有的元素交流而發展、成形的。人類以動力的及交互的方式與環境中的各種力量及人群進行互動 (Zastrow, 1995: 24)。這些交流並非總是相互有益的或具有同等的權力和地位。以社會工作的角度來看，爲使人類行爲的各項理論成爲實用的，必須要加上這些互動的影響。

　　社會工作專業長久以來將焦點放在人與環境間的交流上。社會工作爲了雙方的福祉而提昇個人與其環境間的互動，因此，社會工作中人在

環境中的取向包含了「人類行為的整體觀點」(holistic view of human behavior)。這樣的模式嘗試以其較廣大的範疇來了解單一事件或行為。換句話說，社會工作者試著去了解影響現況的個人、人際及社會等因素之交互作用。例如，為幫助Sandifer或生活在類似狀況下數以千計的不幸兒童，就會需要社會工作的全面理論來描述其在營養、情緒支持、住家、教育、保健及經濟上的需求。社會工作模式將同時描述Sandifer的照顧者及其社區之類似需求。社會工作也指出在專業方面對那些集中在一起，將Sandifer置於險境的巨大政治、社會及經濟等力量的了解與改造。在這種情況下社會工作者會嘗試經由多層次的處遇而將這些需求以整體性的服務來處理。特殊資源，例如醫療照顧或住宅，會以與各種社會服務結合之其它專業來提供。要確定上述將整合各種專業為一種形式，而這會成為社會工作者未來的重要任務。

　　社會工作亦以健康取向為實務的基礎，此取向也把焦點放在人與其環境間的互動 (Weick, 1986)。健康觀點 (health perspective) 視人為需要資源、支持及知識的轉變機制，故而能夠選擇那些有助其增進環境方面之功能的各種方式。對人類能力的信念變得更人性化且有尊嚴的。健康觀點強調一個成長定位並假設人類為福祉而奮鬥。當與生物醫療模式 (biomedical model)，一些人類發展理論及實務乃以此為基礎，互做比較就會對健康取向較能了解。例如，醫療模式，主要將問題置於人本身。健康觀點則將問題放在人與環境間的互動上 (Kagel and Cowger, 1984)。在 表1.1 比較這兩種模式，你會看出生物醫療模式為一個由問題焦點 (problem-focused) 的專家們所解決的問題中尋求一個特定的成因(疾病)。故而生物醫療模式具有狹小的焦點且認定專業人士乃主要問題解決的機制，健康觀點則認為人類本身能管理自己的生活。專業人士的角色是提供人類所需之資源，無論是個人的 (如諮商或資訊) 或是環境的 (如職業訓練或住宅的獲取)。

　　我們現在轉移我們的注意力至社會工作中力量基礎實務 (strengths-based practice)。Ann　Weick (1992) 從這個模式的核心中指明三項假設。第一，每人均有內在力量，可塑造成生命力、轉變能力、生命能量、靈性、生產潛力或治癒能力。第二，這個力量 (strengths) 觀點假

表1.1　醫療與健康模式比較

	生物醫療模式	健康模式
要點	研究疾病的治療	健康的研究與提昇
定位	疾病乃身體之錯亂	疾病是與環境在互動中的不衡所產生
	健康是疾病的反制	健康是福祉的呈現
成因	健康是沒有生病嘗試將特定成因置於身體內之生化及器官功能（改造論）	各層次間相互影響模式的認識（整體論）
處遇形態	外在領域提供治療	刺激內在治療能
專業人士的角色	外在提供治療的機制	治療過程的促進者
病患的角色	醫療中被動但合作的接納者	醫療過程的積極指揮者
社會的角色	疾病是個人事務；社會於福利中負擔部分費用	健康是公共事務；社會為建立健康的環境負責

From: Ann Weick, "The Philosophical Context of a Health Model of Social Work," *Social Casework*, Nov. 1986, Families Intermation, Inc. Reprinted by permission of publisher.

設這些力量是引導個人及社會轉化的知識之強大形式。第三，力量基礎實務假設當人們的正向能力受到支持時，他們的力量更可能發揮。藉著將焦點放在人類的資源、天賦、經驗及性情上，正向成長的可能性大增。Weick對照力量觀點與傳統的問題解決模式，後者做為社會工作實務之

主流已有一段時間。問題解決模式的焦點是在重塑案主問題解決的能力。這個模式與力量觀點的差異在於，其假設案主有殘缺的或未發展之問題解決技巧，且置社會工作者於教育及重塑的角色上。Weick也主張引用問題解決模式乃實務工作者承諾必會診斷問題並給予治療。相對的，力量觀點主張「每個人都具有自身轉變的種籽」(Weick, 1992: 25)，且社會工作者所付出的是對這項潛能深信不疑。在此應記述，無論如何，社會工作原理論並不是主張工作的首要焦點在於改變個人。社會工作原理中的「始於案主所在之處」不應被誤解，故而主張我們應該接受案主的現況不佳且需要我們的幫助就變成更重要的事。社會工作實務將焦點放在支持案主與其環境抗衡，這可能需要或不需個人的改變。社會工作者支持案主達成他們的目標，而在許多情況下，案主只需要特殊的資源。在其它情況下，因為歧視，使得案主始終無法取得資源，則此時焦點則在於透過倡議來支持案主。

　　社會學家C. Wright Mills (1971) 在私人難題與公眾議題之間畫清界限。「私人難題」的觀點偏向於那些人際間有問題的經驗，例如，關係衝突、家人死亡或是家庭有無住所的壓力。公眾議題則偏向於與大環境有關的問題，即其政策與機構。例如，高失業率、缺乏能負擔的住屋及醫療保健等問題 (均可歸類於公眾議題的範圍內)。社會工作者時常處理私人難題，而這些至少有部分應歸咎於公共政策。亦即兒童福利工作者協助一名現已擁有許多社會工作者和寄養安置等服務的憤怒又偏激的兒童時，這位兒童福利工作者必須學習適應這個系統是主張原因來自於這個孩子的應對能力不足而非兒童福利系統有所缺失。社會工作者是將改變置於這個孩子身上而不是在促成偏激行為的系統上。力量觀點會視此兒童為有充分的善良本性，但系統在照顧上失效。社會工作者在助人運用個人及社會資源時具有重要的角色，此時需對個人及其發展帶來負面影響的系統同時進行改造。最後，Saleebey陳述其與力量觀點相關之論點：

　　　　社會工作，如同其他助人專業，已依其假設而建立許多理
　　論及實務，而案主因為自身之不足、問題、病理和疾病以致成

了「案主」；以較具批判性的方式來說，他們就是有缺點的或虛弱的。這種定位是根植於過去，那時的信念是窮人有道德上的缺失，甚且，偏差者是被束縛著的。今日有更精密的觀點被提出，但比喻和故事引導我們認爲我們的案主必定是在困境中生活而且這也是他們未來的命運。虛弱或缺陷的語法和象徵塑造了案主的周遭狀況、自身境遇及資源分配；總而言之，他們任由自己走向懲處中。〔Saleebey, 1992: 3〕

　　一些觀點在今日的實務中廣被接受，包括依賴者、失能家庭、早熟兒童、未婚媽媽、兼代親職的兒童、邊緣人格、行爲偏差及適應偏差。這張表格會一直延伸。辛辛那提聯合勸募(United Way)的計畫員Terry Grundy，最近撰文主張當我們不能運用任何的標籤時，我們通常會援用「處於危機」(at risks)中一詞，但這意味著目前並沒有任何問題存在，專業人士業已發現，有許多顯著因素表現出某個問題可能會發生。在大部分的社會史及服務計畫中，上述現象是顯而易見的，這同時使我們將大部分的注意力放在問題、偏差及缺失上，之後再加上一段我們所謂的「力量」。這個模式大多將案主及工作者的焦點放在案主不能做到，或做得極有限之處，而非案主能做得好的地方。將力量觀點視爲現今大量被採用的偏差基礎 (deficit-based) 理論及實務方法中的指引，對新進及資深的實務社會工作者而言，都是相當困難的。

　　將力量與健康觀點置於生態模式的理論中，則引導出 **使能** (empowerment) 的概念。Labonté (1990) 主張使能的及物與不及物定義。及物動詞是指從一個人傳到另一個人的傳遞力量；不及物動詞則意謂著獲得力量。使能具有三個層級：在個人層級上，這是一個自我強力意念的經驗，進而提昇自尊與自信；在人際層級上，這是一個以個人及大眾經歷爲基礎的知識與社會分析架構；在社區層級上，這是一個社會政治成果的促進。摘自Heart Health Inequalities II Workshop (Health Promotion Directorate, 1989) 提供一個使能活動的連續機制，其中個人與專業工作者可藉此增進個人的轉換及社會的改變：

・個人使能 (personal empowerment)

- 小團體發展（small group development）
- 社區組織（community organization）
- 聯盟倡導（coalition advocacy）
- 政治行動（political action）

　　Labonté（1992: 10）列舉以下與健康照顧有關的支援授權連續機制而成之助人策略：

- 個人使能：　發展性個案工作
　　　　　　　提昇個人控制及權力意念
- 小團體發展：改進社會支持
　　　　　　　提昇個人行為改變
　　　　　　　提供生活方式改變上的支持
- 社區組織：　在社區性健康議題上發展地域性行動
　　　　　　　批判性的社區／專業對話
　　　　　　　在意識層次上引起衝突
- 聯盟倡導：　為更健康的公共政策而進行遊說
　　　　　　　促成策略性輿論
　　　　　　　合作與解決衝突
- 政治行動：　支持廣泛的社會運動
　　　　　　　建立一個可以忍受的、更好的未來
　　　　　　　提昇參與式的民主

　　使能過程不需從個人使能直接運作至政治活動。例如，一個參與清理鄰里地區的社區組織活動可能促使這個人覺察自身的力量和天賦，且在這個過程中覺得自己更有能力。在另外一個情況中，某位加入男同性戀者支持團體的男士，變得更了解建立聯盟和政治行動的需求。

　　使能觀點（empowerment perspective）與力量觀點（strengths perspective）結合，給予人類發展和社會工作角色完全不同的概念。這些概念對許多社會工作文獻中，後現代及女性主義取向的理論和實務給予支持。Saleebey宣稱授權模式對我們所服務之不幸的、邊緣人口而言

是遭到批判的。

　　使能模式並不是建立在將權力回歸民眾的基礎上，而是在
發展民眾自身的力量（個人的與集體的）。爲發現這個力量，我
們必須推翻並棄絕輕蔑的標籤；提供家庭、機構及社區聯結的
機會；質疑被害者的心態；背離家長式作風（甚至是在極度的
善意的僞裝下）；並信任個人本身的直覺、價值、觀點和精力。
授權不只是把目標放在降低個人和社區的無力感，也是協助個
人發現其自身、家庭和鄰里的實力。〔Saleebey, 1992: 8〕

無論如何社會工作者必須認清系統中危害群眾的龐大力量。甚至是
當其它的因素加入以爭取正義時，能幹的人可能也沒有力量去克服來自
群眾、團體與組織的反擊。

總而言之，以上討論的各種取向均爲當代社會工作實務的基礎。人
類行爲與處遇的理論應包含下列要素：

1. **健康定位** (health orientation)　乃個人、團體或社區爲健康和
   完整而努力。
2. **成長定位** （growth orientation）　是個人、團體或社區具有正
   面之目標引導。
3. **生態觀點** (ecological perspective)　即個人、團體或社區受到
   多重、互動的因素影響。
4. **力量觀點** (strengths perspective)　爲個人、團體或社區具備所
   有轉變時所需的事物。
5. **使能觀點** (empowerment perspective)　是將焦點放在互動過
   程中所有發掘、支持並提昇個人、社區權力及成長的事物。

選取知識時的問題

每個人的行爲，包括他的思考與情緒都是經驗的結果且會被過去及

現在所影響。然而，所有的知識可能都適用，但因我們能夠獲得並吸收所有可學到的知識中的片斷，我們需要工具去選取可用以塑造實務工作的理論。作者提出各類知識的架構以使實務中的各種角色類型均被珍視。

知識的類型

實證性　個人性　社區性　哲學性
特殊性　概括性
解釋性　處遇性

所有的各類知識將於本章討論並於文後其他章節中提出參考資料。

實證性知識

實證性知識（empirical knowledge）是根據科學方法的探究。它相信我們的感覺——我們能聽到、嘗到、摸到、看到和聞到的事。實證性知識乃運用一些固定的方法進行測量。例如，我們能測量玻璃杯內的水量、同一個問題中答「是」的人的數量，或是一個人進行視力檢查時的正確度。

人們在想要「證明」一些事時傾向於運用實證性知識。在日常生活中我們為報紙文章的內容而爭吵，解決這次爭執的辦法就是把報紙拿來，看看裡面究竟寫什麼。這個爭論性的記載是會在那裏或根本沒有。當我們希望驗證現象的持續性時就會運用科學方法。雖然精密度更為提高，科學採用此項基本理論。生物的、物理的、社會的和行為的科學均嘗試去測量有興趣的事物，故上述學說廣為被採納、信服。生物學家測量血液中白血球的數量，物理學家測量光速，而社會學家則決定某特定團體成員最可能運用什麼樣的醫療保健服務。上述均為真實世界中測量行為的方法。實證性測量資訊通常被稱為資料，而且在反覆測量後的結果相同就會被認定為事實。因為它強調可測量的事實與證據，故實證性模式通常亦被稱為確實性模式。

科學運用測量以發現物理及社會世界中行為之可預測模式。這個形式取決於決策之基礎。白血球數量降低的人可能罹患特殊疾病，此乃基

於許多研究報告指出在白血球減少與某特殊疾病間是有關連的。了解到數百萬人口沒有健康保險促使政府一再嘗試實施全民健康保險。政府補助之全民健康保險所引起的爭議可能來自於社會學及流行病學研究顯示那些無法負擔定期健康保險的人是更可能生病且缺乏照顧的人，而這些個案比事前擁有健康保險的花費更為昂貴。雇主可能發現為提供員工健康保險的費用是比因員工重病而無法工作的損失為低。

助人專業所運用的實證性知識相當廣泛。我們讓案主填寫問卷以提供基本資料，如年齡、種族、收入、教育程度和婚姻狀況。這項資訊通常用於社會研究，以判定是否某些基本資料與特定行為、類似行為或未滿足的需求有關。社會工作者亦研讀文獻以學習人們如何解決所面對的問題，他們檢視研究資料故而對現存問題及需求敏感。例如，青少年懷孕的數量是增加還是減少？這樣的增加或減少與那些變項有關？若期待青少年懷孕的比率能夠降低，什麼樣的處遇方法或政策制訂是有效的？年輕的父母及其子女需要什麼資源以滿足生活需求？實務工作者亦在服務過程中進行各項統計以完成機構要求的報告，或收集資料以應用於特定立法倡議活動。社會服務機構的創始人希望判定方案的有效性，可利用各種的研究方法和工具。為了保護民眾免於遭受無效的或具傷害性的治療，可運用科學方法為其主要工具，而治療則可能被視為是治療疾病時所用的新藥或是助人專業的實務方法。實證性資料在了解人類行為的領域及有效助人策略的發展上，對社會工作實務有極大的重要性。實證性研究與知識是以此為基礎但仍有主觀上的偏見存在。有關於會討論那個主題及如何進行檢測之研究決定，包含了各種主觀因素及選擇。我們將在第二章讀到，在討論系統理論時，研究者的原有概念將取決於研究設計及各項發現。資料的解釋乃另一個領域，其中研究者的偏見和原有概念會影響研究成果。其它關於科學知識的限制與缺乏將於稍後的部分討論。

哲學性、個人性及社區性知識

哲學性知識嘗試經由反射性思考而非人的行為或物體之實際測量來了解一般的及個人的經驗。哲學性知識是可行的，因人類具有思考和認

識自己的特殊能力。Freire（1993: 3）表示，「做人就是與其他人和世界有所關聯。會經歷到這個世界是個獨立個體，獨立，被認識‥‥」他更進一步指出人類是關係的產品，他們經由批判性的反應而了解事實，並經由此項反應而發覺自己的庸俗。「超越單一領域，人們回顧過去，認識現在並展望未來。時間的畫分是人類文明史上一項重大發現。」（Freire, 1993: 3）

　　哲學性知識是可行的，因爲我們的意識自始從來就讓我們記憶、覆述、接受現實並等待未來。哲學性知識是我們爲人類、歷史事件嘗試去提供一些解釋。

　　現實的反應使人類體驗種種事實並塑造其意義。例如，Victor Frankl 在《人類尋求意義》（*Man's Search for Meaning,* 1959）一書中指出，納粹集中營內的囚犯所遭受到的種種酷虐，並非只是設計來毀滅人的軀體，同時也摧毀人的性靈。然而人們都能帶著尊嚴超脫於生死之外，即使當時毫無尊嚴可言。經由他們的意念，他們塑造了一個並不存在於實證、可測的世界上的性靈，但毫無疑問的是，這支撐著他們。

　　在此必須鄭重說明，納粹係引用達爾文的學說而認定要滅絕「非亞利安人」（non-Aryan）。Shipman 表示：「早在達爾文的學說首次發表之際，人類改造就在德國變得泛政治化‥‥某些人所謂的種族科學，一項自以爲是的說辭，以其強勢而爲納粹所採用。醫療從業人員及物理人類學者變成種族科學家，將一些關於種族的特定想法轉化成『公共衛生測量法』的駭人解釋，這樣的想法無情地引來極端邪惡。」（1994: 145）。在這樣的情況下，哲學性知識將可用以制衡科學性知識。哲學性知識可於內容中加入科學觀點，例如，遺傳工程。

　　社會工作和其他助人專業已擁有許多處遇及助人理論。然而，社會性協助的行動，則基於某些哲學性假設之上。Reamer 表示：

　　　　任何專業的主旨植基於任務、方法和概念定位等方面的重要假設上。簡而言之，任何專業的核心是由目標與理論的哲學性定義所組成。在某些方面，哲學性問題之追求就好像在智力體育館做運動，進而在當代社會工作者所面對之快速的、壓迫

的、令人氣餒的訴求中挪移。然而，最終我們不能避免主要的
問題，亦即質疑將社會工作者之首要任務界定於是關懷不幸兒
童或其他處於困境中的人。如果社會工作是在提昇其理論基礎
以持續其專業地位，那麼，對這個專業而言，檢驗、塑造並澄
清其主要哲學性假設則是不可或缺的。〔Reamer, 1993: xii-
xiii〕

　　許多社會政策辯論的中心在於有關人類形態及個人與社會的關係，
即所謂的「社會契約」之中的基本哲理差異。近來，以民主黨所倡導的
「與美國有約」為例，是以個人會對其生活負責的信念為根基，且社會
負有支持或處理個人狀況之起碼義務。一系列的哲學性問題可能會附屬
於遺傳工程的顧慮上，例如，人類是什麼？人性的那一部分是遺傳的？
我們有權力或義務去改變我們的遺傳組合嗎？誰應該決定這些問題
——個人的、科學的社區或社會？道德的、人權的、社會義務的、責任
的和人類的形態等問題是哲學性問題的一小部分而已，這都提供了社會
工作實務的基礎。

　　雖然大不相同，實證性與哲學性知識之間存在著重大關聯。人類有
能力進行有關自身及環境之邏輯性、反射性、創造性及直覺性思考，這
使得真實世界中的事物與過去所未知的聯結起來，變得是可以想像的。
在一些事例中，一但有些想法出現，實證性方法能用以決定關係是否確
實存在。針對有關治療性工具的系統性思考並且進一步地將其應用在疾
病可能運用的新療法上，在此所實行的檢測可能是有效的。當然，彼此
間的關係在經過邏輯性演繹下仍可證明為真，但不能採實證性的驗證，
因為我們的測量工具是有所限制。

　　Roberta Wells Imre指明，哲學性及實證性理論對社會工作而言是
極為重要的。她指出，無論如何，社會工作實務中之基礎已在文獻中完
全被忽略了。依照Martin Buber關於關係的我↔你（I-Thou）及我↔它
（I-It）的思考模式，她表示：

　　　　人們的需求在我↔它及我↔你的世界中遊走不定。我↔你
　　關係是人性中特殊的一部分，然而，這在社會工作實務中會被

忽略且極有可能造成傷害，只有當它被理念架構接納為一種實
證性科學（如實證性理論）時，才會被視為一項知識。社會工
作者需要從沈浸於基本實證性方位（basically positivistic posi-
tion）中覺醒，並且清楚畫分何者為真相、何者為善且何者需珍
惜。在人類生活之各項實務性證據中，並未包含上述內容。一
個在本質上尊重人性的專業，需要具備一項了解人性各層面的
哲學。哲學的語言是為了記錄個人的重大問題。〔Imre, 1984:
44〕

從以上的敘述Imre表示了人際關係對人而言極為重要，亦是了解人
的要素。並非只是人與世界或正式結構的關係才是重要的。更進一步來
說，許多問題只能思考，無法證明。生命的意義是什麼？什麼應該是人
彼此之間最基本的關係？日常生活中，什麼是對的？什麼是錯的？在不
同的個人、文化及法律結構下這些問題會用不同的方式提出。然而，經
過實證法，答案還是「無法證明」。儘管我們不能計算和證明生存的領域，
但它們的重要性是不可被忽略的。哲學性理論促使我們以結構性方式思
考此類問題，且Imre懇求我們除非是實證性方面足以證明的，否則不要
限制我們的思考。

個人性知識是從自身經驗發展而來的，是知識的主體。社區性知識
也可被視為知識，它是來自群體且常含蓋團體文化。個人性與社區性知
識的效度往往因缺乏科學方法上的客觀性而常被質疑。然而，各項知識
的來源正成為當代社會工作文獻的焦點。文獻的主體源自後現代式的思
考。西歐的摩登時代，或光明時代是始於天文學家伽利略與哲學家笛卡
兒，他們嘗試以理性的、數學的和實證的方式來了解宇宙。然而，隨著
物理學上的新發現開始，廿世紀中的「後現代時代」很快的影響了文學、
神學、哲學和社會科學。而量子機械理論、相對論和混沌論均已質疑先
前存在的理性論者所述之現象的穩定性與可測性。在醫學上，Heisenber-
g未定守則指出，觀察行動改變了觀察中的行為（Spielberg and Ander-
son, 1987）。一個類似現象在社會科學中於二〇年代被發現。Elton
Mayo及其同事在研究工作場所的物理特徵（燈光及休息時段）後發現，

這可能會影響Western Electric Company中之霍桑分廠內的員工生產力。這些研究者發現，提昇生產力的最重要因素是使員工覺得他們正從公司獲得特殊利益 (Mayo, 1945)。未定守則與霍桑效應指出，許多研究報告在觀察者出現時有遭到妨礙。

Michel Foucault分析歷史資料與社會機構指出，所有知識（包括研究）的相對性，並建議均用一定模式組成以維持其於主流文化中的力量。Foucault宣稱，可獲得的主要內容（文章、哲理、理論及機構之結構）乃為主流產品。這樣的結果使事實的呈現受到抑制，甚且被視為價值不高。他表示：

> 被抑制的知識乃被功能論學者及系統性理論所掩蓋的歷史性知識之總和。我相信一個人藉著那些被抑制的理論可以了解一些其它的事物，一些被認為是不同的事物，換句話說，這一類的知識已經不足以達成其任務，或是不夠精細；淺薄的知識仍停留在階級體系的底層，在認知或科學之必要層次之下。我也相信經由這些低階知識的再次出現（如精神病患或是病人，或護士，或醫生——就其醫學知識的程度而呈平等且分明之勢）又加入了我所謂的一般知識……一種當地的、區域性知識，一種無法一致同意的特定知識……。〔Foucault, 1980: 82〕

Gorman (1993: 249) 指出，一種平行現象已出現在社會科學中——一個大為遠離方法論取向，且更接近相對論的事實主張，其鼓勵各種聲音及各種事實的解釋與表達：而這些都是尋找可以解釋所有關係的「偉大理論」的現代學者所畫分的。Hartman反而表示：「我們（社會工作者）必需執行一個為案主所用且傾聽他們的心聲、故事及真實情況的服務模式。那些基於主觀經驗，為不幸人群抒發心聲並促進廢止抑制性知識的研究非常重要」(1992: 484)。偏向於個人及社區性知識，Graff (1979: 32-33) 計畫將所有強調現實的現代學者所輕忽的——情感、直覺、推論、個人經驗、沈思、形而上學、神話、魔術及神祕論，賦予新的重要地位。

Reamer摘要了社會工作者之「自然主義」取向的主要部分，這些是

後現代主義的直接質問：

1. **事實的形態**　沒有單一事實。甚至可以從不同的觀點來了解各種事實狀況。

2. **觀察者與被觀察者間的關係**　觀察者與被觀察者間的關係（研究者──主體、助人者──受助者）是相互影響且反覆的。觀察的過程改變觀察者與被觀察者雙方。

3. **普遍化的限制**　在人類行為領域的研究中受到相當的限制。人類的多樣性使得個人行為無法預測。

4. **因果相關的限制**　明確的、不均的和直線的因果關係是不存在的。社會工作者研究的各項主題（案主、處遇、組織、社區及人口統計趨勢）間的因果關係複雜，畫分因果是不容易的。

5. **價值的關聯**　價值影響第一個要調查什麼問題（或第一個先調查誰）、引導處遇的方法及其理論架構，以及結果的分析與解釋。
　　〔Reamer, 1993: 145-146〕

　　社會工作運用許多後現代主義的解釋於知識、理論、實務和研究中。這些將於稍後詳細討論。

　　Polanyi（1958: 18）表示，個人知識（他將之稱為戰略知識）是客觀知識（他稱之為直述知識）的基礎。他相信個人知識來自於創造力。換句話說，它與實證性知識類似係因其依賴個人的感覺器官方面的經驗。雖然如此，兩者的差異處在於個人知識通常無法測量。三種個人知識特別重要：具有感覺的、經驗的及優先的。且讓我們一一說明。

　　感覺性知識（sentiment knowledge）為Zuboff（1988: 61）定義為來自生理的線索之感官資訊所發展出之行動中心技巧（action-centered skill）。這個知識包括，紡織、拋球、畫水彩、打字、駕駛和爬山等各式體能活動。由於這是一個以身體為支配力的知識，因此在這高科技的年代裡，Zuboff主張，由於自動生產過程亦是運用勞力生產，技巧都是會流失的。她強調失去感覺的技巧是項重大的、失去判斷力的經驗，因為它們在人類與其世界的聯結上是個非常重要的途徑。

　　兒童發展專家相信後續認知與抽象學習均是以感覺性經驗為基礎。

兒童知道圓的感覺在他們會用語言表達之前，或是在他們能抽象性的了解球、輪子、氣球和派是圓的之前。在Zuboff的著述中，當工作人員在一個新的、不用動手的電腦工作世界中，而不需運用任何感覺性知識和技巧的時候，他們變得對工作感到迷惘與疏離。感覺性知識對生理、心理功能及成長都重要。在Polanyi的著作中，「由所知、所行的觀點來認識自己的身體，是爲求使我們感覺到生存。這項認同是我們以一個有感覺的、積極的人的形式存在之重要部分」(1958: 31)。感覺性知識乃自我學習及認識世界的工具。它也同時是表達我們在工作及活動上的創作力之重要工作。

經驗性知識與感覺性知識非常接近，因其亦來自於與環境的接觸。而差別在於經驗是由意識層面而來，「認識者」(knower)不需確實親身體驗。例如，曾被火柴灼傷的人知道如果進入一幢正在燃燒中的建築物時，將會經歷到類似的痛苦。社會工作者與案主間關係的基本元素，它也是同理的基礎。經驗性知識讓人們基於相互經歷而與其他人的概念、感覺和行動聯結。

優先性知識 (priori knowledge) 在嘗試去了解普遍性及個人性經驗上與哲學性知識是類似的。它與正規哲學性知識的差別在於其建立於反射性思考之下，雖然理性思考或許可用於解釋優先性知識。Campbell (1986: 27) 主張人類從出生起即接受優先性知識。然而，榮格 (1968: 50) 相信，除了個人的意識與無意識過程外，尚有一個聚集性的無意識狀態 (collective unconscious)。這深植於人的精神深處並由象徵與想像組合而成。他提出在不同文化中發現的類似象徵與神話是人類共享聚集性的無意識狀態的證據。因此，如同樹的壽命之象徵與神話英雄之傳奇，死亡與復活及鄉野的小孩述說知識理論等，對各個族群而言均不足爲奇。

含有象徵與文化的知識可增進對各種關係形態的一般性了解：人與人、人與自然及人與超自然。這綜合性的知識似乎包含在「各年齡層」的智慧裏。當優先性知識只能藉由一般性的神話與象徵來進行檢測時，它便應該被視爲是個人性知識的一部分。神話性質的寓言及象徵在文學與藝術作品中不斷的出現是因其不但反映個人，還具有普遍性的涵義。

社會工作實務需要了解及運用有關研究人類行為的實證性、個人性、社區性及哲學性理論。

概括性知識

社會工作之大學部教育，乃在訓練實務工作者投入「**概括性社會工作實務**」(generalist social work practice)。這項工作的一般形態是遵照社會工作的宗旨。依照Baer及Federico所述：

> 社會工作是關心並參與個人及社會機制間的互動，而這些互動會影響個人完成生涯任務、了解期待與價值及緩和悲痛的能力。而這些人與社會機制間的互動是發生在更大的社會性利益背景下。〔Baer and Federico, 1978: 68〕

引用社會工作宗旨之敘述，再加上先前討論的社會工作觀點，我們得以進行社會工作活動之一般性敘述：

*1.*支持人類解決問題、因應及其固有的發展能力。
*2.*提昇系統的有效、人性化運作以提供群眾資源、服務與機會。
*3.*聯結個人與提供其資源、服務及機會的系統。

人類行為及概括性社會工作實務之完整觀點是來自於以上所討論的人——環境理論。人類生活被視為是生物性、心理性、文化性及社會結構等元素連續性互動的總和。這就是社會工作者用以發現可促成期望實現的各項資源之複雜互動。這樣的觀點始於界定必要的知識以使人類生活之複雜網路得以被了解。這樣的觀點將於下章詳加敘述。

「**概括性社會工作者**」(generalist social workers) 將重點放在全人之需求並嘗試去發現有用的各項資源。例如，在協助將要動手術的人時，概括性社會工作者可能在選擇合適的外科醫生、安排費用之取得、尋找適合的托兒服務、解釋手術的需要與程序、對病患及其家屬提供情緒性支持及安排出院後之後續服務等給予支持。一個社會工作者也可能發現需要在醫院政策與服務方面提供革新意見以提供病患更進一步的福利。例如，一個醫院可以藉著對郊區家屬提供更具彈性的探病時間，或

爲不會說英語的患者安排翻譯人員、爲聾人病患提供協助者等方式而給予更好的服務。

概括性社會工作人員在工作上運用廣泛的系統與資源，且其需要大量的知識。Zastrow（1995: 81）將必須的知識領域列表如下：

　　　　行爲因素
　　　　生物物理因素
　　　　認知因素
　　　　情感因素
　　　　文化因素
　　　　環境因素
　　　　家庭系統
　　　　動機因素
　　　　多重系統：經濟、法律、教育、醫療、宗教、社會、人際

這些相同的因素塑造了我們了解人類行爲的基礎，且將於下一章加以敍述。

專門性知識

一個專家(specialist)通常是提供特定之服務方式以因應特殊狀況，例如，一個外科醫生對患有多重疾病的患者施行手術。律師經常特別擅於某特殊實務領域，如刑法、民法或組織法。特別的知識要提供給特別的服務。我們都不會將我們的身體交給一個沒有接受該項所需手術之特別訓練的人。

因爲專家在實務上的焦點是相當嚴密的，故其所需的知識也就易於界定。隨著實務工作者將需完成之實際任務開始選擇一項特定知識。例如，一個心理醫生撰寫處方、在訓練中督導學生及施行心理治療在在均使心理醫生們就此獲得醫療訓練、教學知識及督導技巧、心理治療之各種理論。他們不可能得到其它知識，如流浪兒可獲得之資源、如何組織罷工，或如何組成一個學習障礙兒童及其父母之自助團體。而　位專家，則將其焦點放在尋找與其實務領域相關的知識。一個老人社會工作者可

能需要在老人生理學、藥物及其副作用；老人所面臨之個人、家庭和社會問題；老人社會方案及支持性服務與醫療費用體系上具有專精的知識。當社會工作者將其實務工作的焦點放在特殊人口群上時，他們便有可能在此人口群的相關專門知識上尋求更多的涉獵。在此必須特別提出的是，概括性與專門性社會工作知識的畫分在實務工作上並不明顯。概括性社會工作者時常發現，在其工作領域中主要是在處理特殊族群的問題。機構可能會有服務某特定案主群的宗旨，例如，老人、兒童、家庭、遊民、殘障者等。在這些情況下，概括性實務工作者必須知道許多有關此特殊人口群的資訊，以提供適當的服務。然而，在所有社會工作實務的形式上，相同的價值觀、論點及取向都是一致的。

獲取、整合及應用

引導實務工作之人類行為知識係源自於實證性、個人性、社區性與哲學性知識。然而，實務工作者亦運用解釋性與處遇方面的知識。

解釋性知識（explanatory knowledge）乃在於尋求解釋現象，而非改變或更動它。學術性原則通常是探索這一類的知識以追求其首要目標：解釋並且／或是預測人類行為。例如，社會工作運用原則時，未如往日將主要焦點放在行為的解釋上，即使解釋性理論形成了各種處遇策略。社會工作者主要是追尋可用來影響或改變人類行為的處遇策略。

兩類知識均有助於實務工作。解釋性知識引導專業人員回答那些以「為什麼」為開端的問題。為什麼有些人比別人更可能濫用酒精或藥物？為何一些社區組織起來去驅離遊民，就當其他人組織起來去幫助他們的時候？為什麼許多社會福利補助額度極低，以致於接受者仍被迫繼續在貧困中生活？

處遇性知識（intervention knowledge）是在於指出以「如何」及「什麼」的問題有那些？將解釋性知識與過去經驗加以整合而促使一些改變成為可能。自助團體如何可以組織起來去幫助那些有藥癮和酒癮的人？當表明遊民的各項需要時，社區需要什麼樣的幫助？需要發展什麼

樣的財務政策以為某些人提供收入而助其保有尊嚴？什麼是與種族主義、性別主義、年齡主義、同性戀恐懼症及歧視殘障者對抗的最佳策略？具有社會使命的社會工作者不只是了解人類狀況，與學術界共同承擔任務而已，還要運用其於學術性及計畫性方式的了解以影響和改變人類行為、團體及社區。社會工作者通常在提供服務的時候遇到非志願性案主（involuntary clients）。兒童保護及青少年司法服務、更生服務及非自願性之精神疾病留院治療均為實務工作環境中的例子，此時社會工作者就是案主與社會間的媒介。在這種情況下，案主可能或不會想要改變他們的行為，然而社會要求這樣的改變。在這種情況下社會工作者發現他們在這種似是而非的情況下求取在專業實務上支持案主之自決的權利與社會之期待行為的改變或控制之間的平衡點。最明顯的是，在這種情況下社會工作者扮演支持與社會控制的雙重角色。這些角色並不需要矛盾、對立，但彼此間確實極難協調，需要的不只是技巧性的處遇還有對案主權利的尊重。這種實務性原則之一是「知會並取得同意」（informed consent）。在這樣的實務狀況下，社會工作者必須知會案主何種服務形態會被提供，及拒絕服務所可能產生的後果。協助非自願性案主經常需要具備特殊的處遇理論。在其它的處遇情境下，社會工作者被召集去保護及支持那些被各種磨難所傷害的案主。

解釋性及處遇性知識也與研究有密切關係。來自於實務狀況（處遇）的各種問題經常成為未來研究（解釋）架構中的問題。知識與實務間的關係是互惠的。在實務中運用現有的知識經常使其正確性得以測量且能為現存的知識找出缺失與弱點。相對的，現存的知識引導並支持處遇，並有助於評估各處遇工作的成敗原因。

知識運用三種相互關聯且重疊的方式塑造、凝聚社會工作者對人類行為與社會環境的了解：

1. **獲取知識**（acquiring knowledge）　生物的、社會的和行為科學的知識概念有助於解釋個人、團體及社會結構行為的多重面向。而這些概念是來自於人體生物學、人類學、經濟學、政治學、心理學等不同領域。

2. **整合知識**（integrating knowledge） 人類行為的完整觀點是來自於上述各種知識來源的概念整合。
3. **運用知識**（applying knowledge） 以特殊效用來認清概念，以使實務工作能整合知識而運用於實務工作中的狀況，整合及引導處遇之各項成效。

獲取、整合及運用知識的這些相關性、累積性任務使人類行為領域的專業了解上得以成形並具體化。它們成為引導實務活動之生物、心理、文化及社會結構知識之基礎。

摘要

本章已強調知識與技巧間的密切聯繫，對社會工作者而言相當重要。無論想幫別人多少忙、關於當事者的目標、達成這些目標的方法、影響人類行為的因素與助人過程等知識引導專業技巧之發展。討論各類運用於社會工作實務的知識有重要的關聯。實證性知識是社會工作中資訊的重要來源，此在於其提供支持解釋性及處遇性知識的運算方面的資料。然而，在此特別提出，實證性研究並非沒有其特殊的偏見，且這些偏見常為個人與團體帶來負面的結果。當提及人類行為時，社會工作者運用實證主義去發展「**常態**」（normalcy）理論。當一個行為被界定為正常時，那些未符合規章的行為常被定義為是「**偏差**」（deviant）且不正常的。如Foucault（1980）及Hartman（1992）所指出，正常與不正常均由主流文化所界定，且會帶來壓力。對社會工作者而言，特別重要的事情是去尋求對群眾的不同聲音能夠傾聽並了解，且視其為知識的有效來源。

概括性知識有助於強調人在情境中，以完整的角度來看行為，並將健康、成長、力量及授權觀點融入助人過程中。唯有當案主的情況被多方了解、思考與認同時才會產生有效的服務，這是一個來自社會工作者所必須具備的廣泛生物、行為及社會科學知識的觀點。這些知識將會是

下一章的焦點。

研究問題

1. 一個最佳運用本書的途徑是在讀這本書時思考你自己的生活。從問你自己開始，「為什麼我修這門課？」、「什麼樣的事件、價值觀、生活經驗、社會影響等等聚在一起將你帶入這門課？」。你可以用以「為什麼」開始的問題回溯至第一個問題。它可以從下列類似問題開始：

   「為什麼我修這門課？」
   因為這是取得學位的必修科目。
   「為什麼你想取得學位？」
   因為……

   這個練習可能開始幫助你了解是許多因素（個人、家庭、社會、經濟與文化）結合在一起來帶領你，且仍持續著，協助你在研讀人類行為時欣賞生態學觀點。

2. 為了達到你生活中的某個目標。你或許已經跨越許多障礙。加入嚴厲的學術生涯中也讓時間的平均分配變得困難。什麼樣的資源（個人的、社會的、家庭的、經濟的、情感的和靈性的）你已運用過以達成目標？

3. 閱讀下列情節後回答所附之問題。

   一個短期記憶開始退化的人發現他在記下約會、會議及工作期限上有困難。他利用高超的組織技巧，如保存記事本、寫筆記並於開車時用錄音機的記錄提醒自己應做的工作等與記憶消退對抗。

   問題：你認為這個情節中的那些暗示可給予力量基礎實務社會工作者啟示？

4. 閱讀本章之末的〔導讀1.1〕之後，嘗試以人在情境中的角度界定需要何種知識以充分了解Sandifer。接下來則界定需要何種理論以對Sandifer的情況進行處遇。與其他同學分享你的觀點。其他人與你的觀點和想法相同嗎？分享的過程加強或改變了你的觀點？若是如此，什麼會是案主——社會工作者關係中所牽涉到的？

5. 本章參考書目中記載Foucault之「被抑制的知識」觀點 (1980)。你認為這個觀念的部分暗示可為社會工作者用以研究人類行為？

主要名詞

行為 *behavior*

任何行動或反應，包括，可觀察的行動、可測量的、生理學上的改變；認知形象、迷幻和情感。

能力 *competency*

技巧地表現某種功能之能力。

偏差 *deviant*

不同的，尤其在道德上，通常由主流文化所界定。

生態學觀點 *ecological perspective*

一個將焦點放在人與環境間之互動的觀點。

實證性知識 *empirical knowledge*

來自直接觀察或經由科學方法取得的知識。

使能 *empowerment*

增強人類控制其自身生活的能力。

概括性社會工作者 *generalist social workers*

一個指出全人的需求並且嘗試去發掘將會合乎案主需求之各種資源的專業助人者。

概括性社會工作實務　*generalist social work practice*

　　將焦點放在人群及社會機構間的互動，此會影響人類達成生涯任務、了解期待與價值，以及和緩悲傷的能力。

健康觀點　*health perspective*

　　一個視人類為需要資源、支持及知識去改善其社會功能具變遷性之個體的觀點。

人類行為的整體觀點　*holistic view of human behavior*

　　一個人在情境中的觀點，視人類行為乃生物、心理、社會結構及文化因素間複雜互動的結果。

常態　*normalcy*

　　平常或自然的狀態、形式或層級，通常是由主流文化所界定。

專家　*specialist*

　　一個在各種特定類型的狀況下提供特殊形式之服務的專業助人者。

力量基礎實務　*strengths-based practice*

　　社會工作實務的焦點放在對個人、團體或社區的真正實力，而非先前察覺的弱點或缺失上。

參考書目

Baer, B. and R. Federico (1978). *Educating the Baccalaureate Social Worker,* Vol. 1. Cambridge, MA: Ballinger.

Barker, R. (1991). *Social Work Dictionary.* Silver Spring, MD: National Association of Social Workers, p. 22.

Briar, S. (1987). *The Encyclopedia of Social Work,* 18th edition, Vol. 1. Silver Spring, MD: National Association of Social Workers.

Campbell, J. (1986). *The Inner Reaches of Outer Space.* New York: Harper & Row.

DuRant, D., C. Cadenhead, R. A. Pendergast, G. Slavens, and C. W. Linder (1994). Factors Associated with Use of Violence among Urban Black Adolescents. *American Journal of Public Health,* Vol. 84, pp. 612-617.

Foucault, M. (1980). *Power/Knowledge: Selected Interviews and Other Writings (1972-*

1977), edited by Colin Gordon. New York: Pantheon Books.

Frankl, V. (1959). *Man's Search for Meaning*. New York: Washington Square Press.

Freire, P. (1993). *Education for Critical Consciousness*. New York: Continuum Publishing.

Germain, C. and A. Gitterman (1986). The Life Model Approach to Social Work Practice Revisited. In *Social Work Treatment: Interlocking Theoretical Approaches*, 3rd edition, edited by F. Turner, pp. 618-643. New York: Free Press.

Gibbs, N. (1994). Murder in Minature. *Time*, September 19, pp. 54-59.

Gorman, J. (1993). Postmodernism and the Conduct of Inquiry in Social Work. *Affilia*, Vol. 8, No. 3 (Fall).

Graff, G. (1979). *Literature Against Itself*. Chicago: University of Chicago Press.

Hartman, A. (1992). In Search of Subjugated Knowledge. *Social Work*, Vol. 37, No. 6, pp. 483-484.

Hartman, A. and J. Laird (1983). *Family Centered Social Work Practice*. New York: Free Press.

Health Promotion Directorate (1989). *Heart Health Inequalities II*. Ottawa: Health and Welfare Canada.

Imre, R. W. (1984). The Nature of Knowledge in Social Work. *Social Work*, Vol. 29, No. 1, pp. 41-45.

Jung, C. (1968). *Analytic Psychology: Its Theory and Practice*. New York: Vintage Books.

Kagel, J. and C. Cowger (1984). Blaming the Client: Implicit Agenda in Practice Research? *Social Work*, Vol. 29, No. 4 (July-August), pp. 347-351.

Kotlowitz, A. (1991). *There Are No Children Here*. New York: Doubleday.

Labonté, R. (1990). Empowerment: Notes on Professional and Community Dimensions. *Canadian Review of Social Policy*, No. 26, pp. 64-75.

Labonté, R. (1992). Determinants of Health: Empowering Strategies for Nursing Practice, A Background Paper. *New Directions for Health Care*. Vancouver, B.C.: Registered Nurses Association of British Columbia, p. 10.

Mayo, E. (1945). *The Social Problems of an Industrial Civilization*. Cambridge, MA: Harvard University Press.

Mills, C. W. (1971). *The Sociological Imagination*. New York: Penguin Books.

National Association of Social Workers (1973). *Standards for Social Service Manpower*. Washington, DC: NASW.

National Association of Social Workers (1982). *Standards for the Classification of Social Work Practice*. Washington, DC: NASW.

Pardek, J. (1988). An Ecological Approach to Social Work Practice. *Journal of Social Welfare*, Vol. 15, No. 2, pp. 133-145.

Polanyi, M. (1958). *The Study of Man*. Chicago: University of Chicago Press.

Proctor, E., N. Vosler, and E. Sirles (1993). The Social-Environmental Context of Child Clients: An Empirical Exploration. *Social Work*, Vol. 38, No. 3 (May), pp. 256-262.

Reamer, F. (1993). *The Philosophical Foundations of Social Work*. New York: Columbia University Press.

Saleebey, D. (1992). *The Strengths Perspective in Social Work Practice*. New York: Longman, pp. 3, 8.

Saltman, J. and R. Greene (1993). Social Workers' Perceived Knowledge of Human Behavior Theory. *Journal of Social Work Education*, Vol. 29, No. 1 (Winter), pp. 88-98.

Shipman, P. (1994). *The Evolution of Racism: Human Differences and the Use and Abuse of Science*. New York: Simon and Schuster.

Singer, M., T. Anglin, L. Song, and L. Lunghofer (1995). Adolescents' Exposure to Violence and Associated Symptoms of Psychological Trauma. *Journal of American Medicine*, Vol. 273., No. 6 (January), pp. 477-482.

Spielberg, N., and B. Anderson (1987). *Seven Ideas That Shook the Universe*. New York: John Wiley and Sons.

Weick, A. (1986). The Philosophical Context of a Health Model of Social Work. *Social Casework*, Vol. 67, No. 9, pp. 551-559.

Weick, A. (1992). Building a Strengths Perspective for Social Work. In *The Strengths Perspective in Social Work Practice*, edited by D. Saleebey, pp. 18-26. New York: Longman.

Zastrow, C. (1995). *The Practice of Social Work*, 5th edition. Pacific Grove, CA: Brooks/ Cole Publishing Company.

Zuboff, S. (1988). *In the Age of the Smart Machine: The Future of Work and Power*. New York: Basic Books.

縮影中的謀殺：
Sandifer的故事

上週，一個明亮的九月下午，芝加哥南區的母親們帶著他們的孩子去參加一位從未見面的過世男孩的喪禮祈禱會。他們希望孩子能夠看到棺木裏躺了那穿著寬鬆褐色西裝，骨瘦如柴的屍體，終於不再受到傷害。大孩子們拖著年紀小的孩子走近去看他臉上的傷口縫合的痕跡——子彈穿過後腦所造成的傷口。在這葬禮上家人唯一能看到的照片是嫌犯的檔案照片。「看清楚了」Willie James Campbell神父說道：「想哭就哭，但下定決心，你絕對不會讓自己的生命如此結束」。

父母希望陪在孩子身邊，或許恐懼會保護他們的安全。Lynn Jeneta，29歲，帶著他9歲的兒子，Ron。「如果他感到害怕，可能他以後就不會躺在這裏。」她說。她把兒子推到棺木前。Ron嘗試保持鎮定。「一些孩子說美味看起來就像是睡著了，但他看起來不像面對我睡著了。」那他看起來到底像什麼？「有點像是走了，你懂嗎？」Ron的鎮定全攪亂了。「當媽媽推我向前，我想我將會掉進這個該死的棺材裏。那會讓我作惡夢，你知道嗎？你能想像掉到棺材裏嗎？」

許多認識Robert Sandifer的人並不怎麼哀悼他。「沒有人喜歡這個人，沒有人會想念他。」13歲的Morris Anderson說。他過去經常和Sandifer打架，而Sandifer之所以叫〝Yummy〞是因他極愛餅乾和Snickers巧克力棒。「他是一個潑婦的壞孩子，行為不檢。」一個當地的雜貨店老闆說，他過去一直在防著Sandifer到店裏偷東西。「總是惹事，他站在牆角邊上，用暴力對付其他的孩子。不會有任何人會為他的死感到惋惜。」

　　另一方面，似乎也不會有任何人感到非常驚訝。鄰里仍爲其他死去的孩子感到哀傷，據説兩週前被Sandifer殺害的女孩，推測那時他是對敵對的幫派分子縱火，但却反而槍殺了14歲的Shavon Dean。警方突擊幫派，且Sandifer對此應負責任的。所以他也成了被害人。當在鐵道高架橋下發現他全身血污的屍體時已經是三天後的事了，全市爲此感到震驚且護住他們的孩子，並爲此事汲取教訓。

　　芝加哥市長承認Sandifer曾參加過槍戰。只是那會是個什麼樣的槍戰？陡峭的裂縫使孩子們落入圈套並將其徹底毀滅。芝加哥官方已經認識Sandifer好幾年了。他是一個成癮的青少年母親之子，而父親現正在獄中。當Sandifer還是個嬰兒時，他就被燒傷、毆打。而學生時代他蹺課的日子常是比上課的日子多。而做一個圓熟的惡漢時他在數個住所與拘留所間遊走，且警方的禁閉室多虧其黨羽而維持著運作。警方一次、一次又一次的逮捕他；但這批幫派分子在伊利諾州法令的規定下只能判緩刑。十三所當地的青少年之家不能收容他，因爲他太年輕了。

　　在他們長大之前，這些孩子變成活武器。一旦這個小男孩並未成長，他就只是一個圖像而已。他所犯的罪——以及他所遭受的——震驚了全國，人們向來是以爲只有成人進行暴力活動的觀念已經不正確了。「如果有一個案件可以預測兒童的未來，就是這個案子。」芝加哥所屬之Cook郡警察廳長Patrick Murphy如是説。「現在你已能了解這是一個從三歲起就已成型的反社會分子。」Sandifer的母親Lorina稱呼他爲(不含諷刺之意的)：「一個平均年齡11歲的孩子」。法庭、警察及緩刑官員、心理學家，這些追蹤他犯罪行徑的人都同意。「我看到許多的Robert」，Cook郡巡迴審判法庭的法官Thomas Sumner説，他負責審理多件Sandifer攜帶武器

搶劫及偷車的案子。他說:「我們每星期看到一百次這樣的狀況。」

　　文件上可看到證據──幾吋厚的檔案夾,充斥於警察局辦公室、法庭和警察廳,現在又加上法醫辦公室。Sandifer的檔案與其它數以千計的美國城市兒童的相較並不突出。而證據──如果需要更多的證據──是驚人的:當一個小孩的經歷超過負荷,這個小孩終會滅頂!

　　去年11月的精神科評估報告記載:「Robert情緒泛濫」,這份保密性資料上顯示。「他的反應遠多於實際狀況需要的,且行為方面相當衝動又無法預測。」測驗者要求他完成「我非常……」這個句子,「病態」是Sandifer的回答。測驗者看到一個充滿仇恨、寂寞、沒有教養的且機警的孩子。當他聽到邊走邊說的下樓聲,他跳離位子,怕會是警察。「你正試著騙我」,他指責測驗者。他的態度是這樣子的並不令人感到疑惑──只是有沒有任何人或任何事可以挽救他。

　　Sandifer的媽媽是個分別來自四個父親的十名子女中第三個孩子──她未曾認識她的四個父親。當她15歲時有了第一個兒子Lorenzo,之後是Victor,然後是Sandifer,而後她又生了5個孩子。她在10年級時休學,找到一間公寓並依賴補助維生,且養成不良嗜好。有一段時間她與Sandifer的父親Robert Akins同住,他因毒品和武器的罪名而被起訴。他們很快就分手因為他的「脾氣暴躁易怒」,Sandifer的母親向社會工作者如此表示。

　　所以,明顯地是她造成的。當她並沒有遵從醫生指示來照顧2歲的Victor的眼睛時,在1984年她第一次被控疏忽兒童。最後這個小孩變成全盲。第二年,22個月的Sandifer因多處抓傷和瘀青而被送到Jackson Park醫院。幾個月之後是他的妹妹,這次是在她的外陰部上有二度及三度的灼傷。她解釋是因為這個搖搖學步的小

孩跌在散熱器上所造成的。一位急診處的護上在庭上作證時説這樣的傷害與Sandifer母親的解釋無法符合。這位護士表示可能是某人讓這個小孩坐在暖氣機上所造成的。

　　法庭終於在一年後有所動作，當鄰居告訴警察這五名子女經常被單獨留在家裏。那時他們帶走小孩，Sandifer非常的生氣、害怕。他在左脚上有些長長的鞭痕；警方查出這是被電線毆打所造成的。在他的肩膀上和臀部上有一些香菸頭燒傷的痕跡。「我從不打孩子」，Sandifer的母親那天堅稱。她説這些是水痘留下的疤痕，不是香菸。「我盡我所能的注意他」，她説是這樣照顧Sandifer的，但承認有心煩的時候。現在29歲了，她已經被捕41次，罪名大多是賣淫。

　　「他不該死」，她説，在那天葬禮後坐在客廳裏這麼説著。在牆角那裏有個白色水桶，裏面有隻他幾星期前抓來的青蛙。她説：「他喜歡魚」。「大家覺得他是個兇神惡煞的人，但他對我很好。」她説她常看到Sandifer；他叫她Reen而不是媽，並且她承認「他總是爲他的種種問題而責備我」。「他們應該救他並幫助他恢復正常」，他的母親堅持。「當他開始偷車，那時他們就該將他隔離並給他治療。」

　　從很早的時候，兒童福利工作者就對Lorina能夠做個稱職的母親不抱期望。「沒有理由相信Lorina Sandifer將能充分滿足自身的需要，滿足其逐漸成長的家人的需要。」一個心理學家於1986年在法庭中提出以上的報告。因此Sandifer和他的兄弟姊妹們被安置在外祖母Janie Fields的家。難以保證她在接受治療後能夠扮演好照顧者的角色。心理學家描述外祖母Fields女士是個「非常有控制慾、擅權的，患有相當嚴重的邊緣性人格違常的女人，且已割除卵巢」。

在勞工階級的黑人社區裏的鄰居們，稱呼這個地區爲Roseland。依然記得那天Sandifer的外祖母Janie Fields和她所有的孩子們搬到一幢有兩層樓、三間臥室的房子裏，在同一時間將近所有她的10個孩子和30個孫兒分別與她同住。「他們髒亂、吵雜且正摧毀這個社區」，她的鄰居抱怨説。居民發出一個不成功的申請強迫這家人搬走。「這所有的小孩都是小搗蛋鬼」，Carl McClinton，23歲，住在這條街上，是這麼説的。「這是一個我們都互相照料孩子的社區，但他們是個蠻粗暴的品種」。

鄰里的孩童對於Sandifer有二種不同的説法。一個是惡霸、勒索者和會打那些大孩子的兇猛好戰者。「Sandifer會向你要50分錢」，11歲的Steve Nelson這麼説。「而且如果他知道你害怕又給他錢，他會再要50分錢。」20歲的鄰居Erica Williams説：「你眞的無法形容他到底有多壞。他會一直咒罵你。他在學校進行破壞、搶錢、燒車。」

其他人回憶起較甜蜜的部分。Lulu Washington在她家賣打折的糖果，就在Sandifer家對面。她説：「他只是希望有愛。」爲了這件事，他可能消除敵意。「他説謝謝你、抱歉、原諒我。」他愛籃球、動物、騎單車。他曾經將二部腳踏車拼成一部協力車。這是美好的老時光。「他和一個團體在一起時總是意謂著麻煩。」54歲的Ollie Jones-Edwards説。「如果他獨自一人，他就會變得像果凍一樣可愛。」

Sandifer喜歡大型車，林肯和凱廸拉克，17歲的Micaiah Peterson説。「他車開得非常好。看起來像侏儒開大車。」有時他在本地的停車場閒逛，學些交流發電機和燃料推進器等事物的知識。當他沒有偷車時，他向車子丟東西或縱火燒車。「你能做什麼？」McClinton問。「告訴他的外祖母？她會對他吼叫，且他會回到街

上。如果警察抓到他，他們會帶他回家，因爲他年紀太小以致於無法拘留。他是無法捉摸的，他自己也知道。」

他到12歲時變得更爲古怪，且那時他加入當地的黑色門徒幫。在芝加哥大約有幾千名幫派分子散布在各區域，在30和40年代時由「大臣」領導，經常吸收兒童。每個人都有許多工作：偷車、販毒、賣淫、搶奪、盜用信用卡。警方懷疑幫派首領利用年紀小的成員販賣毒品和鬥毆，因爲他們的年紀太小故逮捕後亦不能給予嚴厲懲罰。

另一方面，他們不可能一直持續。「如果你19歲，你是這個圈子裏的老人。」19歲的Terrance Green說。「如果你活著走過這裏，你眞厲害。」一個17歲的「黑色門徒」名叫Keith描述年紀最輕的成員所扮演的角色：「他是個小小的生手但想要個名號，對不對？所以你讓他做這個工作。嗨，老弟，給我一輛車。一輛紅色的車。紅色的跑車。今晚以前。我要帶我的女人出去。或是，老弟，給我找來50塊。或是嗨，小老弟，你想變成豬嗎？去轟了那個擾亂我們生意的黑鬼。」

Sandifer在去年平均每個月犯下一次重罪且在其生命中有一半犯的是重罪；總計有23項重罪及5項輕罪。律師兼助理公設監護人Ann O'Callaghan見過Sandifer一次，就在去年12月的法庭上。她被他的身材及行爲所驚嚇。「我們所代表的孩子中有一些是有不吉利的特徵。但我必須適應，且我是像『嗨！我的名字是Ann，我是你的律師。』我不能相信。Sandifer不是被法庭威嚇最少的。就好像他只是坐在那裏等巴士。」

去年秋天「美味」被安置在Lawrence Hall青年服務方案，這是一個爲不良青少年提供住處的方案。他在二月的時候逃走且回到他外祖母家直到今年六月，那時他在拘留所待了二星期。七月

時，Sandifer和他的表弟Darryl參加教會旅遊到六條旗遊樂園 (Six Flags Great America)（譯者註：此爲美國極富盛名的主題遊樂園，採集團式經營，以驚險刺激的雲霄飛車爲主要號召），距本市北方有一小時車程。Sandifer不能坐上那些車子，Darryl說，他個子太小。某天一個鄰居，Ida Falls，帶Sandifer和其他12個孩子去當地警察局看犯罪方面的影片。警方要求她不要帶Sandifer回去，因爲他和其他的孩子打架。8月15日他被控潛入民宅偷盜。至8月28日他死於致命的槍戰——這已是太遲。

Fall的外甥女Shavon Dean住在Sandifer家旁的街角而且從小一起長大。在一個八月的週日夜晚她坐在廚房裏吃薯片，那時她的媽媽Deborah正在後面煎肋排和雞肉以準備家庭烤肉。Shavon離開幾分鐘走路去朋友家。她再也沒有回來。

George Knox，芝加哥州立大學的幫派研究者相信Sandifer是被藥物所蘊含的仇恨，或是個人所遭受的羞辱而產生的報復心理折磨，以致於如此。「如果這只是個入會儀式，那時他做的事和車有關。但若直接施加於被害人身上，這意味著他正試著在幫派中累積經驗與實力，並且提昇自己的地位。」Sandifer手持9釐米式半自動武器向一群踢足球的兒童開火。Sammy Seay，16歲，手部中彈。「我恨這個球場」，「那是在我知道被人射中前的第二波或第三波攻擊。所以我起身拼命跑，試著保命。」Shavon頭部中彈且幾分鐘就死了，「Shavon從未有個機會，一直沒有機會。」她的媽媽說。

Sandifer生命中的最後三天是花在逃亡上。幫派成員在警方被一大群記者跟著去突擊鄰里和尋找攻擊時，協助他在許多安全的藏身處及廢棄建築物中藏匿。幫派領導者感受到這股壓力。「他就像個掉落陷阱中的動物，每個人都在追捕他。」Knox說。「他是個

獵人，而那時他在祈禱。」

可能Sandifer指出幫派的保護並不這麼有用。Janie Fields，Sandifer的外婆上次與他說話是在他死前的那個星期三下午。「他說：『警察找我是爲了什麼？』我回答他：『我是來找你的。』我身上帶著衣服，因爲我知道他可能非常骯髒。我的心中掙扎，我說：『你沒有做對事，我是來接你的。』讓我來這裏並接你回去。」電話不通，她跑到95街，他說他會在那裏。「他沒有在那裏。」

但是他在鄰居家的陽台上出現，看起來很害怕，要求這家人打電話給他外祖母好讓他能夠回去。他要求他們看在同是信靠上帝的人的份上幫助他。鄰居過去打電話，而且當這鄰人回來的時候，他走了。警方只能猜測到之後發生的。14歲的Derrick Hardaway和他16歲的哥哥Cragg，兩人都是模範生且跟著幫派成員發現了Sandifer，並且答應他會協助他逃出城。他們開車載他到鐵路地下道，一個充滿著幫派塗鴉的黑暗隧道。Sandifer的屍體被發現躺在泥濘中，後腦有二個子彈所造成的傷口。

現在輪到Hardaway Brother幫。專家指出，這個能輕易地在本州的任何監獄下刺殺令的幫派領袖，可能將Hardaway兄弟訂爲下一個目標。這二人都已被捕且都在保護管束中。對Sandifer所居住之地區的其他孩子而言，當他們被問到什麼能讓他們覺得比較安全，大部分的人都會給相同的答案：有把槍。在其他的事情上，這能夠保護他們免受那些已經有槍的孩子的侵襲。

上週懷念Sandifer的那些人之中，他們是以一個孩子而非殺手的眼光來看待他。「大家都覺得他是個壞蛋，但他尊重我那患癌症的媽媽。」12歲的Kenyata Jones說。Sandifer以前常去她家留宿玩耍。Jones說：「我們一起烘烤餅乾和巧克力蛋糕，而且一起租黑白片錄影帶來看。」又說：「他是我的朋友，你知道嗎？當我聽

到發生什麼事情時就在學校一直不停的哭。」他爲了舒服先把雙手放在口袋裏才又回家照顧媽媽。「我想我還會哭好幾天，而且我明天還會哭。」

This story is reprinted from "Murder in Miniature" by Nancy R. Gibbs, Time Magazine, *September 19, 1994, pp. 69-73. Copyright © 1994 by Time/Warner Incorporated. Reprinted by permission.*

第二章　整合性架構

在這個年代，無法述說心聲。隱密的年代，這個被賦予權力的
年代用腳印喚起明月，將船櫓放入風的棠架中，且看到在船頭前游
動的為何、在船尾後旋轉的為何。在這個天賜的年代，在黑暗的時
刻，天上下起流星雨。事實上……他們說著無法詰問、難以聯結的
謊言。智慧足以從疾病中搾乾我們的是每日的虛構之辭；但那裏沒
有織布機去將它編成布料；潔淨的流程製造出純粹的科學和她的話
語；但從這世界的子宮裏吐出了這紅色的、耀武揚威的孩子。

——*Edna St. Vincent Millay**

概要

　　一個家庭計畫服務中心的初診社會工作人員訪問一位35歲的女性和
她14歲懷孕的女兒。這個媽媽哭著說她已經試著去適當的教養她的女
兒，但看來她是失敗了。她不確定如何去幫助她的女兒，或是她能為家
中其他的孩子提供任何支持。

　　一個社會工作者在一間主要是服務低收入的西班牙裔族群的社區中
心裏的經驗使其關注一件威脅鄰近區域之現存住家的都市更新計畫的提
出。居民為此情況越來越覺得生氣，且緊張情勢日益升高。

　　提供鄰近區域的兒童「鎖鑰」服務的綜合服務中心內的社會工作人
員，被質問服務方案終止之相關事宜。機構的優先順序被重新引導至在
州內管理式服務（managed-care）系統下可申請經費的其它方案。

　　一位從事老人在宅服務的社會工作者被居民權益委員會委員知會其

考量。這個委員會相信許多老人並未接受到適當護理照顧，一些人受到過當的醫療，且護理之家沒有提供居民個人及社會的發展機會。

　　上述的例子表現出目前社會工作者所遭遇到的各種實務狀況。要有效的記述這樣廣泛複雜問題與需求，必須了解他們所處環境中的各種力量、事件和過程。在第一章，我們提出新進的概括性實務社會工作者，為有效處理他們將會遭遇到的各種不同的狀況時需要的知識與技巧。我們亦討論整體主義（holism）的社會工作理論（生態取向），及與其實務工作相關的健康、力量（strengths）等議題。

　　在這一章，我們將更進一步發展這些概念並提供一個檢視人類行為研究的架構。這個架構是一個「**模式**」（model）──一種組織相關理論和概念的方式。記得，模式是要反映現實。而它本身並不是現實。社會科學方面的模式致力於概念化或建立了解個人與社會現實的工具。在嘗試去運用模式於社會工作方面的必然會有之險阻是，觀察者會看到他們想要看到的或只有模式讓他們看到的。這樣的傾向是原本就有的且危險的。這種傾向的明顯實例在物理學中可以發現，而且其嘗試去了解光線的物理狀態。對相信燈光是波動現象的人而言，能夠成立實驗以證明光線具有波動的成分。相對的，將光線視為粒子的理論家能同樣地建立有效的實驗以證明其假設。然而，一個問題出現了，因為在牛頓的物理學理論中，光線可能是波動，也可能是粒子，也可能兩者都不是。本章後段部分，我們將討論共同依存（co-dependency）模式，和此模式如何架構我們在一個「問題的」來源上之概念，及其於「治療」方面的運用。

　　我們已在本章呈現一個模式以從社會的、生物的和行為的科學產生之相關概念，另外還運用在社會工作者的日常實務工作環境中──例如，在本章可閱讀到的簡短軼事中所描述的。我們也將介紹行為的四種來源──生物的、心理的、社會結構的和文化的（包括靈性的）──並討論相關之基本概念。這些行為的來源將會在文後的章節中更進一步的加以討論。讀完本章後，你將會有一些特殊觀念和理論的分類。此外，你將會有聯結概念與理論二者的能力，進而將其運用於實務狀況中。結果，你將能完整地觀察實務狀況。

　　下列實列將說明為何專業人員需從各種不同的來源中整合理論以進

行有效的處遇：

> Mai，63歲的越南寡婦，1987年抵達美國。她和女兒與兩個
> 正值青少年期的孫兒同住，她的女婿則無法離開越南。

> Mai的女兒帶她去當地的診所，擔心她與家人隔絕會有間
> 歇性的發怒。Mai告訴她的女兒在幾週之前她發現胸部有腫塊，
> 但她害怕與任何人討論這件事或去尋求治療。她也擔心接受這
> 類治療所需負擔的費用。在第一次發現腫塊時，Mai使用藥草所
> 製的補藥與藥膏，希望這腫塊能消失。終於，她的女兒要求她
> 接受醫療照顧。

這篇短文指出，實務工作者了解有關於Mai的狀況中之各種相關情
形，以做為制訂適當之問題評估，及以有效且照會式的方法進行處遇的
依據。考慮以下可能影響Mai的狀況之各項領域：

- 生物的（年齡、性別、物理症狀學）
- 心理的（害怕治療及其費用、為外觀改變而焦慮不安、因應策略）
- 文化的（運用醫藥的信念；疾病、受苦和治療的意義）
- 社會結構的（在這個家庭中缺乏成年男子，而在越南文化中，他
  是一個被期待去協助弱者的人；在家庭和社區中疾病的影響；文
  化上可接受的治療方式是否可以獲得；償付醫療費用的資源；及
  現存之醫療機制中可能缺乏為語言溝通不流利的非本國語系者所
  提供之特別服務）

這些都是在進行一項確切的評估時需要考慮的重要因素。將這些因
素分而視之是不自然的。Mai從家庭中退縮，及其似乎無法控制的突然的
憤怒可能會透過其生理上的疾病之方式而呈現，或是這些問題可能是從
她對疾病的擔憂而來，因其懷疑病情嚴重且害怕得了絕症。一些專家的
服務，如醫生、X光檢驗師、營養師及護士，可能會參與評估過程。一
個專業諮商人員能夠協助探索最近遷移到一個新的且陌生的社會的影
響，並在其家中缺少向來受尊重的男性成員。從一個能夠認同Mai生活中
之文化改變狀況的越南教授所給予的忠告是特別有幫助的。社會工作者

也需要去盡其所能的了解越南文化及越南移民所面臨的挑戰。以Lappin及Scott（1992）的說明為例，他們指出，所有的移民與壓力極大的同化過程掙扎。作者建議東南亞裔，像許多不說英語的移民一樣，發現語言是同化過程中的主要問題。許多成人被迫去依賴他們的小孩，因其通常是學語言學得更快，又被迫去適應新的環境，所以這樣的依賴可能對家庭權力結構產生壓力。Mai的情況中包括對患有重病的可能性並無清楚和直接地說明她的需要、症狀和考量，這樣可能帶來許多額外的壓力。若家屬要求服務，負責這個案件的社會工作者可能需要收集所有可得自各種來源的資料以進行事先取得同意的評估（informed assessment），並且與Mai及其家人協調以發展出一個具支持性的、有效的行動方案。

過濾及架構

過濾（screen）是個用來畫分物質中粗糙部分內較佳之成份，或是用一種更常見的表達方式，即如同從粗糠中分出小麥來。考慮一項過濾的程序就像意見過濾時的篩選。一些意見濾出，不能透過網孔篩選。其它的主意很容易的就在過濾後留下。第一章中呈現的健康、成長、力量和生態理論和資料在過濾後留下。在這個例子中過濾藉著詢問四個問題而篩選訊息：

1. 訊息或資料是否把焦點放在健康、福祉和能力上，或是它強調病狀？
2. 訊息是否強調成長和力量，或疾病和缺陷？
3. 資訊有否考慮人類行為的多重領域，或只是注重一項，如心理功能？
4. 訊息是否引導至了解其可提昇尊嚴、尊重和自決？

運用過濾的概念於人類行為的理論中將有助於界定（identify），而這部分將於之後幾章討論。經由過濾的程序，這些理論可能更適合運用於社會工作之人在環境中（persons-in-environment）的觀點。這樣的觀

點是與專業價值基礎一致的，認爲支持案主自身的力量和提昇他們的能力，比把焦點放在其缺失上更有效（Weick et al., 1989）。而這並不是說這些被過濾出來的理論不對。所有的知識增進我們對所居住的宇宙的了解，且我們必須對所有的新知識，不管任何來源，保持開放的態度。

本章所呈現的架構（framework）與過濾的功能一致。它從生物的、社會的和行爲科學（尤其是社會學、心理學、生物學及人類學的原則）中發現概念、理論和資料，這些均有助於我們了解人類行爲的各項領域如何進行互動。運用這架構的目標是爲全面性的了解人類行爲。就如我們所看到的，這樣的了解包括什麼是人類正嘗試在生活中實現的（他們的生活目標），以及他們用以嘗試達成這些目標的策略。圖2.1是一個說明架構如何像一個過濾器般進行運作的圖表。

生理的、心理的、社會結構的（如社會機構，例如家庭、學校、軍隊、政治組織等等）及文化的因素，影響一個人對生活目標的認定，和

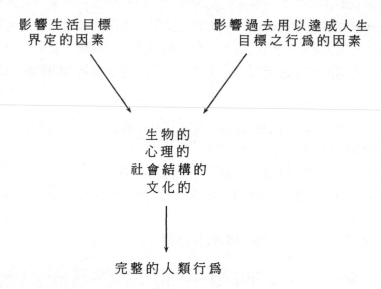

影響生活目標
界定的因素

影響過去用以達成人生
目標之行爲的因素

生物的
心理的
社會結構的
文化的

完整的人類行爲

圖　2.1　界定完整的行爲之因素

用以達成這些目標的策略，均能成為資源或是障礙。「資源」（resources）是促成個人定義及達成人生目標之能力的因素，而「障礙」（obstacles）是抑制目標定義及達成的因素。因為人類有相對較少的遺傳性既定反應，他們為了生理照顧及社會學習彼此極度依賴。生物的和心理的特徵促成彼此間的互動——在某些文化中，以生理上的吸引力（由文化本身進行定義）及活潑外向的個性為例——可能做為人們嘗試去界定其生活目標和達成目標時的資源。在另一方面，社會結構與文化中導致疏離與衝突的情況可能阻斷達成生活目標及行為策略的資訊。偏見與歧視（discrimination）表現出這些社會結構與文化力量能用以阻斷，而非促成抱負實現的方法。對那些看起來沒有吸引力的且不活潑的人來說，偏見時常對其產生歧視。

記得資源與障礙的互動是複雜且難以捉摸的。每件事都能變成資源或障礙，端視其定義的方式與其發生的狀況。資訊的取得通常視為一種資源，然而有大量資訊的人可能變得在具有規則的嚴格戒律和高度規律性活動的表現上頗為失意。然而，在另一個背景中，規律性活動的表現乃是做為達成更高的意識形態之工具，擁有崇高的價值。想想甘地，一方面是在說明他的經濟理念，另一方面是不斷的深思熟慮，花費許多時間在轉車輪和穿線上。生理的特徵，例如，眼盲、耳聾或四肢麻痺，長久以來被視為是障礙，然而他們也能促使一個人發現力量、勇氣和創造力的資源，否則就會被封存。確實，許多人對於像殘障的、殘廢的或受到挑戰的等字眼感到憤慨，且指出他們擁有許多其他人並沒有的優點和能力。

本章所呈現的架構需要一個意見的謹慎過濾。生物的、心理的、社會結構和文化等因素之互動的複雜性告知了行為必須在具有敏感度的情況下進行處理且沒有關於什麼行為是「好」的或什麼行為是「壞」的觀念存在。做為一個實務工作者的任務是去了解什麼促成了和阻斷了目標界定和達成。架構將使你過濾資源和障礙，並使你無法在資料中運用你自己的偏見，且因而限制你分析情況的能力。記住，無論如何，甚至我們必須盡力去了解我們自身的價值觀並避免矇混我們的價值觀，我們經常沒有察覺自身的許多偏見。

整合及運用知識的架構

架構的三個部分將在本章中發展以協助你完整地審視行為，這表示需要了解在生物上、心理上、社會結構上和文化上行為的領域中的各種資源和障礙。下列為組成的三部分：

1. **系統**（systems）　一個系統理論幫助我們去保有一個完整的觀點。它將焦點放在整體及全體互動的組成上，所以結果受到影響。
2. **人類多元化**（human diversity）　了解人類多元化幫助我們認識為何行為的領域對個人來說，不是成為資源就是變成傷害，賦予個人所具有的特質、目標、需求、偏好的行為模式和環境。其他人如何看待多元化是重要的。身為女性、非裔美人、西班牙裔、天主教徒或猶太人等身分是個人生活的一個重要面向。主流文化是如何注重或貶抑個人在人生抉擇和改變上的決定。
3. **方向性**（directionality）　方向性的概念協助我們在目標上的尋找及那些時常出現的極度特殊的，甚至無邏輯性的人類行為程序、模式的覺察。

這架構中的三個組成部分說明於圖2.2。

而說明如何運用這個架構仍是以了解父母對其子女的疏忽或虐待性行為例。有許多壓力導致兒童遭受到生理或情感上的虐待。患有營養失調或患有疾病的父母，可能缺乏那些履行基本親職所需的能力。貧窮及失業（社會結構因素）可能產生焦慮及退縮，而阻斷與自己的孩子相處的能力。這些因素也可能限制父母在資源上的取得，包括生理的和情感的都能提供處理那些高度壓力的生活經驗時所需的支持。對自己與他人有高度期待的父母可能發現一些小孩的自然行為，如吞吐東西是非常難以忍受的。擁有高度期待和缺乏對兒童發展和教育的了解，均可造成父母的憤怒和體罰。當父母承受過多壓力，處罰可能變成具有虐待性質。然而，各種文化在兒童發展及教育上有不同的期待。某個文化認為是虐

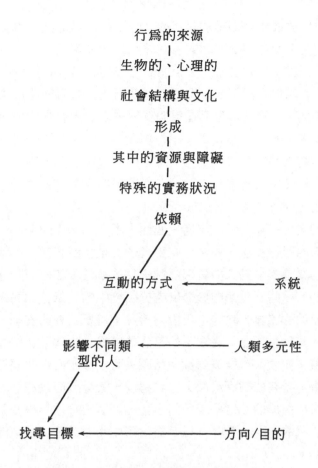

行為的來源
｜
生物的、心理的
｜
社會結構與文化

形成

其中的資源與障礙

特殊的實務狀況

依賴

互動的方式　◀──────　系統

影響不同類
型的人　◀──────　人類多元性

找尋目標　◀──────────　方向/目的

圖2.2　人類行為架構的三個元素

待的，另一個文化可能認為是正常的父母管教方式。Julian、McKenry
及McKelvey發現，當社經地位為控制組，研究白人、非裔美人、西班牙
裔和亞裔美人的雙親家庭中顯示，在父母對養育子女這項職責的期待
上，各文化間相似處遠多於相異處。這些研究發現，無論如何，在這次
針對不同種族的父母之研究中發現　個傾向，即是對自我控制及在學校
中表現良好被強調為其子女努力的目標。這些不同族裔的父母是嚴格的

人——將重大的要求與期望加諸在孩子身上，因為他們已遭受到的這些困難，他們的子女也同樣要面對，就像父母一樣嘗試去處理這個雙重文化的社會化過程；換句話說，小孩要試著去符合這文化與這個經常帶有種族歧視的大環境之期待。研究建議「任何支持必須依照這些父母認為重要的來塑造，且需要與生活在這個種族主義的社會中的不同族裔之家庭的長期需求一致」（1994: 36）。這些研究者傾向於Slonim（1991）所表示的，亞裔美籍家庭處於壓力中時可能不會尋求專業協助，因其文化規範中禁止討論個人的感受或問題。少數民族經常報導他們在與主流文化專業人士接觸時，常不具有安全感。

上述因素之相互影響（疾病、個性、壓力和父母的期待）可能加劇施諸於個人的影響。在一些文化中養育子女是社區責任。親戚或朋友在父母遭受困難時被鼓勵去擔負起照顧子女的責任，如此則降低虐待或疏忽的可能性。一些文化傾向於提供處於困境中的父母正式的社會福利系統以做為協助的工具，除非情況極為特殊，需要另外的安排，否則小孩不會離家。滿足生物上的需求，如適當的營養，也與社會結構資源的取得密切相關，如收入或醫療照顧。妨礙養育子女的心理問題可能是因兒童期的創傷，現有的婚姻或就業上的難題、藥癮或酒癮等心理問題，甚至遺傳因素所造成的。這些問題對小孩的影響將會被治療資源的取得、正式或非正式的（社會結構），以及提供可能用於處理此種情況的文化價值觀所影響。

你可從這個例子看出人類行為的確複雜。然而，注意架構中的主要元素如何被加以說明。生物的、心理的、社會結構的及文化的行為領域是以系統性的啟蒙因素及可能的解決方法進行探索。例如，營養失調或疾病可能是疏忽性行為之成因，由於其使父母之照顧子女所需要的力量被榨乾。然而，支持可能透過增加的收入、醫療照顧等提供適當營養的形式而取得。每個領域不是被視為資源就是被視為障礙，就如我們所見，正當文化價值觀幫助承受壓力的父母（藉著親戚所提供的托兒服務）或當他們使狀況更為惡化以尋求支持時（例如，當文化規範並未增強尋求外界協助）。

此外，兒童虐待（maltreatment）的系統形態是藉著觀察親職如何

為職業、貧窮、父母的期待及心理功能等因素所影響而加以說明。因此，兒童的虐待是與其他行為及結構相關聯。這些關聯將隨著團體不同而改變。若父母的壓力是一個主要成因，那些正遭受到貧窮、失業或待業等經濟困難的家庭可能會處於兒童虐待的困境中。在另一種情況中，對子女有高度期待之高收入家庭的父母可能發現一個低成就的孩子威脅父母的自尊，這樣的情形可能導致情感或生理上的虐待。

　　最後，方向性（目的）是重要的。當父母不信任他們的孩子，決定某項行為如何符合父母的生活目標是重要的。父母極少故意地傷害子女。在大多數的狀況中，他們想要做個好父母但缺乏資源或訊息。運用處遇策略將有助於這些父母朝向其勝任親職的目標，而非運用處罰的方式對待那些他們自己都想避免的失敗。在下一章，行為的四項來源將有更深入的討論——生物的、心理的、社會結構的和文化的——將會呈現。無論如何，我們將會討論架構的三項元素。

系統

　　「**系統**」system可被定義為相互獨立的部分組成為一個整體。系統理論敘述在任何系統中一個部分的改變會影響其他部分。系統理論，乃應用於社會科學，具有優點和限制。用於討論系統理論的語言和概念在引用至人類互動時似乎相當機械化。系統理論的限制將於本段落稍後討論，但是現在，無論如何，我們將接受系統理論能有助於社會工作者將生態性或整體性觀點 (ecological or holistic perspective) 概念化。

　　系統的理念藉著觀看我們所住之行星的生態就能輕易的掌握住。過去十五年多以來，關於所謂的溫室效應的顧慮已經表達出來。茲加以簡述，科學家相信這行星的溫度正在升高中，情況威脅到地球上所有的生命。極地的冰壁將會融化，造成海平面上升。各氣候區的溫度將會改變，這會急速地改變地球的脆弱生態平衡，並威脅這行星上所有的生命。

　　Rachel Carson (1987)，在其 *The Silent Spring* 一書中，表達對於地球上各種生物的生活形式的微妙平衡，因污染及自然資源的破壞而產

生致命性改變的關懷。這些生命形式是能夠被視為是一個系統的。在南美洲砍掉雨林及在非洲耗盡大氣層中氧氣的生產，而且減少地球中調節溫度的能力。最近，我們已經知道有個洞在臭氧層上，也同樣威脅地球的生態。科學家主張，資源耗盡是由於冷卻系統中的碳氟化合物，及各類產品的噴霧罐之過量生產與過度使用。所以，我們能發現什麼發生在系統中的某一部分（例如，雨林的解體或釋放性碳氟化合物）影響另一部分（氧和臭氧層的耗盡），而這威脅著滅絕所有的生命。

　　一個系統亦能視為較小單位的系列組合且被安置於先進的較大組合中。一個城市釋放出未經處理過的污水，進入河流中可表現一個系統（城市）如何影響另一個系統（河流的生態），甚至兩者均為較大系統（地球）的一部分。類似的關係在人類系統中亦能發現。個人、家庭、小團體（工作、學校及朋友）、官僚性組織、社區、社會、文化，最後，和人類體系均可視為系統。每個實體均相互影響，例如，當薪資方面的決策是由機構所決定，會影響員工的家庭收入。此外，我們能發現較大的系統，如社區，與較小的系統，如家庭和其它小團體聯結的方法為何。系統觀點提供一個將焦點同時放在現象中各個層次（例如家庭、工作場合及社區生活），並強調各行為單位間的互動（例如家庭中所發生的會被工作場所的情況所影響）。這結果是系統觀點幫助實務社會工作者了解行為的背景，並藉著規模各有不同的單位和複雜性有所差異的層級，會在彼此間所產生的相互影響以做為了解行為的工具。

系統的特徵

界限

　　系統是建立於界定為社會及心理「**界限**」（boundaries）內的活動與資源綜合體（Federico, 1984）。例如，一個人是存在於以生理為界線的軀體中，然而一個社區具有物理的（地理的）和社會的（例如，誰與誰互動）雙重界限。

界限調整交換於系統與其環境中的能源（來自資訊、資源和人）容量。一個「開放性系統」（open system）允許系統及其環境間的連續交換。「封閉性系統」（close system）則不允許能源、資訊和資源越過自身的界線輕易地進行交換。系統的最理想之功能發揮需要本身的界限保持彈性。某特定系統的界限需要充分開放以回應開放的環境狀況，故新能源及資訊能加以整合，並堅固地足以維持系統的內在整合。

　　符合社區的心理衛生需求提供一個界限的角色實例。心理衛生計畫者必須考慮內在和外在壓力，如經濟管制和政治現實，這均使社區界限變得更艱困，依賴他們如何處理。這項論點的實例乃是呈現於社區對建立心智遲緩的成人康復之家的反應。經常，在社區內建造這樣的處所可預期到會招致周圍居民的批評。在這些例子中，某些社區接近有關於心智遲緩的新資訊且這社區中的居民對這類處所的反應經常是充滿恐懼與偏見。而其他社區是開放的，會接受心智遲緩的居民，或正願意接受新資訊及資源，因而他們會歡迎這些人加入社區生活的組織中。

　　協助處於困難中的家庭需要介入家庭界限中。實務經驗告訴我們，例如，虐待配偶的人傾向於限制家人與外界的活動。在這樣的情況下，他們能夠去維持對配偶與子女的極端性與破壞性的控制（Jones and Schechter, 1992）。青少年的父母可能會面對非常不同的問題——保持家庭界限。在某些文化中，當青少年開始其增加獨立性和與家庭的距離之過程中，他們開始去改變關係的既定模式。青少年可能較少出現在家庭聚會中，或家庭可能必須加強其青少年子女與其他同儕的關係。在這樣的情況下，家庭必須開始去對自身的界限加以重新定義。當家庭嘗試去維持其過往的界限，並嘗試去限制青少年於家庭內外的活動時可能會產生衝突。這適應的過程需要父母及子女雙方具備相當的敏感度；否則，雙方可能會覺得受到威脅，且有表現出拒絕或控制的行為。

　　當以社會工作的觀點來看這件事，系統尋求協助是僅限於其環境中。從其環境中分離一個系統出來是在助人過程中的評估階段之重要部分。界限的概念有助於完成這項任務。此外，在界定系統本身的界限，仟何系統亦能轉換為自身所具備的眾多次級系統而接受分析。以一個醫院的社會服務單位為例，可能被分析為自成一系，乃由其自身的人員、

服務所組成。然而，整個社會服務單位可能是一個較大的醫院系統的一部分，這個大系統包括，住院、環管、門診服務、病理檢驗室等其它不同單位。醫院甚至是一個較大系統——社區醫療保健系統的一部分，包括，醫院、醫生、居家照顧服務及其它許多單位。醫院系統亦是地區、國內政治及經濟系統的一部分並且受其影響，這種情況在正持續進行的全國醫療保健系統辯論時可為證明。誰提供照顧？將會取得什麼樣的照顧？從何處取得？健康照顧如何傳遞與計價？這裏我們可以看到各系統中之系統概念將得到清楚的說明。

當我們分析系統時，較大的系統是所謂的**上層系統** (suprasys-tem)，然而其中較小的系統是所謂的**次系統** (subsystem)。因此，從以上的例子中，這社會服務部門是醫院的次系統，接下來，醫院是醫療照顧上層系統之次系統。此上層系統與經濟及政治上層系統有關聯，而醫療照顧上層系統是一項構成要素。這樣的關係可能是支持與限制並存。

系統的語言有助於澄清系統內各個界限與組成要素間的關係，以及各部分本身間的關聯。在醫院社會服務單位這個例子中，你可能發現在督導人員與直接服務工作者間的壓力與緊張——那就是，次系統（系統的部分）之間——負向地影響該單位的功能。這樣的情況可能對社會服務單位所處環境中的其它次系統（如護理單位）帶來負面影響，並且，最後反映在案主所接受的服務品質上。如果貧困案主的復原及照料時間延長，醫院的名聲可能受損。而任務來自相反的方向——從上層系統至系統層次——醫院這整個系統可能會因缺乏適當的資源而處於壓力下，壓力則是較大的政治及經濟系統中各種活動所產生的結果。

界限的概念可能會立即的運用到生物、心理、文化及社會——結構等各種系統中。細胞的、器官的及整個人類軀體裏的生物結構，那時相互依賴，可能會為獨立研究及治療而孤立如分開的系統，藉著畫分系統的界限，例如皮膚、組織和薄膜而進行畫分。這樣的畫分，無論如何總是有些限制，因為身體系統某一部分的治療時常對身體的其它系統帶來副作用。在心理方面的領域中，界限能被用以畫分、界定不同的人格特徵或整體人格系統。社會結構界限能用於為家庭、政治及經濟結構畫分界線，同樣地在界定團體、組織和社區變項等亦是。相同地，宗教、觀

念形成與價值因素均可貢獻於建立文化上的界限。

目的

　　除了界定系統的界線之外，我們也考慮系統之「目的」（purpose）。對一個系統而言，為達成其目標，平衡必需在系統的構成要素與產生互動的環境力量之間得以維持。「**體內平衡**」（homeostasis）的觀念傾向於經由系統所達成的內外平衡狀態，或均衡的規律性過程。系統總是經歷在穩定性的需求與改變的渴望之間某種程度的緊張。例如，福利政策的永遠存在並未適當的滿足眾人的需要，由此可見確定福利官僚制度的持續性顯現，對那些接受支持性福利的人而言是非常重要的。

　　維持系統的整體性不論在系統內外都不夠。成長對新的形式及合併各種形式均為生活的特徵。目的之概念乃在於引導系統尋求改變及新的經驗，還有穩定性是社會工作實務中另一項概念，將在本書中其他章節討論。而具有彈性界限的開放系統之概念也是符合社會工作實務的狀況。這類的觀點是藉著無限的接納各種安排，而在生物層級上有引人注目的表現，這均是透過各種生命繁延不斷而促成的。因為系統是相互關聯的（閱讀之前討論的次系統與上層系統），故可預測各個系統需對其所處之環境的改變給予回應，如果它們繼續的成功地互動。

　　態度、概念和價值與基本的人類所關心的事，如家庭生活——性別角色認同、工作的意義和存在（或不存在）神祇，形成了社會以及文化組成目的之核心。本章最末的章節是個例外，取材自Soshana Zuboff的 *In the Age of the Smart Machine*（1988）一書，說明人類行為在這樣的基礎價值觀並未完全被視為工作的原則時受到不利的影響。她顯示，藉著管理去矯正造紙工廠中的危險狀況會引導員工降低工作效率及滿意度。這些工作人員不再實際投入、運用他們的手藝，並甚至感到在工作技藝及成品上的自我評價減低。他們並不是期望回復到不安全的狀態中，但是希望能參與工作環境中的各項改革措施，他們的態度是工作技巧與知識應該要受到尊重，且讓他們有機會投入環境改造的過程中。我們那時發現具有目標的感覺是如何在人類奮鬥的過程中扮演重要的角色，且這個目標極力支持體內平衡的觀念必須含蓋對變遷中的環境所回

應的各項興革。

交換

　　系統的第三個特徵是「**交換**」（exchange），乃透過資源與產品分享的系統間互動過程。系統爲了有效發揮功能並達成目標而需要資源。這些資源可能是來自系統內部或是外界環境（其它系統）。系統所運用的資源乃是目標達成的一部分時稱爲「**輸入**」（inputs）。相對的，**輸出**（outputs）則是在輸入已爲系統所使用之後，由系統所建造的產品。呼吸的生理過程指明輸入、系統過程及輸出之間的關係。人類（生物系統）吸入來自大氣層（外在系統）的氧氣。肺吸入氧氣後再將其經由血液而分配到心臟和大腦。這個系統所輸出的是氧及生命──人體得以繼續發揮功能之能力。一個系統的重要能力是其具有過濾及調整輸入的能力。當調節性過程失敗或是壓力過重時，系統就會陷入危機之中。例如，當肺部換氣過速時，呼吸變得過於急促而使得身體無法完成所有的氧氣吸入過程，且嚴重的併發症可能因此造成。在心理層面上，一個人可能變得過度情緒化，當太多的壓力事件在其生活中發生。同樣地，一個社區可能變得充滿壓力與威脅，當有太多新居民或生意同一時間遷入此社區時。

　　輸入能夠加以想像或是成爲眞實的。若人們解釋這個情況是眞的（即是，接受其爲輸入），將會產生眞實的行爲結果（輸出）。例如，在一個美化年輕人的文化中，生理上的外表部分（經常由文化來進行定義）及財富可能會對一個人的行爲有所影響。若爲沒有具備這些特質的人吸收了這些價值觀（輸入），並同意這種看法，他們會發展出負面的自我形象（輸出），或投入一種潛在的、具傷害性之偏見，因而透過極端的節食或整型手術而改變自己的外表。社會無法滿足這些並未具備這類特質的人的需求，乃是來自於社會傾向去強調外表多於貢獻和人格，且這爲共同否認人類外表及身體之脆弱、短暫的明證。

　　另外一個例子指出，交換如何發生在較大的社會結構系統。國家的經濟系統接受輸入以家庭人口之勞動力的形式呈現；勞工則是家庭系統的輸出。勞工參與生產物品（輸出）以爲團體組織製造收入（團體組織的輸入），由此而來的薪水則付給勞工家庭（家庭之輸入）。

透過生物、心理、社會結構及文化系統，檢驗發生於界限之間及穿越界限的交換，增加了社會工作專業人員能機動地解釋事件與現象。在不同類型及規模的系統之間，大規模交換就變得更能夠理解。瞭解一項基於周圍社區的經濟生活而提出的軍事基地興建計畫之影響，就能省去多重層次的分析。另外，藉著注意社區居住形態及工作市場狀況所造成的各種影響，我們能夠了解政治與經濟系統如何成爲家庭系統所處環境的一部分。內在家庭動力可能會受工作的取得與否及現存的居住形態所影響。家庭成員的行爲將會轉變而影響到較大的系統——例如，有技巧的工作人員加入與否。這種觀點提供一項完整的對已界定之次系統和上層系統的看法。此外，交換提供輸入並引導輸出的概念得以認定，且其成爲在這互動系統中影響目標界定與目標達成的重要資源。

網絡

「網絡」（network）乃是系統間交換發生的地方。網絡是建立在當模式固定的關係發展於容許輸入與輸出定期交換的系統之間（Hanchett, 1979）。例如，教育系統是由公共、私人及宗教教育系統所組合而成的網絡，每個系統更進一步的畫分爲學齡前、小學、中學、大學、研究所及貿易或商業學校。一般輸入與輸出的交換是靠系統所建構的網絡，其中則運用先前討論的次系統與系統的概念。

建立網絡是因系統之間所共享的或相關之目的而來，以確定所需之輸入的取得與否，及系統內各項活動之整合，因此全都得以存活。60年代的重點是在教育系統中的科學被直接連結在政治系統的各種考量中（那時蘇聯正在太空競賽中獲勝）。90年代早期，在「開放」與「新思維」的時期，這樣的競爭並未如此受到關注。無論如何，美國的政治與經濟系統正變得更爲接近且明顯介入教育系統中，以克服當今年輕的勞工是明顯的缺乏讀寫能力及完成日益增加之複雜工作的技巧。

人們一生中都參與許多系統。懷孕的青少女、解雇的工廠員工、有三個孩子的職業婦女，及最近退休的商業經理都是加入這個網絡中的系統之一部分。了解每個系統則可了解這個背景中的網絡。每個人都是被其它加入的系統所影響，且每個系統都被網絡中的其它系統所影響。我

們可發現，一個系統取向是如何被畫分成多重平面的。這是一個工具去幫助我們了解和欣賞個人系統，以及處於互動中的系統，且改變我們對這件事實的看法：系統中有許多層面，從個人開始延伸至大的且複雜的組織、社區和社會之中。

系統理論的限制：權力與混亂

權力

　　如先前所述，運用系統理論在應用人類行為中是有許多益處與限制的。評鑑中的一項論點圍繞在體內平衡的觀點中，此乃表明一個系統將會嘗試去認識自身狀況以維持系統中的內在平衡。在人類行為的層級上，有時會被轉換成個人、家庭、團體及社區將會嘗試去盡量減少或否定狀況的改變，以保持原來的混亂情形。一般系統理論或許會歸納於人類關係理論 (human relations theory) 的範疇，且經常被視為是結構——功能學派 (structural-functionalism)。這個學派將於稍後解釋人類行為中的社會結構元素時再做詳盡討論。然而，為了本書主旨，我們可能以結構——功能學者的理論做一摘要，他們提出各個系統之間的關係維持在一個自然的和諧中。這些關係已經相互同意以整體保存做為方法。中世紀歐洲的封建系統可做為一個例子，封建制度中的貴族提供住處及保護給農奴，農奴則在貴族的領地上工作來償還。

　　在此必須記錄，無論如何，這些「和諧」的關係是並不需平等也不必彼此同意。學者發現在這不平等的關係中系統理論的評鑑基礎及其理論起源乃結構學派 (structuralism)。當運用生態觀點時，我們必須將權力的觀點列入考慮。**權力** (power)，如同Max Weber所下的定義：「將某人的意願強加於某些人的行為上的可能性」(1954: 323)。在封建系統中，權力必須是完全以貴族為根基，而少數，如果存在的話，是農奴的工頭。因此，當時的封建制度已經存在交互利益，是由於缺乏其它的選擇來供應這個農奴所組成的族群。社會機構間及內部的權力分配並不均等且常是根據種族、性別及社經地位而定。Golden與 Frank (1994) 提出，權力的不平衡是在這樣的狀況中成立。許多家庭治療模式利用系統理論及調解，假設參與談判各項變革的團體間均擁有相同的權力。Jones

及Schechter (1992) 指出,在這些關係中女人與兒童的權力是不平等的,這是因爲族長統治式的文化與社會、法律系統均是爲這些以性別爲基礎的不平等背書所造成的。當代經濟學家John Kenneth Galbraith (1983) 提供一項權力如何運作的解釋。表2.1呈現Galbraith的分析綱要,其中他建議三種權力類型及三種權力的來源。

　　了解權力的形態、來源與應用的方法是研讀人類行爲及實務理論的基本要素。所有的人類互動包含一些權力的運作。這三個權力類型都可利用於任何系統內部或系統之間的交換。舉例來說,以一個家庭中有暴力型的丈夫爲例,權力主要在這個丈夫身上。他可能利用所有型式的權力試圖去控制他的太太。相當的權力可能是透過生理上的處罰或威脅收回必須的經濟來源而達成。相對的,若妻子是在經濟上依賴她的丈夫,他可能會透過持續不斷的經濟支持或暫時性的停止施虐以做爲「獎勵」。最後,就如同許多有虐待事實的關係一樣,丈夫可能開始去將妻子的個人價值感降至最低,並透過他不斷施加的言語虐待而獲得權力。在這種情況下,一種負向制約的形式就產生了。

　　在上層系統的層次上,一個資本主義經濟制度經常是在供需原則之下發揮功能。當勞工的供應量高而勞工的需求量低時,他們就在要求較高的薪資或較佳的工作環境上處於不利的地位。勞工缺乏與那些雇用他們的股份公司的同等權力。相對的,當勞工的總數量少,而對具有特殊技能的勞工需求量高時,勞工可能得到較大的權力空間。組織通常比其

表2.1　Galbraith 的權力分析綱要

權力的類型	權力的來源
酬傭性權力:獎勵的權力	財產、財富、被需要的資源
相當的權力:處罰的權力	力量—人的、組織的,獲取資源的能力
制約性權力:經由說服、教育而取得合作的能力	個人非凡的領導力,組織的—影響員

成員擁有更多的權力。組織可能運用所有的三種權力形式以影響其員工的行為。權力的運用，不論是明顯的或隱蔽的，均是人們進行社會化及影響其行為之過程中所運用的重要工具。

　　讓我們簡要地看過廣泛的運用於系統之內部平衡的實例──「共同依存」（codependency）的觀念。「共同依存是一個對某些強迫性行為及別人的肯定，有著痛苦依賴的行為模式，並藉此以尋求安全、自我價值及認定」（Treadway, 1990）。這個定義主張這個名詞絕大多數是運用於個人（共同依存者），他們與酒精或施虐對象（依存者）有所關聯。這個模式亦認為共同依存（通常是女性）往往維持痛苦的關係而不顧病理上的需要。Anderson（1994）批評這個模式忽略了具有壓迫性（及權力式）的社會及政治結構，並認為是這些塑造了女性的行為。他主張這些行為是用以處理配偶的虐待行為之應對策略，而不是依賴性行為的組合。他亦表示，共同依存不能因應男女之間權力分配的不平等。結果，Anderson主張首先定義女性為共同依存並需要治療性處遇。無論如何，若是這項評估包括了解來自於性別的不同權力，那麼尚未共同依存的配偶不再被視為是病理上的附屬，然而他們會運用各種因應及奮力求生的策略。「標的系統」（target system）──將焦點放在處遇上，轉移至上癮的或施虐的配偶，或沈重的社會結構及那些輕視女性的文化價值上。確實的評估及助人的策略則納入對系統互動中權力形態的了解。

混亂

　　系統理論來自於物理學，是在嘗試去架構物理現象之互動。就像許多物理與社會科學中的模型，它能被視為是朝向 **總體理論**（grand theory）發展的努力成果。Weinberg在其 *Dreams of a Final Theory* 一書中指出，「科學最重大的期待是我們將能夠追查所有自然現象的解釋，以制定最終的守則並了解歷史上的意外事件」（1992: 37）。運用物理科學模型（有能力去預測因果關係）中的「**決定論**」（determinism）於社會科學已經產生問題。例如，混亂（chaos）理論，源自於當代數學，假設成立於排序系統中，有成群的失序者存在且於失序系統中，有一群的遵循者留存。賦與此一現象意義，在系統內部及系統之間的直接因果關係

無法確實的加以預測。因而，普遍模式（universal model），含蓋數個嘗試以直接因果解釋法而預測人類行為，也遭到質疑（Young, 1991）。許多實務模式是以決定性思考（deterministic thinking）為根基。例如，引用傳統的心理分析學派為例，此乃假定人目前的憂傷是來自於早期未解決的心性衝突。在一些家族治療的模型中，具有原則性的相信一個孩子的「外顯」（acting out）行為是由與母親的相處關係中之種種問題所造成的。決定性思考限制我們發展其它適宜的觀察模式的能力，因而，也限制我們了解人類行為的能力，如在早先討論之「共同依存」模式中所說明的。

這些批判，考慮系統中的權力運用以及不可預測性，在運用系統理論於社會科學中是重要考量，且其具有研讀人類行為之重要關聯。瀏覽系統理論及其限制時能就細節方面多加注意，我們現在將檢測我們的分析架構中之其它部分。

方向與動機

人們不常隨興任意行動。Milton Erickson（詳見 Bandler and Grinder, 1975）發現，即便是看起來像精神分裂患者的不連貫、沒有條理的言詞表現及行動，他就是表現的泰然自若又無法捉摸，但卻是具有意義的行為內容。所有的行為是直接朝向某些目的之獲取。人們尋求的目標可能是生物的、心理的、社會的或文化上的性質。人們渴望去維持健康，此乃生物方面的目標，然而他們所吃的可能反映其有關於健康、鄭重的或褻瀆的、流行的文化或宗教方面的信念。人們將哭訴視為表達情感的工具，一個心理性目的，雖然哭泣有一部分是生物上所做的決定。在某些程度上，哭泣也是受社會及文化的支配所影響，比如何時這樣的情感表露是適當的。職業被認為是要達成下列目標：生物的（經由活動成長的身體需要）、心理的（競爭感受的追求）、社會的（購買生活用品的金錢需求）以及文化的（期待成人工作上及經濟上的獨立）。

個人的目標與選擇受多重因素影響。個人並非獨自形成自己的目

標。人們聚集一起去完成其所屬團體之目標，在19世紀晚期，工會成為一股力量，且在20世紀的早期在這個國家當勞工開始去為自身尋求改善經濟利益時成為一股勢力。當今日的勞工團體拒絕去跨越由另一個團體所設定的保護線時，他們正再次確認大部分勞工所立定的目標，而非自身的立即性目標。例如參與「守望相助」或「兒童安全區域」方案等社區共同合作，以為自己及其子女提供安全的居住地區。

White（1963）和Montessori（1963）均於進行廣泛的觀察兒童之後推斷，人類透過有意義的互動而獲得與其環境互動及掌握的直接需求。競爭本身提供個人內在價值（見**導讀**2.1並藉著紙廠內的勞工表達之需求而做為反映）。這是明顯的，工作經驗的品質對人們是有意義的，有一點我們可以發現的是，在記述那些離開高度工作量或名氣大的工作而至較不能得到好報酬的工作更能給予報償。

雖然個人所作的決定引導其行為，這些決定強烈地受到其所獲取之資源及所遭遇的障礙所影響。因此，當試著去了解個人行動時，實務社會工作者應該評估介入於其決策過程中的系統，包括他們所產生的資源與障礙，以及其他人對他們的看法。一個沒有得到獎勵或晉昇的人可能將此事視為一個悲慘的個人挫折，但對其他人來說這只是一種失望和更努力工作的動機。

一些目標為行動提供了清理性策略。為了購置住處，一對年輕夫婦必須存錢、削減非必需品的購買、建立良好的信用等等。為在各項運動中具有競爭力，運動家必須飲食合宜、適度休息並依指定的方式運動。在上述二個例子中，社會環境會抑制或支持個人目標上的成就。例如，一對年輕夫婦的父母親能夠為他們照顧小孩就是幫他們省下一筆請褓姆的費用。在另一方面，一間銀行的種族性政策可能會拒絕一件由非裔美籍夫妻所提出的申請抵押之證明文件（實務上稱為「貼上紅籤」，在一些特定區域內的城市以此標示高風險的貸款範圍）。性別政策可能會剝奪婦女參與運動競賽的機會，或無法像男性競爭對手一樣獲得相同的支持。

完成其他形式的目標所採取之策略或許會較難整理。從別人的身上得到愛與接納必須平衡個人需求與其他人的需求。在關係中的各種問題

可能會因無法達成平衡而爆發。個人隱私、親密關係、事業及兒童均需要各個參與者的協商 (Jordan et al., 1989)。協商是個敏感又精細的過程，需要許多的嘗試與錯誤，與存錢或維持健康飲食之相關的簡易任務相較大爲不同。在此，同樣的，社會環境以及所包含的文化價值，扮演著重要角色。社會福利機構的效用是在於提供諮商以做爲某些人在嘗試建立或保存關係時可利用的一項資源。尤其對那些在本身的文化中並非視專業協助爲一項選擇的夫婦、家庭及朋友來說提供了相當的幫助。在另一方面，貶低非傳統關係的文化價值，例如那些同性戀伴侶或未婚異性戀伴侶之間這樣的文化價值是種障礙，會否定必要的情感及經濟支持 (Gutis, 1989)。

　　個人的選擇會引導行爲產生自我解構現象。舉例來說，青少年可能濫用藥物及酒精以致力於尋求同儕團體的接納。而負面的結果，例如，學校內的表現不佳、家庭問題、受傷及健康衰退等均可能產生。在這樣的情況下，個人與行爲間的聯結會看來像是衰退了。難以相信的是，人們正在做些傷害自己的事情時是故意要這麼做的。然而，事情可能就是這個樣子。嘗試去達成一個目標時常會導致與其它目標有所抵觸的行爲產生。

　　假設人們的行動是隨隨便便的，只是因爲他們以前所做的，至少有一部分是弄巧成拙，並不正確。當我們了解正在尋求的所有目標，我們就能嘗試去決定什麼行爲可用以達成這些目標。之後，較容易協助人們發展較有利的策略以達成其目標。在上述說明中，例如，藥物濫用可能是因需要同儕的支持而產生動機，並非是個人的懦弱或有企圖性之自我解構行爲所造成的。無論如何，服用藥物經常將會帶來達成其它目標上的負面結果，例如，保持健康及爲日後的就業而完成教育以做準備。當對這樣的青少年提供服務時，社會工作者便須探索案主在其藥物使用與目標追求間的關係。若這個年輕人願意停止其藥物之使用，社會工作者及案主便可共同在此時開始發展目標達成之其它相關事宜。

　　因爲人們分享了許多基本的「**人類共同需求**」(common human needs)，他們建立或構築環境以幫助其滿足需求。有關滿足人類共同需求的方法之各項社會決定與生物的及其他的各種因素相互影響。嬰兒在

身體接觸上的需求現象普遍是來自於照顧提供者的現象的身上。無論如何，不同的文化，在為嬰兒提供照顧上的方式是不同的。而所有的人分享在食物上的生物性需求，族群及文化上在吃什麼、怎麼吃和什麼時候吃上也各有不同。

人類共同需求的意念促成系統及方向性（目標性行為）方面知識的聯結。每個類型的系統具有其特殊基本需求必須達成，若這個系統希望能夠維持。因為一些系統是個人化的且其它是綜合性的（次系統及上層系統），一個完整的取向需要的不只是了解個人所經歷的系統之特色，還有「個人對其經驗的解釋」。為何人類共同需求各人的經驗與解釋均不相同的理由引導至分析架構的最後一部分：人類多元化。

人類多元化

當社會工作者注意到在不同的個人、團體、社區及文化中運用不同的策略以達成其人類共同的需求，和分享由此而來的目標，並不是評估何者較佳，或是相較之下何者較劣。若這麼做會採取一種種族優越的觀點，而這樣的觀點並不重視「**人類多元化**」（human diversity）的表達。多元化傾向於人類在生物的、心理的、社會結構的，以及文化等方面的區別。人類的初生之遺傳造成他們在許多方面的不同。當他們成長（生物的）且有了生活經驗（社會和文化的），他們的個人特質便會浮現。人們變得具有特色，例如是外向的或保守的、鎮靜的或焦慮的、不在乎的或慎重的。他們帶著自身的生物與心理特質進入其社會性的世界，交友容易地或困難地、工作迅速地或不斷地換工作，結婚或保持單身等。

不同的人格特質及生活歷練是個人據以與其產生功能的系統之需求及特質進行互動的。有時，互動的發生是平順的，但大多數的時候並非如此。為了解這項互動，一種「**雙重觀點**」（dual perspective）是有幫助的。這種觀點主張所有的行為可由二種方法進行審視。第一種方法是人如何看待自己的行為，而第二種是其他人如何看待這相同的行為（Norton, 1978: 3-12）。帶有生理限制的人通常會把焦點放在自己的能

力，而不是在他們受限的環境，但是別人時常主要是看他們的「殘疾」。當找工作的時候，這些人可能把焦點放在他們能對組織有什麼貢獻，然而雇主可能是以雇用他們會需要花費多少為重點的這個想法取代前者。為了瞭解這二個系統在互動上（個別工作者與組織間的）的實際狀況，我們必須要了解雙方的觀點。雙重觀點對召喚去調解那些具有衝突之系統觀點的社會工作者來說是極有幫助的。

多元化的經驗

雙重觀點讓社會工作者了解人們正持續地處理他們的二種觀點。身為個人（個人系統），他們以其生物特徵（經常在文化上的定義是英俊或沒有吸引力、聰明或普通、殘障或健全）及心理特徵為基礎發展認同感。此外，人類以其種族、性別、性取向及社經地位等背景為基礎，至少運用上述的一部分來發展社會認同。Taylor在人們介入與其社會環境的對話過程中主張：

> 我們透過本身所具有的豐富之人類語言表達能力而成為完整的個體，能夠了解自己且從此界定自我認同。在此，我的目的是，希望能將語言運用於更廣泛的意涵中，不但包括我們所說的話，也含蓋我們自我界定所表達的方式，包括藝術的、姿態的、愛的及其它類似的語言。但我們是透過與他人交換而學到這些表達方式。人們不需使用語言來做為自我認定的工具。
>
> 〔Taylor, 1994: 32〕

認同在二個方面裏是重要的。它們強烈地影響人們及較大系統（例如族裔團體）那些認為是珍貴的且可達成的目標。當社會注重某些特別的個人特質（族裔、性別、性取向及智力等等），具有這些特質的人通常發現會得到支持與鼓勵。當這些特質被社會視為是負面的，人們往往會發現自己被輕視。而屬於少數民族的人時常經歷到歧視，且嘗試去貶低他們身而為人的價值。Aaron Fricke（1981）記敘其身為一個男同性戀者的成長歷程就是一個好例子。Fricke描述了他在經過一段充滿與其他男孩高度享受且不由自主的性活動及其它沒有性涉入的各種接觸之童年

期後,他如何被貼上一個「男同性戀者」的標籤而度過青少年期。結果,Fricke從一個快樂的孩子變成一個惹麻煩的且非常不快樂的青少年。只有當他開始與那些能夠增強他覺得自己是個還不錯的人的信念之其他男同性戀者交往之後,他才能夠成為一個具有安全的自我意識並不匱乏的成人。當他的自我認定感受到侵襲的這段時間,他因此而從先前所參與的活動中退縮且變得非常孤立。這對那些相信自己是不被重視的人來說是頗為常見的。然而,所產生的結果可能是比社會退縮更為嚴重許多。Proctor及Groze(1994)從其資料做出以下結論,男同性戀者、女同性戀者與雙性戀者身分的青少年比其他年輕人有二倍至三倍的比率更容易自殺成功,且其中30%的所有完成自殺的青年是與性別認定的觀點有所關聯,在他們的研究中,Proctor和Groze發現,男同性戀者、女同性戀者和雙性戀者的青少年是自殺的高危險群。他們也發現,家庭支持(尤其是來自父母的)及有個具支持性的同儕團體均為降低自殺風險之重要因素。這些資源在反對由一個帶有壓迫性的社會環境所塑造的負面自我形象時是必要的,這個社會具有敵意且時常對這類人展開攻擊。在貶抑少數民族的情況下,「語言」(Taylor的對話式語言)藉著他們所處的這個時常是負面的且帶有敵意的社會環境而提供給這些少數民族。家庭與其他重要人物之具有支持性的「語言」甚至具有更大的重要性,假如這些受到社會歧視的人們是運用正面的方式以界定自我。

第二個方式乃在於可以發現那些個人或團體認定的重要因素對其他團體成員的影響。這個雙重觀點改變了我們對這項事實的看法,亦即人們對於那些來自於其他並無關聯的團體之成員的行為仍會給予持續不斷的回應。換句話說,一些相信女人是過於「情緒化」的男性在自我認定上是藉著以行動較不具情緒性或藉著只表現出憤怒、敵意或緊緊地控制情緒等來增強其為「堅強」的自我意識。在這種方式下,男性化的行為就變成定義是個偏向於控制勝於分享,且支配勝於調解的行動。在這種狀況下,男女之間的關係,男性所接受的用以區分自己與刻板印象中「女性化」的角色之各種行動與態度亦均引導其對女性所施的壓迫之中。刻板印象形成與強調差異性的過程對那些團體而言是一個建立其自我認定的普遍方式,且這經常導致一些團體受到別的團體所帶來的壓迫與苦

悶。認定，那時會經由每個系統中的部分與其它系統之互動而發展。那些人們或團體認為自己是不同的或較差的，乃是因其種族、性別、性取向、年齡、社經地位、生理特徵或心理特質等因素，而上述時常成為歧視的目標。當這些受壓迫的團體權力（相當的、補充的且受制的）是相當強勁，少數（被輕視的）團體成員可能會變得接受自己是較差的而「適應社會生活」。這些受壓迫的團體或許也發展出防止少數民族的成員無法享有成長機會之社會結構性障礙。

人類行為中多元化之應用

在這個行星上生活是可能的，就僅是因經由這演化過程而已經發展超過數百萬年的各種生命形式之多元化所產生的結果。多元化並不只是自然的，如同我們所知的，它是延續生命所必要的。人種內的多元化亦是人類族群延續所必須的。在我們的演化過程中的這個階段，性別之生物性差異乃人類族群之增殖繁延所必須。當然，性別不是人類族群之成員間的唯一差異。我們在種族、性取向、年齡及生理能力、價值觀與信念、嗜好上均有所差別。然而，這些特質只是人類區隔彼此時所使用的許多方式之一小部分。有許多方式使得人們可用以滿足其需求乃是依賴人類多元化的現象。社會工作實務的基本價值在於尊重個人的尊嚴。藉著實行，社會工作者必須尊重個人的獨特之處。個人經由與重要他人的對話過程中發展出自我認定（Taylor, 1994）。我們與他人的接觸並不只限於家人和朋友。人類存在，並且，更進一步的在較大系統（團體、社區、機構、經濟體、社會等等）中發展。那時，每個人都從自己在這世界中所擁有的特殊位置上經驗到這世界。然而，每個人都是由生命歷程中的獨特經驗所組成的，一個人可能與其他人分享類似的經驗。一個人可能與許多朋友一起上學。這些人都會分享這同樣的課程、教師及課外活動。然而，他們可能依其本身特殊的興趣、族裔背景及性別而對活動有不同的經驗。在另一方面，具有類似特質的人，雖然有極大的個別差異，可能會藉著這些特質的自然形態而分享類似的經驗。例如，在美國高中多年以來，女孩並不被鼓勵去選修數學及科學方面的課程，這些科目在社會期待上來說被侷限於她們的能力範圍之外的，並且相信這些科

目對於幫助女性在社會上成功的扮演一個身為「家庭主婦」者而言是不需要的。生理殘障者即使與一般人同樣的獨特，也有可能經歷到這個世界以非常不同的方式來對待他們。我們已經討論過被我們身為人的自我意識是如何在我們的社會經驗為背景的狀況下被發展出來。我們對這世界的經驗是由我們所具備的經歷及對其所賦予的意義所組合而成。我們在這世界上所有的經驗可能是對本身的人類發展有所支持或是傷害。這些經驗的形態經常是依賴所注重的特殊個人和團體特質，或那些在我們生活的社會環境中的創始人物，尤其是那些比我們擁有更多權力的人所輕忽的要素。

當人們並不被視為是獨特的個體，而被某些特質所取代時，他們變成刻板印象的受害者。「**刻板印象**」（stereotyping）是個藉由人們被認定會具有的某些所屬之特殊團體中的優點而形成的。團體成員分享這些界定團體組成分子的特徵。女性分享一個性別，波多黎各人分享一個族裔，老年人分享一個依時間先後排列順序的年齡區間，而具有生理限制者則分享其全然進行生理活動的障礙。然而，在每個團體中仍然存有相當的多元性。女性、波多黎各人、老人、殘障者隨著自身的族裔、年齡、性取向、教育、工作層級、經濟狀況、宗教體驗及其他各種不同層次的變項而有所不同。雖然每種團體所具有之刻板印象會因該團體內之種種現象而在發展上不可避免的存有錯誤。結果，根據刻板印象而對待某人將會使其持續的接受治療，這是經常不具尊重的，且有時會讓人失去人性的。

任何會給予個人或團體刻板印象的組織，尤其是它的目的是在損害他們，且對待人時將其視為某些個種類，而不是當做個體來看待。在社會學的名詞中可以發現，人們常同時地占據許多位置——母親、妻子、古巴裔美籍、醫生、中年人等等。在人類生物上、心理上、社會上和文化上的全面富足，會使人們在單一領域中接受審視時會產生侵害。為何刻板印象在那時被發展出來了？他們運用這個功能進行人與人之間的疏離。疏離感時常是掌握在這樣的標籤中，例如，「男同性戀的」、「黑鬼」、「潑婦」、「猶太佬」、「西班牙佬」、「智障」和「殘廢」，都是負向的且沒有人性的。這些名詞的目標不再是賦與個人存有期望、需求、能力及自

我價值。然而，不會在乎刻板印象的加害者是如何被處置的，因為他們已經被認定是不重要的且是匿名不為人知的。他們被視為是不同的且較差的。Keen（1986）主張，讓人失去人性的過程是個人與團體暴力的基本要素。Keen研究宣傳工具（文章、海報和影片）以探索這些媒介如何被用來記述人類在負面，及甚至無人性化的方式中所表現的特徵。他主張這種失去人性的現象，對那些在個人及社會的基礎上較能被接受的人而言更會遭受襲擊。

刻板印象與標籤化所造成的結果之一是「**壓迫**」（oppression），人們的「**生命際遇**」（life chances）上的系統限制是基於個人的或機構的偏見與歧視。在取得所有生命維持與生命富足的主要類別之各式資源，受壓迫的團體之成員仍被攻擊。在美國並非只有窮困正在增加中，而且它的分配非常不平均，尤其在單身婦女、非裔美籍和西班牙裔所領導的家庭中面對的風險更多（Day, 1989; *American Family,* 1989a）。對Ohio的遊民最近所做的研究顯示，少數民族成員、嚴重心理障礙者、已成癮的藥物濫用者及那些帶有生理限制者是最可能受貧窮所影響的族群（Roth, et al., 1988）。所有的黑人及每個族群中的女性之收入較白種男性為少，事實是與上述的貧窮影響範圍是相關的（*American Family, 1989b*）。低收入亦與高早產兒出生率相關，低出生體重、健康狀況不佳及高嬰兒死亡率也與低收入有關（Children's Defense Fund, 1992）。這些資料中所記載的事實，能在少數民族為主要人口群的鄰里區域中每天被發現，而這些少數民族的成員是被迫居住在水準不佳的住所中，或被他人拒絕住在同一區域中。這些人去設備不足且有時被隔離的學校，容忍罪惡成為他們日常生活中的一部分，無法獲得足夠的健康照護，且被可供給生活所需的穩定工作中剔除。

基於人類多元化特質所形成的刻板印象，當它變成維持現有之壓迫性社會結構的工具時甚至變得更沈潛。一種本世紀通行的一般商業策略是為了擊退聯合主義而促使一個族裔團體與另一個對立。這個過程同樣在今日政治人物及商業團體中出現，他們提出嘗試去責罵美國在政府因為社會方案所投下的高額花費而產生經濟困難的說辭。在1994年11月，加州通過一項全州的公民投票結果，禁止所有的非法移民接受教育及醫

療照顧服務。這項倡議的提案者提議「本地的」加州人將會被非法移民的匯集而受到傷害。許多的非法移民無論如何是廉價勞工的大規模來源，尤其對企業家而言。有項爭論由此而產生，對非法移民及其子女刪減服務的選擇性方案，以遏止非法進入美國，現已進行一項更具攻擊力的行動，是以發現僱用非法人士做為勞工之僱主為目標。取代專注於對抗商業社區的法律許可，投票者選擇取消為服務主要貧窮人口群的西班牙裔族群所實施的教育及醫療照顧。

　　壓迫並不只是個智力上的觀念。它描述給予疾病、危險、不適和無望的每日生活。這不是一些只是發生了的事，但實際上是社會結構所安排的結果，它建立了「**下層階級**」(underclass)，一個被美國社會機制主流所排斥的團體 (Auletta, 1982)。當一個有權力的族裔團體輕視其他權力較少的團體，它是以壓迫式的方法運用它的權力，即使人們分享人類共同需求，事實是他們的生活模式不同使得團體將焦點放在差異上而非共同的人性上。寧可將這些差異視為一種資源眾多故在社會發展上機會豐富，他們習慣以分類、刻板印象和歧視來對待其他人。主流團體對弱勢團體所做的壓迫導致衝突的產生。如上所述，一些團體已經奮力掙扎以改善其共同所處的位置。許多已經成功，變得更有正面的自我認定且是更好的，但仍受限於獲取基本資源。對窮人來說，無論如何，除了族裔背景之外，情況已更為惡化。自從1979年，這個國家中屬於那四分之一的最下層人口已經歷到其可獲得的收入中減少了18%的狀況，而那四分之一的頂層人口已在其收入上增加了16個百分比 (Phillips, 1990)。只要壓迫存在，衝突將會成為一種永遠存在的可能。

　　生活品質同樣也是人類生活經驗的領域之一，需要加以記述。壓迫可能會造成生存上的困境。無論如何，多元化的整體概念均視為天然及潛在資源，較生存所需大為不足。文化多元論 (cultural pluralism) 的基礎觀念是相信不同的團體對整個社會是有特殊的貢獻。換句話說，這些團體有資源可以付出。而壓迫阻隔了這些資源，將他們變成對受壓迫一方之團體成員所要面對的障礙。當人們因自身的差異而遭到歧視的時候，他們所能做的特殊貢獻就被浪費，這被壓迫的人們及社會都要承擔這樣的後果。

社會工作對多元化的承諾

　　這段以人類多元化做結論，簡單的看看本章所討論的概念對社會工作者角色的影響是適當的。在第一章，專業社會工作的目標被界定爲協助個人藉著促進其與所處環境間的交流而能更有效的發揮功能。Maluccio（1981: 10）主張，來自於系統理論、生態觀點及力量或能力取向的實務模式中的洞察力，可是提供實務上的議題。這些議題包括：

1. *將人類這個生物體視爲投入正在進行的、與其所處環境的動力交流之中，且成長與適應的持續性過程亦有所參與。*
2. *人們被視爲是「開放系統」的概念成爲自發性的且重要的動機，促使在應對生活要求及環境挑戰時具有競爭能力。*
3. *對變遷中的環境機會及社會支持是個前提，必須以此支持並提昇人們對成長、達成自我實現及對他人有所貢獻所做的努力。*
4. *適當的支持一項信念，這個信念應該能夠符合人們變遷中的素質和需求，以便將個人競爭力、認定、自治和自我實現的發展擴充至最大。*

　　社會工作者運用全面性的觀點來界定其與案主合作的情境中所呈現的資源與障礙。全面性的評估包括生物的、心理的、社會結構的和文化等領域，以協助系統在不同的層級中界定處遇目標。

　　個人所處之環境中的全面性觀點包括人的特色以及所有人共同分擔、面對的任務。這也意味著社會工作者努力去了解特殊族群所共同承擔的任務及此特殊族群所面對的歧視態度。從生物起源中即於個人發展上建立限制與潛能，而人們轉移至較大的系統中逐漸地塑造他們的行爲。不幸地，這樣地發展含蓋了各種不同形式針對各式團體成員所施加的迫害。由迫害及疏失所造成的社會及個人問題已經變成全國流行。直到環境系統剝奪人們需要用以維持生命及豐富生活的資源被更改，個人和團體將會繼續遭受到苦難和不必要的死亡（Brown, 1984）。社會工作尋求清除這些壓迫的來源、移除障礙和支持固有的資源。

　　爲達成上述目標，社會工作者必須：

1. 透過持續性的獲取知識以尋求對多元化之了解與欣賞。

2. 致力於了解做為壓迫他人之工具的權力形態。

3. 尋求協助被壓迫的人得以界定其權力，並支持他們授與權力的行動。

4. 進行消除個人的、團體的、族裔的及文化的偏見之工作，並且包括各式的機構化又得到認可與讚許的歧視。

5. 為社會正義而努力。

Figueira-McDonough (1993) 主張，社會正義是承諾確保每人均能在基本社會供應上都能相等的取得資源，並且，社會工作實務的顯著目標應該是社會政策的修正。Labonté之使能連續論（empowerment continuum）（詳見第一章）主張為褫奪公權者服務的社會工作實務，包括從個人支持至政治行動所付出的參與，均可做為對抗壓迫的有效計畫。

摘要

本章已嘗試發展出一套審視人類行為的架構。這套架構包括，系統理論、方向性、動機和人類多元化。

系統理論有助於個人在與其環境之互動中進行概念化的工作。這個理論視個人與其它系統進行動力式的互動。系統理論的一項顯著限制是其與系統中的個人或團體所具有之不同份量的權力並未充份混合。受虐的妻子並未與其施暴的丈夫具有相同的權力，且西班牙裔的移民也沒有掌握和加州生意人同等的權力。第二個限制是系統理論無法被運用為預測人類行為之普遍模型，此因任何系統中所會發生的不可測性所致。

方向性的概念記述人類目標的問題。它主張人類的行為是直接被其所建立的目標來引導。它亦嘗試去解釋那些似乎是特殊的或自我解構的行為可藉著個人目標間的衝突而進行了解。

最後，人類多元化尋求對人類致力達成之目標能用各種方式發展出了解與欣賞。歧視和壓迫是人類成長中的事實，會限制個人的生活機會。

這個架構的元素與第一章所討論之社會工作觀點合併，將會支持下面幾章中將要討論的人類行為理論之過濾工作。

研究問題

1. 檢驗本章所介紹之四項實務之實例。如何能使系統、方向性和人類多元化的整合性架構幫助你去了解各種不同的實例中的一般性基礎及差異。

2. 以系統觀點分析導讀2.1。是否這樣的取向會幫助或妨礙你對人類多元化及／或方向性的了解？解釋它如何提供協助或毫無助益。

3. 根據系統理論，系統中某一部分所受的改變會影響系統中的那些其它部分，甚至其它系統的變更。而這樣的觀點對社會工作處遇中在個人層次、家庭層次及社區層次的運用狀況？

4. 系統取向導致其以圖形來呈現。在你的班級中製作一份呈現一個社會系統的圖表。標示出其中的界限和繪出系統、次系統及上層系統之間輸入與輸出的流程中之相關部分。之後討論系統內各部分所掌握之權力層次。什麼類型的權力是被系統內各部分所運用？

5. 社會資源是經由社會編制內含蓋政治、經濟及觀念構成之系統進行分配。在什麼樣的情況下少數民族、女性、老人、同性戀者及具有生理及心理障礙者受到政治上及經濟上的歧視？權力在這個系統中以何種方式運作？刻板印象如何用以壓迫上述族群？

6. 社會工作者需要牢記人群中存在著極大的多元性。這些變項中有那些是多元性所需之證明？

7. 當社會工作者與案主或案主系統（老人、患有愛滋病者、接受補助者等）進行互動時，他們如何成為一個特殊個人系統的一部分？當考慮人與系統間互動之權力要素時，什麼樣的關聯會存在於社會工作者與案主間之關係的注意與考量？

主要名詞

界限 *boundaries*

這些界限從環境之中分隔一個系統出來。系統的可界定之限制。

人類共同需求 *common human needs*

所有人類所共享的需求,是健康狀態中得以存活的基本要素。

決定論 *determinism*

每個事實是先前狀況的必然結果。

歧視 *discrimination*

攻擊那些被認為是較無價值者的行動。

雙重觀點 *dual perspective*

了解某一個人口群的自我觀點,以及那些評估其行為之其它團體的觀點。

種族中心論 *ethnocentrism*

一種文化或次文化在彼此評估時,以其自身的文化要素為基礎之論述。

交換 *exchange*

系統與其環境間之互動過程。

總體理論 *grand theory*

一個尋求去追蹤所有自然現象之解釋的理論,以及發掘法則與歷史上的意外事件。

體內平衡 *homeostasis*

一個維持系統內之相對穩定狀態之過程。

人類多元化 *human diversity*

基於生物上、文化上、社會上和心理上的差異而形成的個人與團體間之不同。

輸入 *inputs*

系統之內在或外在資源。

生命際遇 *life chances*

獲取基本的維持生活及豐富生命的資源。

模式 *model*

組織相關概念及理論之模式。

網絡 *network*

聯結系統間的線、環節與頻道的集合體。

障礙 *obstacles*

抑制某人目標之界定與獲得的各項因素。

壓迫 *oppression*

基於機構性的偏見與歧視而產生之個人生活機會的系統性限制。

輸出 *outputs*

已經被系統處理過的資源,且被轉換成系統產品。

權力 *power*

個人或團體將自身的意願強加於別人身上的能力。

資源 *resources*

促進個人界定及達成生活目標的能力之各項因素。

刻板印象 *stereotyping*

一個藉著帶有普遍化及偏見性的慣例式表達、心理印象等等,套用於某團體成員所具備的特質(通常是不正確的,且負向的)上之過程。

次系統 *subsystem*

較大系統之組成元素。

上層系統 *suprasystem*

與較小系統合併之較大系統。

系統 *system*

由一些不相關的且相互獨立的部分所組成的一個整體。

下層階級 *underclass*

從具有支配性的文化性社會機構之主流中被排除的人。

參考書目

American Family (1989a). Hispanic Poverty Remains at Near-Recession Levels, and Economic Disparity Gap between Blacks and Whites Widens. Vol. 12, No. 1 (January), pp. 21-22.

American Family (1989b). Equality between the Sexes: New Studies Create a Stir. Vol. 12, No. 5 (May), pp. 1-3.

Anderson, S. (1994). A Critical Analysis of the Concept of Codependency. *Social Work*, Vol 39, No. 6 (November), pp. 677-684.

Auletta, K. (1982). *The Underclass*. New York: Random House.

Bandler, R. and J. Grinder (1975). *Patterns of the Hypnotic Techniques of Milton H. Erickson, M.D.*, Vol. 1. Cupertino, CA: Meta Publications.

Brown, C. (1984). Manchild in Harlem. *New York Times Magazine*, September 16, pp. 36ff.

Carson, R. (1987). *The Silent Spring: 25th Anniversary Edition*. Boston: Houghton Mifflin.

Children's Defense Fund (1992). *Vanishing Dreams: The Economic Plight of America's Young Families*. Washington, D.C.: Children's Defense Fund and Northeastern University's Center for Labor Market Studies.

Day, P. (1989). The New Poor in America: Isolation in an International Political Economy. *Social Work*, Vol. 34, No. 3, pp. 227-233.

Federico, R. (1984). *The Social Welfare Institution*, 4th edition. Lexington, MA: D. C. Heath.

Figueira-McDonough, J. (1993). Policy Practice: The Neglected Side of Social Work Intervention. *Social Work*, Vol. 38, No. 2 (March), pp. 179-187.

Fricke, A. (1981). *Reflections on a Rock Lobster*. Boston: Alyson Publishing Co.

Galbraith, J. K. (1983). *The Anatomy of Power*. Boston: Houghton Mifflin.

Golden, G. and P. Frank (1994). When 50-50 Isn't Fair: The Case against Couple Counseling in Domestic Abuse. *Social Work*, Vol. 39, No. 6 (November), pp. 636-637.

Gutis, P. (1989). What is a Family? Traditional Limits Are Being Redrawn. *New York Times*,

August 31, pp. C1ff.

Hanchett, E. (1979). *Community Health Assessment: A Conceptual Tool.* New York: Wiley.

Jones, A., and S. Schechter (1992). *When Love Goes Wrong.* New York: Harper Collins.

Jordan, C. with N. Cobb and R. McCully (1989). Clinical Issues of the Dual-Career Couple. *Social Work,* Vol. 34, No. 1, pp. 29-32.

Julian, T., P. McKenry, and M. McKelvey (1994). Cultural Variation In Parenting: Perceptions of Caucasian, African-American, Hispanic, and Asian-American Parents. *Family Relations,* Vol. 43, January, pp. 30-37.

Keen, S. (1986). *Faces of the Enemy: Reflections of the Hostile Imagination.* San Francisco, CA: Harper and Row.

Lappin, J., and S. Scott (1992). Intervention in a Vietnamese Refugee Family. In *Ethnicity and Family Therapy,* edited by M. McGoldrick, J. Pearce, and J. Giordano, pp. 483-491. New York: The Guilford Press.

Maluccio, A. (1981). *Promoting Competence in Clients.* New York: Free Press.

Montessori, M. (1963). *Education for a New World.* Madras, India: Kalakshetra Publishers.

Norton, D. (1978). *The Dual Perspective.* New York: Council on Social Work Education.

Phillips, K. (1990). *The Politics of Rich and Poor: Wealth and the American Electorate in the Reagan Aftermath.* New York: Random House.

Proctor, C. and V. Groze (1994). Risk Factors for Suicide among Gay, Lesbian, and Bisexual Youths. *Social Work,* Vol. 39, No. 5 (September), pp. 504-513.

Roth, D. et al. (1988). *Homelessness in Ohio: A Study of People in Need.* Columbus: Ohio Department of Mental Health, Office of Program Evaluation and Research.

Slonim, M. B. (1991). *Children, Culture, and Ethnicity: Evaluating and Understanding the Impact.* New York: Garland.

Taylor, C. (1994). The Politics of Recognition. In *Multiculturalism,* edited by A. Gutman, pp. 25-73. Princeton, NJ: Princeton University Press.

Treadway, D. (1990). Codependence: Disease, Metaphor, or Fad? *Family Therapy Networker,* Vol. 14, No. 1, pp. 39-42.

Weber, M. (1954). *Max Weber on Law in Economy and Society.* Cambridge: Harvard University Press, p. 323. See Bendix, R. (1960). *Max Weber: An Intellectual Portrait.* Garden City, N.Y.: Doubleday, pp. 294-300.

Weick, A. et al. (1989). A Strengths Perspective for Social Work Practice. *Social Work,* Vol. 34, No. 4, pp. 350-354.

Weinberg, S. (1992). *Dreams of a Final Theory.* New York: Pantheon Books.

White, R. (1963). *Ego and Reality in Psychoanalytic Theory.* New York: International Universities Press.

Young, T. R. (1991). Chaos and Social Change: Metaphysics of the Postmodern. *The Social Science Journal,* Vol. 28, No. 3, pp. 289-305.

Zuboff, S. (1984). *In the Age of the Smart Machine.* New York: Basic Books.

工作系統

本文使用工作場合當作系統的例子，並對人類價值影響技術的使用的
觀點提供特定的看法。

> 我們對勞力的精神象徵感到高興……每一次的鋤土可以打開
> 智慧的根本……但是……我們不斷挖掘及搗翻的地球土塊是
> 從不化為思想的，相反地，我們的思想，卻快成土堆。我們
> 的努力象徵虛無，並在黃昏中成為心智愚鈍者。[Nathaniel
> Hawthorne, *The Bithedable Romance*]

自動門

漂白設備是紙漿工廠中最複雜且最危險的區域之一。在Piney
Wood，大型的製造紙漿之設備建造於40年代中期，鐵路貨櫃火車
上載滿用於漂白過程中的化學物質，而這個程序是在一棟四層樓
的建築物周圍沿著邊緣進行，那裏到處都是殘餘的骯髒棕色果
漿，而這種果漿是會變成閃亮的白色。每分鐘有4,000加侖的這種
棕色泥漿從水管的迷宮中流出而進入一系列的圓筒形之大桶中，
這是個用來清洗、放入含有氯之類的化學物質並加以漂白。在進
入這個工廠區域時，在任何地方都沒有發現自然光。而帶螢光性
的管路上包裹著一層黃綠色的罩子懸在上面，當你呼吸時，空氣
中含著淡淡的化學味，這種味道讓人極度排斥，無法控制的想要
抵制。地板通常是溼的，尤其是在一個放置大桶的區域周圍，這
個大桶看起來有點像是月球表面般，上有火山口的凹凸不平。有
時，洗衣機運轉過度，將潮溼的纖維洩出機器外，弄得地板到處
都是，且深可及膝。當這種狀況發生時，人們穿著他的橡膠高筒
靴並鏟起這片狼籍。

　　漂白過程的五個階段包括數以百計的操作變項。漂白操作員必須要調整與控制這些大量的原料、化學物質和水、判別用色和黏質，放入時間、溫度、貯放層級和湧入量——表格中還有許多項目。在電腦式監督與操控之前，工廠在此一部份配有一名操作員掌握運轉的持續、檢查機器上所註明的細節與圖表、開關瓣、注意桶子的層次、從桶中抓住一把紙漿去檢測它的顏色，聞它的氣味或用雙手摔它（它是光滑的嗎？它是黏手的嗎？）以決定它的密度或判斷其化學組合。

　　1981年，漂白工廠中設置了一間中央控制室。一個科幻小說家的幻想，它是個閃亮透明的泡泡，看起來像是已經噴出來的蘑菇，在工廠中的黑暗、潮溼、令人振奮的空氣裏。控制室反應了一個新的科技時代，朝向連續性過程生產，一種以微處理機為基礎的感應器連接至電腦上，並具有關鍵過程之各項變動因素可用以遠距監控的功能。事實上，這整個紙漿工廠曾參與了從1940年代的壓縮空氣推動的控制技術轉移至1980年代的微處理機為基礎之資訊與控制的技術。

　　在控制室內，空氣是經過過濾的且聽得到冷氣機傳來的嗡嗡聲，而這個現象直到將冷氣機移入至控制室與小飲食休閒區域之間的牆壁中方得以消除。工作員坐在整體造型的，上覆寶藍色布料的旋轉椅上，正面對著播放錄影帶的終端機。這些終端機播放有關於過程中進行監控的目的之相關資訊，是被置入漆好的橡木櫥櫃中。這些螢幕上發散著紅色、綠色和藍色的數目、字母和圖形鮮活地跳躍著。這裏的地板是覆蓋著石灰色的地毯；在終端機上放著咖啡色鑲黑邊的防塵罩。牆壁上覆蓋著小麥色的簾子和經過多次鑄造的亮漆橡木高級傢俱。下垂的天花板是銅製金屬的並懸掛著一個三度空間結構的吊燈，這個有稜有角的燈散發著光

芒，亮度合宜且不會在螢幕上造成刺眼的強光。天花板上一再反覆地出現顏色——以幾何圖案的設計中呈現暖色調的米黃色、咖啡色、棕色和灰色。

每個終端機都朝向房間前方——一個有窗戶的牆壁朝著漂白工廠開著。鋼鐵製的橫樑、金屬水槽，和厚水管所交織而成的迷宮，這些景象均可透過窗戶從外面看到，窗外射進一股蒸汽和烟充斥其中的光芒，宛若在一個潮溼的夜晚，寧靜而朦朧的街燈閃耀著。在兩個世界中並排放置的是一個人在界線兩端來回移動的路徑（那裏只有一個人在工廠的這部分工作）。

穿過自動玻璃門就可進入控制室。按下按鈕這兩扇門就打開，當你走上前一步，門就在你的後面迅速的關上。那時你發現自己在右邊角落通往另一個房間的通道上又有二扇自動門。在右邊的那扇門是通往一個窄小的有座椅、櫃台、咖啡器和冰箱。在左邊的那扇門是通往控制室，這扇門直到第一扇門關的時候才會開。這是爲確保控制室內經過過濾的空氣是免於漂白廠的烟與熱所污染。這同樣的循環亦相對維持著。當一個人離開控制室，他就按門框旁邊的按鈕，門就會自動打開。之後他穿過自動門進入一個小房間，那裏他必須等門在他身後關上才能在這靠外側的門上按下第二個按鈕，最後終於進入工廠。

這並不是大多數人在他們從控制室離開進入漂白工廠時所做的。他們走過內側這扇門，但他們沒有等那扇門在身後關上再等第二道門打開。取而代之的是，他們將指尖硬是挿過外側這道門的橡膠接縫處中央，並且將他們的肩膀用力舉起，撬開門口的接縫處並把門猛力扭開。幾個小時之後、一次又一次的開關之後、幾週之後，太多人將他們的手臂和肩膀的力量放在和控制門的電動機械之對抗上。三年後，這光滑的、閃閃發亮的玻璃透明單、

這靠外側的門不再緊閉。一個幾吋長的空隙，順著兩扇玻璃間的中央線延伸，看起來像是搏鬥所留的痕跡。這扇門裂了。

「現在這扇門破了因爲這些人在進出時推得太用力了。」一個總機這麼說。在和這些人聊起所發生的這種情況時，反應大多是尋常的甚或是不屑的，聽到的不只是一點不耐和挫敗而已，還有一些更深層的：他們的身體往前移動，身上的力量似乎被他們工作中的新環境所磨去；一股幼稚的力氣想要打破一切；一股抵抗先前所規畫的設計而產生之不可捉摸的反抗油然而生，要對抗改變他們的環境及原本所熟悉的事物的這份設計。然而這些人也抱怨「漂白工廠裏的烟會殺了你。不管你有多強壯或多虛弱，都不能吸進氯氣。它會漂白你的腦，且沒有任何人（在管理階層）會賠你一毛錢。」

科技呈現出這份系統地運用於健康問題的智慧。它在詳述和超越身體限制時發揮功能；它爲身體的脆弱和短暫而提供補償。工業科技已在許多與生產有關的過程中代替人體，且因此而爲先前因身體上的障礙所造成的生產上之限制重新定義。結果，社會生產力已經用人類史中無法事先預測的方式而加以擴張。這樣的成就並非沒有付出代價。在勞動過程中減輕勞工的身體所擔負的角色功能時，工業科技亦傾向於降低工作者的重要性。在創造勞力需求較低的工作時，工業科技也已經創造較不需要人類才幹的工作。在建立對人體之要求較少的工作時，工業生產也已經傾向於建立對人體需要付出力量較少的工作，亦即爲在生產過程中有自然增進知識的機會。這些雙面的結果已經成爲工業機制成長與發展的基礎，而工業機制以依賴知識的理性與聚集做爲控制的基礎。

這些結果亦幫助解釋工作者對自動操作長久以來的矛盾。勉

強與同意是人類對其工作所可能經歷到的矛盾狀況。穿越大部分
的人類史,工作已經是無法避免的意味著努力且時常耗盡工作者
的體力。然而只有在如此盡力的情況下才可能會學到交易並專精
於一些技巧。自從工業革命,自動操作方面迅速的進步已逐漸意
味在勞動過程中會降低人體所需之一定數量的努力與付出。這也
傾向於降低一位工作者必須在製造活動中所具備的各項技巧之品
質。工業科技已在增加其能力以省下勞動力方面發展,而同時它
已霸占了技巧的發展及表現機會,而這些技巧是只有人體才能學
習、記憶的。在自動門的修理過程中,漂白工廠的勞工已建立一
個反應其野心於自動操作上的實際暗示之中。他們想要免受有毒
烟霧的污染,但是他們同時感覺到對抗組織的堅決反抗,而這個
組織不再需要他們的生理方面的力量或是知道如何逃避員工。

　　自動操作的過程已經與勞工所需具備的知識等級上的降低與
他需要負責的工作中需付出的體力減少有所關聯。資訊科技,則
無論如何確實具有再次引導自動操作之歷史性路徑的潛能。它的
資訊能力之實質力量能改變知識發展的基礎並藉著將知識完全地
排除於身體區域之外而運用於工業生產過程。新的科技標示著工
作活動的更換至資訊的抽象領域。辛苦不再表示生理的虛耗。「工
作」成爲號誌的操作,且當這發生時,技巧的形態會被重新定義。
科技的運用在人力保存上可能不再暗示知識的解構;取而代之的
是它可能暗示在不同的方式下之知識重建。

　　沒有對勞工過去的狀況之基本認識做爲參考,更動的重要性
就無法領會。在工廠,知識與勞工的努力是相關的。工業科技的
發展能被解釋爲是一個嘗試在生產中掌握個體的角色是勞力與技
巧雙重來源的記錄,帶著這些特殊的回應,這些嘗試來自於勞工
與管理階層雙方。凝聚人力在生產中的歷史意義已經形成管理者

===導讀 2.1===

及勞工的自我了解,和他們之間的關係。它也成為一股突出的力
量,而引導製造科技上的發展與運用。對於人力在工業上的意義
和它與自動操作的邏輯如何聯結上均有較多的了解,這將塑造對
目前變遷的特色之欣賞並突顯其刺激當代於建構工廠上各項關係
的變革之能力。在闡釋現在或幻想未來之前,首先是需要將自己
抽離於二十世紀並且回到,若只是短暫的,一個工作形態簡單而
又更悲慘的年代,一個工作是在所有勞動人力的問題之上的年
代。

The following is taken from In the Age of the Smart Machine: The Future of Work and
Power, *by Shoshana Zuboff. Copyright © 1988 by Basic Books, Inc. Reprinted by
permission of BasicBooks, a division of HarperCollins Publishers, Inc.*

第三章　人類行為之面向

在天地之間有更多的事物遠超過於你所能夠想像的。

——*Shakespeare**

　　男人是個對這個無法完全滿足他們的環境有著許多渴望的個
體。他對於這世界的觀念是嘗試再嘗試，不論是宗教的、科學的、
哲學的或政治的，試著去解釋或克服他的緊張。如果我們把這環境
看做是靜態的，正在調整中的。宗教和心理學先開始；科學和政治
次之。

——*W. H. Auden***

概要

　　Shakespeare及Auden指出影響人類行為的因素廣泛，且創造性思
考需要理解人類生活的複雜性。在這一章，我們將嘗試有系統地回顧來
自於生物、行為和社會科學的概念，這些是幫助實務工作者界定他每天
工作時所遇到的人類行為變數。

　　來自社會工作的各項原則中之現有知識主體長期以來似乎是令人感
到擔憂的不全且無法持續。這造成選擇相關資料的任務變成一個困難且
令人疑惑的任務。以受到科學研究支持的資料為基礎的處遇計畫已經是
社會工作之理想狀況。如第二章所述，照會的新方法和知識的來源均已
在社會工作實務中得到發展與認可。專業工作的迫切性，無論如何，呈
現出實務工作者遇到困境。維持按兵不動直到所有新方法的研究與發展

* Shakespeare, W. (1947). *Hamlet*, act 1, scene 5, lines 165-166. In *Yale Shake-speare*, edited by J. R. Crawford. New Haven, CT: Yale University Press.
* * Auden, W. H. (1986). *The English Auden: Poems, Essays, and Dramatic Writings 1927-1939*, edited by E. Mendelson. p.342 Trowbridge, Great Britain: Red-wood Burn, Ltd.

完成可能會導致籌畫一個沒有概念性澄清的處遇計畫就是未盡專業責任。在這不如理想的情況下，實務工作者必須讓可獲得之資訊得到最佳使用。從各種不同領域中獲取的大量新資料必須在社會工作者與其它背景的專家之間進行更多的合作。例如，以多元化為基礎及以力量為基礎的工作模式要求社會工作者也應要視我們所服務的人群為正當的資訊提供者、規畫，及執行服務的合作者。上一章提供過濾及架構雙方面的資料以做為社會工作實務之刪選與運用理論的工具。這些過濾方法是以社會工作價值與實務原則為基礎，且能引導實務工作者選擇適於其處遇之特殊形式的人類行為理論。架構，建構於系統、多元化和方向性之上，源自於上述之價值與原則，且協助整合有關於人類行為的知識來源。

　　這一章將會把焦點放在我們相信將會對人類行為之複雜性形成觀念的現有理論上。它將會呈現源自於生物、行為和社會科學的概念之簡要回顧。而名為「協助但歧視遊民」之相關論著則附於本章之末，其中指出，來自於人類行為所提出的更深入的多重資源且做為更進一步討論的刺激。

了解人類行為的四個來源：基本概念

　　上一章介紹行為的生物、心理、社會結構及文化來源。這一章將檢測這些領域中更深入的細節部分。了解行為的四項來源是依靠所獲得的基本觀念之有效理論。這些概念於社會、心理和行為科學之主要原則的產生和歸類上在人體生物學、心理學、社會學、人類學、政治學、經濟學、藝術和人文科學上等領域最為重要。你可能已經研讀一些或所有的這些原則，且將自身的經驗與體會引進上述領域中之最重要的概念部分，或你可能正在參與這個過程。研讀這些領域中具代表性的各項概念提供了完全理解這些理論的精華所需之歷史性與方法論方面的知識。

　　本章之其它部分複習許多了解行為之四種來源所需之主要概念。這次複習是要確定你在個人概念上的知識，因此你能從各種不同形式的組合運用這些知識，而這些組合是以根據一個全面性的方法來檢視助人過

程之需求，故被指定使用。之後幾章將幫助你去整合這些概念。雖然下列概念之摘要將為這本教科書之其它部分提供一個實用的共同基礎，仍應去觀察三項需要謹慎處理的事：

1. 從研讀上述各個知識領域所獲得的概念，其了解程度是無法代替的。
2. 摘要是挑選出來的。這裏所呈現的概念只是那些有可能會在專業實務上有潛在效益的知識。你應該持續不斷地注意到其它可能有用的理論。
3. 抗拒觀念的分裂，且記住人類生活是一件複雜的事。在某一個領域所討論的觀念，例如，行為的生物來源，常常在其它領域中亦可加以運用。

避免一份胡亂的清單，概念將會在相關的生物、心理、社會結構及文化等標題下加以組織。我們相信這個四個部分的架構將會證明是方便的且可管理的。在開始之前，記得這只是一個非常簡要的概述性觀念之選取。

生物性概念

我們從人體生物學開始研讀行為的四個來源，因為這個學科在對我們的生理現存之實際狀況上的了解具有其重要性。老年問題先前對人類行為有重大影響——我們的生物過程（先天因素）或我們的物理環境（後天因素）——沒有，且可能從來不會得到完整的答案。經過人類歷史，且尤其是在上個世紀，這個辯論已激烈的在生物與社會科學之間點燃，生物與社會動力在人類行為上的影響亦是。這個論戰幾乎不具學術上的美感；它亦已具備顯著的政治分歧。如第一章所述，納粹德國的種族主義政策被視為具有對猶太人這個少數民族具有偏見，科學證據上是如此顯示。在這個國家，二十世紀的中期時，我們的法院握有要求智障母親絕育之決定權，因為那時有這樣的科學信念，遺傳上已經證明智能障礙

必定會遺傳到他們的孩子身上。

有關於生物因素在行為上的影響之問題在今天比過去任何時候都重要，因此在遺傳方面的知識與研究方法論增加。遺傳學者Steve Jones表示：

> 大多數現代遺傳學者發現在控制人類行為的正常範圍時，先天因素和後天因素的相關重要性是受到質疑的，有二個原因：第一，他們幾乎不了解複雜的特徵（那些像是身高、體重或行為等等，是用測量的而非計算的）之遺傳性，甚至在低等生物，如，蒼蠅或老鼠中，及在研究尺寸大小或體重等特徵時，都是容易下定義的。第二，且更重要的，遺傳學家知道這長期的疑問——先天因素或後天因素——是非常沒有意義的。它唯一的問題是通常並沒有確切的問題……將它們分類成簡便的區別是不可能的，如智力之類的特性常被視為是能夠分成一片一片的許多「遺傳因子」和許多「環境」的一個蛋糕。事實上，這兩者如此密切混合，故嘗試將其分開就如同試著不去烘焙蛋糕。無法了解這個簡單的生物性因素會導致混淆與惡化。
> 〔Jones, 1993: 183〕

然而，那並不是說視研讀人體生物學和遺傳學為一項知識的特殊領域是不重要的。大部分的人類行為是生物上所決定的，來自於遺傳方面所繼承的特質建立了人類行為的潛能與限制。讓我們看看這個例子，一個嬰兒的行為。因為一項生物性的反射會讓嬰兒自動的抓緊和移動他的四肢。而「**反射**」（reflex）是遺傳上所設計的傾向。然而，吸吮反射可能不會出現在一個因遺傳上違常而導致腦部缺損的嬰兒身上。在一些個案中，天生的殘疾可經由學習而加以彌補，然而在其它方面，復原的可能性或許會受到限制。行為的潛能是生物上所建立的，但是在人類的某些社會狀況下常是需要了解這些潛能。其實一個腦部缺損的孩子或能協調極其少數的眼——手運動，因其器官上的損傷，一個腦部沒有受損的孩子可能沒有眼——手的協調運動，因其缺乏來自於照顧者的刺激。儘管在這二個案例中的行為結果類似，而一個孩子是生物上的成因且另一

個是社會上的成因。如在本章概要所述，所有四種行為來源的互動是相互制衡的。

先前的例子強調生物及社會領域間互動的重要性。在這本教科書中我們將會注重行為的這些來源間互動的重要性以做為系統互動、多元化及方向性的證據。接下來，我們將會把焦點放在遺傳、人類生理發展及疾病等人類行為之要素上。

遺傳學

人體生物學的最基本概念是「**生命**」(life) 本身。生命的心理過程是由大腦透過一系列的神經生物性衝動所傳達的複雜化學過程之管理。大腦如同一個中心催化（或不能催化）化學物質及其正開始建構的互動。在懷孕期，一個女性的卵子是由男性的精子所造成受精。這樣的結合是包含來自於父母雙方的46個染色體所帶來的遺傳訊息，而染色體則繪製出新的持有個人之生物潛在特質。每種遺傳訊息的組合是多重世代的，且是獨特的；之所以是多重世代是由於父母均由自己的父母帶來遺傳訊息，而這可能從另一個方向來交給他們的子孫。遺傳訊息並不是父母的生理上的證據也是真的，例如，這對父母生下紅髮的孩子，但他們都沒有紅頭髮。

在受精時發生的混合過程中，遺傳組合是獨特的，因而每位父母只有一些遺傳元素會成為受精卵的一部分。最近的發現已修正稍早前遺傳學上的看法。人類細胞含有23對染色體，每一對中有一個認為是來自父親，另一個認為是來自母親。然而有些例子已經發現是二個染色體都來自於同一個親人。又更進一步的發現基因可能會有不同的表現，這則在於它們是來自母親或父親 (*Science News,* 1989)。這些來自於研究的發現尋求能找出修正遺傳物質，以預防或治療因生理所造成的問題。遺傳物質的修正是所謂的「**遺傳工程**」(genetic engineering)。在這個領域的研究是已經領導遺傳物質與行為、智力、健康及疾病之間產生有計畫的聯結。

另外一個影響發生在基因轉換的一般型態上，稱為「**突變**」(mutation)，一個基因原先的形式被改變的過程，發生在懷孕時的傳送途中。

即使突變相對極少發生，它們和發生在懷孕時的自然基因混合過程確保人類的差異性。因此，一個人的遺傳基因成爲其擁有社會獨特性的重要基礎。因社會發展是依靠遺傳基因的潛在設計。

遺傳違常

我們先將焦點放在遺傳違常（genetic disorders）上。Julia Rauch 表示：

> 在大衆的想法中，人類遺傳處理那些用以區隔人類與其他
> 生物的品質並從此畫分人口、家庭與個人。〔Rauch, 1988: 389〕

社會工作者實際參與醫療、諮商及領養服務必然發現，在自己所處的實務情境中遺傳違常是一項要素。對遺傳在疾病及發展違常上的角色有基本的認識在實務狀況中是必要的。Rauch討論四種遺傳違常：這些是有關：(1)單一基因遺傳；(2)多重因素遺傳；(3)染色體錯亂；及(4)曝露於有害之環境機制中。所有的人類都有不正常的或突變的基因，這些通常被認爲是隱藏起來的或是隱性的。當有相同的隱性基因的兩人生下孩子，就有四分之一的機會將這個基因遺傳給孩子。囊胞性纖維症、貧血、Tay-Sachs病、Huntington病、血友病和一種肌肉營養失調等，皆爲與單一基因遺傳有關之疾病實例。Rauch更進一步表示，多重因素遺傳與基因及環境間之互動有關，引用健康與營養的影響造成身高、體重與智力不同一事爲例。氣喘、兔唇、顎裂、先天性脊柱側凸、糖尿病和脊柱裂，以及智能障礙中的一些類型，是遺傳與環境因素所造成的結果。染色體錯亂是由於太多或太少染色體伴隨不正常的染色體結構所造成的。唐氏症即是這種基因違常的一個例子。最後，Rauch討論非遺傳性的，環境所引起的遺傳違常。曝露於酒精、處方與非處方藥、輻射、致癌物質、性病及營養不良均能阻斷正常的遺傳過程，且導致各種疾病與失能。研究亦指出，遺傳性因素存在於帕金森氏症、高血壓、風濕性關節炎和胃潰瘍、消化器官潰瘍等。

在遺傳違常上，早期提出的類型已對患有這些疾病的人在其生活上、家庭上及社會上的顯著影響，已具有不可忽視的地位。當然，患有

這些疾病的人及其家屬要面對重大挑戰與決定。現在科學有能力預測父母將遺傳方面的疾病傳給其子女的機會。接受遺傳方面過濾的父母則面臨著是否懷孕生子的選擇。在社會政策議題上,關於社會所可承受的社會及經濟支持程度也是項重要因素,而這通常會影響個人及其家庭之生活選擇與生命機會。社會工作者提供一種全面性的觀點於這種實務狀況之微視與巨視層面。

遺傳性之影響及心理、行爲違常

Plomin等人 (1994) 將焦點放於遺傳在心理及行爲違常方面之影響做了扼要的說明。他們主張遺傳對於精神分裂症、老年癡呆症、自閉症、情感性疾患與閱讀障礙有所影響。他們也提出特殊的語言違常、恐懼性疾患、厭食症及反社會性違常也都受到一些遺傳上的影響。最初的研究報導中所謂酒癮的遺傳傾向已無法成立,而憂鬱症與精神分裂症之間在遺傳上的關聯業已引起質疑。無論如何,這些研究的結論,並非沒有評論。評論家指出以遺傳爲基礎的研究並沒有適當地將環境方面的影響視爲因素而計算進去。這些研究亦具有政治上的關聯。例如,John Horgan (1992) 提出:

> Frederick Goodwin,之後成爲酒癮、藥癮及心理衛生管理
> 方案的主管,引用猴子的暴力行爲及性方面的狀況而表示「當
> 人們稱某些城市的特定區域爲『叢林』時,或許並不是只有用
> 詞不慎而已」〔Horgan, 1993: 24〕

Horgan亦於稍後立刻指出,一次以「犯罪中的遺傳性因素:發現、運用及關聯」爲題的研討會在馬里蘭大學舉行。這次研討會的簡章中註明「環境取向在犯罪上的明顯失敗」。並主張遺傳性研究可引導界定的方法,且在早期對症下藥地治療具有犯罪傾向的人 (Horgan, 1993: 26)。因統計數字指出,非裔美人在謀殺及犯罪上有不相稱的表現,故種族主義者在「預防性」的測量上已經舉辦研討會但又被宣佈取消。而「犯罪基因」學者的評論指出,並沒有研究發現遺傳與犯罪有關。再者,在那些來自於遺傳的疾病之中,心理及行爲違常的研究將社會與政治上的關

聯運用於人類行爲的探討之中。

遺傳與基本人類特質

哲學家、神學者及科學家長期以來反覆思考這個問題：人類的天性是什麼？這些答案對於社會進行組織的方式有重大的影響。神學家或者質疑人性基本上是善良的還是醜惡的。經濟學家可能會猜測我們究竟是貪婪的還是慷慨的。人類學家可能致力於探討人類是天生社會化的還是離群索居的。社會學家和心理學家可能對人類基本上是具攻擊性的或是合作的有所疑問。在這些原則下許多人類行爲方面的理論是始於有關於基本的人類天性上的疑問或假設。如同第一章所記載，社會工作已採納人類是朝向健康邁進的基本哲學態度。在遺傳對行爲的影響上持續不斷的探究是社會工作者知識基礎的一個重要面向。

一個先進的社會生物學家，Edward O. Wilson在其所著的*On Human Nature*（1978）一書中，呈現其在基本人類行爲傾向中生物方面（基因遺傳）及社會方面的來源所具備之觀點。關於人類天性長期以來的問題之一是人類是否天生就具有攻擊性或合作性、利他性。社會生物學家審視人類的生物學及人類學方面的著作及動物、昆蟲行爲上的研究，以推測遺傳特徵於人類行爲上的範圍。Wilson主張，人類擁有攻擊與利他的能力，均爲其基因遺傳的一部分。Wilson和其他社會生物學家亦主張，人類活動上有受到遺傳方面的影響，如性方面的活動、配偶的選擇、人口控制、所偏好的社會組織、家庭星座、住所與嗜好，甚至於靈性上的事情。然而，大部分的社會生物學家承認，環境中的社會與文化方面對於人類行爲中的遺傳素質有重大影響。

遺傳與人格

在更爲個人化的層級上，Bouchard（1994）主張，基本的人格結構亦可能反映遺傳上的影響。Bouchard報告，完全相同的（同卵雙生）及同胞手足的（異卵雙生）的雙胞胎中發現一些人格傾向，如外向、內向、焦慮、暴躁、情感穩定、服從、嬉鬧、好奇、洞察力可能在某些程度是由於遺傳的結果。在使用不同的統計分析方法，這些研究指出所選定的行爲特徵中就有40%到46%是受遺傳的影響，而環境因素的影響最多只

有7%，這些因素包括傳統上認為的人類行為之決定性因素，如出生順序。Bouchard指出，環境對人格的影響大多是未知的，且目前的想法無論如何是「相信每個人從一連串的刺激與事件之中選擇出自身遺傳型式的重要基礎並建立經驗的特殊組合」——那就是，人們協助建立自己的環境」（Bouchard, 1994: 1701）。

遺傳、性別、性取向、種族與智力

性別、性取向、種族及智力等特性在過去二十年來受到社會生物學家及社會學家許多的注意。因為這四種特性經常是造成歧視的因素，當正在檢視人類行為時，它們總是受到特別的關注。

性別 性別歧視是一種生物現象。性別區別是起始於人類受到的由精子所帶來之染色體的影響。23對染色體中的22對是與性無關的，且其所附製的亦與性無關。第23對染色體決定性別。女性帶一對X染色體，且男性有一個X和一個Y染色體。女性的卵攜有一個X染色體，又男性的精子提供一個X染色體或一個Y染色體。懷孕以後，激素的生產開始了性器官的發展。兩種性器官分泌雌激素及雄激素。這些「女性」與「男性」激素決定男性或女性生理上的發展。問題是：遺傳在決定男性與女性之行為時扮演的角色之影響程度為何？Fairweather (1976) 簡述性別差異上的研究表示與兒童有關，各種要求已使得女童是在觸覺上、聽覺上更佳，情感上更依賴，更鎮靜、保守，有比男性更好的口語能力。男童早被報告指出視力更佳、無所畏懼且獨立；在空間關係中較佳；更具攻擊性且比女性更保守。無論如何，在看過所有的研究之後，Fairweather發現，似乎只有一項差異是完全基於遺傳的是女性精確的數字能力之傾向與男性的大塊肌肉活動與特定空間活動的傾向。一些社會生物學家建議女性是在天性上適合養育者（撫育子女、照顧家庭、創造和平）的角色而男性天生更適合去職場上，因其所具備之攻擊性是由他們做為獵人與掠食者的原始角色發展而成。這些權利堅持，即使是人類學已經發現許多社會中男性與女性所扮演之角色均不相同。Lewontin等表示：

> 這個問題當然並不容易回答，是否男性與女性之間的激素
> 方面不同——更清楚的說，他們是——並不是有小小的不同，

平均存於男性腦部與女性腦部之間結構與激素互動中；這樣的
狀況亦清楚呈現，即使中間的重疊部分很多。在這（生物）決
定論者來説，這些差異幾乎不用爲男性與女性間之行爲差異而
負責，亦不需爲維持在地位、財富和權力上在兩性之間分配不
均的家族式社會系統。〔Lewontin et al., 1984: 153-154〕

性取向（sexual orientation）　同性戀的形態與來源已是幾世紀以
來的爭議與辯論的源頭。直到最近，社會工作者接受一種爲同性戀所做
的心理分析解釋。男同性戀，從這個理論來看，被視爲是來自於一個專
擅的母親以及／或是一個弱勢、離去或有敵意的父親（Bieber et al.,
1988）。女同性戀被視爲是「正常」的家庭關係脫離正軌。女童所遭受的
兒童虐待也被主張是一個女同性戀行爲發展過程的促進因素。社會學家
主張性行爲是由文化定義的，且他們指出在其它文化中，同性戀活動被
視爲是正常社會化過程的一部分（Miller and Waigandt, 1993）。更新
的一些研究已提出，同性戀具有生物或遺傳上的關聯（LeVay, 1991;
Bailey et al., 1993; Bailey and Pillard, 1991）。這些研究已經對科學
及宗教基本論述提出批評。Reinisch等人（1990）在閱讀當今以生物學及
心理學爲基礎的理論後主張，這些成因仍舊無法捉摸且目前的理論相
信，可能有許多不同的發展路徑造成一個人變成同性戀、異性戀和雙性
戀者。

　　人類行爲之遺傳基礎的探討與研究的發表，毫無疑問地將焦點更投
注於男女之間的先天生理上的差異。社會生物學家表示，生物性的遺傳
行爲是過去對環境及社會角色適應之結果。這問題仍是無法回答，即未
來先天生理上的性別差異是否會隨著性別角色改變而變遷或減少。

　　種族　在1758年，Carolus Linnaeus提供第一份施行「現代人種」
的分類資料。他以地理分布爲基礎將人種分爲四個基本類別：美國人、
歐洲人、亞洲人與非洲人。他藉著膚色、性情和姿態等不同而表述特徵。
無論如何，Linnaeus並沒有將這些差異任意安置於階級制度的層級中。
在1795年，Johann Friedrich Blumenbach，一個Linnaeus的學生，發
展出另一套模式。Blumenbach將現代人種分成五種，是由地理與外表而

加以區分：白種人，是屬於淺膚色的歐洲人及亞洲、非洲之鄰近區域；蒙古人，是屬於大部分的亞洲人，包括中國與日本；衣索比亞人，是屬於非洲人；美洲人，偏向於美洲大陸之原住民以及馬來西亞人，是屬於玻里尼西亞人、馬來西亞人和澳大利亞人。不像Linnaeus，Blumenbach確實提供一個基於其理想中的美麗而繪出的金字塔形階層組織圖。Blumenbach視白種人為所有人種中最漂亮的，接下來依次是美洲人、馬來西亞人，最後才是亞洲人和非洲人。然而，Blumenbach並沒有主張任何人種之間存在著優越性。他相信現代人種始於某一個地區且這個物種的各項變化如同人類散佈全球般的發展。對Blumenbach而言，種族歧異乃是基於對不同地形的適應而來。Blumenbach就如許多的現代生物學家及人類學家，相信所有已設定的種族特徵是從一個人到另一個人身上持續不變的演進而來，因此造成族群間互無關聯（Gould, 1994）。Shreeve（1994）偏愛一篇由1972年遺傳學家Richard Lewontin所做的研究，記述「確實，除卻來自不同區域的人群間存有顯著的生理差異，遺傳變異的絕大多數發生於某人口群之內，而不是人口群之間，每個族群大概只有六個百分比左右的比率……，從另一方面來看，將我從遺傳上自典型的非洲人或愛斯基摩人中分離出來的因素，同樣也是將我從一般具有歐洲人血統的美國人中分離出來的因素」（Shreeve, 1994: 60）。

當然，並非所有的生物學家和人類學家都同意單一種族理論，且他們強調「每個族群間」在生理方面的差異是在六個百分比之內。種族繼續成為我們眾多行為中的因素之一。例如，健康資料常藉著種族畫分，也會運用到社會經濟資料。非裔美人男性在報告中被指出比白種男性有更高的患有心肺疾病的風險。西班牙裔及非裔美人比他們的白種同胞更容易生活在貧窮中，遺傳差異或類似的程度對人們來說與文化現象對種族之影響相比是較不重要的，並且是正面或負面社會價值判斷的主體。我們將於本章之末討論人類行為之文化領域。種族也是政治操作的主體，這部分亦將於本章之末討論。

智力　遺傳上最後一部分的討論是將焦點放在智力方面。這個標題於1994年出版的，Richard Herrnstein及Charles Murray所著的《鐘形弧線：美國生活中的智力與班級結構》一書中已接受到新的注意。在這

本書中作者提出一種甚至是不斷持續擴大之落差正發生於各個社會階層之間。他們表示未來高收入與高名望的工作會有越來越多是被擁有高智慧的人所填滿。相對地，低收入與低地位的工作會被那些智力較差的人所占據。這樣的爭議被這本書給攪亂，無論如何，考慮這些作者在各個族群團體間的智力變化上的建議。在讀過近期的研究後，這些作者表示「認知能力是充份受到遺傳的影響，明顯的不會少於40％且不會超過80％」(Herrnstein and Murray, 1994: 23)。他們報導不論是在美國或亞洲的東亞人（例如，中國人、日本人），在智力測驗上的分數比白種美國人多出10分。歐洲裔美人的分數平均比非裔美人高出15分。儘管Herrnstein及Murray表示，「在處理族群差異上，關於基因與環境是否必要且其程度有多少，至今仍然未能解決。」(Herrnstein and Murray, 1994: 270)，他們先前的參考資料在遺傳對智力方面的貢獻程度方面似乎強烈主張一種遺傳上的聯結。加州大學遺傳生物學家Christopher Wills，從另一方面來看：我們（遺傳學者）幾十年來已經知道在膚色上的不同是因遺傳上的差異所造成的可能性相當小，且似乎是極可能在智力、人格或能力上與這些不同並無任何關聯。」(Wills, 1994: 78)。在這裏我們的目的並不是去批評Herrnstein和Murray的工作成果，而是指出遺傳研究中的典型。我們並沒有對有關於遺傳與環境之影響的問題提出答案。在每項遺傳研究中，不論正在進行的研究是生物因素對特殊疾病、兩性行為或智力上的影響，環境所產生的影響總是會出現。在此，我們提出Steve Jones的主張，他認為解決遺傳與環境間的問題就像「不烘培蛋糕」(unbaking the cake) 一樣。

在遺傳方面的研究將會增加，就像科技一樣會變得更精細。做為一項專業，社會工作必須保持遺傳研究方面的知識。社會工作理論的形態提供了一個獨特的機會以便將這類研究納入社會背景中，並在需要時援助支持性處遇的發展。

人類發展

一旦確立，生命必定積極地維持，或將會立刻的結束。人類基因的遺傳中的某一部分是引起生理成長與發展的機制組合，會經由「生命歷

程」而依照過程中的順序一一發生。而「人生歷程」(life span) 是生命從懷孕至死亡的段落。當遺傳性計畫得以展開，由於容許成長及發展所需的資源已被提供，我們能在那時談論「生理健康」(physiologilal health)。遺傳性計畫能在透過人類成長及發展中不斷增加的複雜性來變更人類的社會組織，進而能提供廣泛的變化及適應。

在健康的狀態中，在人體內各種不同成份中有相對地穩定互動與交換。例如，足夠的血由心臟推動，且由肺供應充份的氧氣再輸入肌肉中，所以肌肉能在此時引導心肺增加尺寸與強度，以便能在運作的過程中收縮及放鬆。這種人體觀點是系統觀點，焦點是放在整體（生物的軀體）部分（器官、骨骼、肌肉、血液、神經等等）之合作方式，以促使這個個體在其環境中得以維生。儘管身體的器官是在體內平衡的狀況下進行操作，並於環境中獲得資源以維持其內部的平衡，故身體本身總是在成長與轉變的過程中。我們的人體生理學 (human physiology) 總是不斷在改變。身體中內部的器官與組織，如大腦、神經系統和性器官，在第一個十五年中以不同的速度發展。兒童通常在控制運動技巧上發展良好，如在寫字之間發展、控制其大肌肉。人類發展是持續性的，雖然通常不是人們獲得其可運用於投入環境中的新能力與技巧的過程上，社會工作者卻是個研讀人類成長與發展以對生命歷程中在不同的地點上的個人生理、認知及情感之能力與限制有所了解，認識發展中的個別差異。

由於生命的盡頭是生命歷程的一部分，故「退化過程」(degenerative processes) 也是發展過程中的一部分。隨著人的年齡增長，細胞增生計畫開始變成是在一定速率以下細胞衰敗的過程，且每個人均有其獨特的形式。退化過程是主要受到有機體上的壓力源所影響。壓力可能發生在生命歷程中的每一點且經常是以不同的形式經歷到的：例如，在不適當的「營養」(nutrition) 上，是缺乏生理健康所需之基本營養素；在不適宜的「養育」(nurturance) 上，仍缺乏基本的保護及心理和生理福祉上所需要的照顧；且在環境中缺乏基本的維持生命及豐富生活的資源。壓力通常由產生「痛楚」(pain) 做為系統中某些部分已被推向其所能忍受的限度之警告。

遺傳性違常和疾病，以及生理上的創傷，可能限制一些個人能力的

成長與發展。例如腦傷，可能影響整個神經系統與腦部管理其它生理過程的能力。這些因素經常與生命歷程中的必然組成之一的退化過程互動並加速這段過程。生命終結於「**死亡**」(death)，在這個時候人體不再能夠支撐自己。死亡是不可避免的且是遺傳上規畫模式的結果。死亡也可能是對系統的壓力所引起的，如意外或經由疾病。

儘管懷孕、成長和死亡是基礎的生物過程，它們的重要性大都經常是由其產生的社會背景所定義。例如，嬰兒的死亡、一個中年母親的去世，或一個老年人的逝世可能對其他人及家庭成員和家族單位等之類的社會團體會有非常不同的影響。一個經歷了長期慢性疾病的人之死亡對其他人所造成的反應會與遭遇到突然的意外死亡之反應不同。生命、疾病和死亡的意義會隨著人而改變，也會隨著文化或宗教信仰的不同而改變。人們所抱持的信念與其經驗有關，這常會影響其對事件的反應：一些人可能以冷靜的接受來處理這些經歷，然而其他人可能覺得憤怒與哀傷。

現在讓我們轉移至一些生物過程如何影響人類行為的例子，及討論在社會工作實務上的運用。遺傳性研究繼續著重在人類行為上遺傳因素的影響 (Snyderman and Rothman, 1987)。特殊的認知過程，包括口語及場域的能力、學習方式均已與遺傳因素聯結。例如，一個人可能具有操控外國語言的技巧，然而卻因為在了解空間關係上的問題，故於幾何學上遇到困難。手部的靈巧性與良好的動作協調也已發現與遺傳因素有所關聯。具有特殊敏感性的人，再加上手的靈活運用，可能發現與其天生具備的才能相一致的藝術、繪畫或建築才華。相對地，有些人缺乏這些技巧，則可能會發現嘗試在操制這些領域是個令人挫折的經驗。Howard Gardner (1993) 主張，一個人有七種「智能」：音樂方面的智能、身體──動感方面的智能、邏輯──數理方面的智能、語言方面的智能、空間方面的智能、人際方面的智能（了解其他人的情緒、脾氣、動機和意圖）和個人本身的智能（自身狀況各方面的知識，包括感覺、認知和行為）。Gardner的模式特別對社會工作者在尋求對每個人的特殊能力之了解與欣賞時有幫助。在社會工作的傘面性觀點中亦提供對社會資源及心理支持上的了解，並與個人的原始能力整合，即是人們用於

了解人類潛能的基本元素。

　　社會工作者需要熟悉其他影響人類行為的生物過程。例如，營養失調，以嬰兒的無法生長之症狀及營養不良為例，較可能發生在貧窮地區。研究支持在這些認知與生理發展的違常與缺陷上有極強大的連結（Lozoff, 1989）。來自市內（貧民區）學校的學生有相當多的人數被診斷為患有注意力缺乏障礙（attention deficit disorder, ADD）。這些兒童因為他們的能力不足而被阻絕於外界刺激之外，因而被描述為無法參與不同的活動。經濟資源的供應、改善後的醫療照顧，及支持性的教育方案可能減少這些違常所帶來的影響。

　　當嘗試去了解生物性因素對行為所產生的影響時，社會工作者發現這有助於考慮時常為各種疾病所需要之生活型態的改變，這些疾病包括愛滋病、關節炎、氣喘、糖尿病和高血壓。個人對這些疾病的反應並不相同，部分是來自於症狀的嚴重性和預後，而一部分是因個人的應對方式與對特殊情況的解釋。然而，每種生活型態的改變可能會影響一個人的功能且必須加以謹慎的處置，當在為治療性的目的而進行評估時。社會工作者本身有關於生命、健康、疾病與死亡的信念、認知和情感也成為當他與案主互動時的一項因素，且亦需小心管理（見第五章導讀5.4）。Saleebey表示，「一個人的身體是他命運中最基本的部分。他對身體的了解程度、他對自己未來狀況的想像，且這個世界如何適應身體為生活中各種機會所做的一切，與為生活方式所做的許多處理」（Saleebey, 1992: 113-114）。

　　這項討論指出生物性因素影響人類行為的一些方式。新進社會工作者可能會發現自己的實務狀況中需要更多的專門知識。一個在兒童保護機構的社會工作者，可能需要對於早期兒童發展、親子聯繫、虐待與疏忽的生理指標，以及在某些個案中，特殊的兒童疾病與違常等了解更多，且在成人心理違常，例如，憂鬱和精神分裂上，亦需有更深的認知。一個在綜合服務中心負責老人服務的工作者，就將會需要更多關於老人在生理改變上對行為造成的影響方面的知識。在每件個案中，社會工作專業尋求擴展生物方面的潛能至最大，提昇成長與發展和降低疾病的負面影響等均是透過方案、政策和服務以支持與鼓勵所有人的發展。

Saleebey認為，社會工作通常已經疏忽於培養人體生物學方面的了解與重視，以做為人類行為上的主要資料。他指出這個專業已經忽視生物方面的知識對了解心理衛生與心理疾病上的貢獻，以及做為一種恢復健康和具備復原能力的根源。Saleebey表示：

> 助人專業者不能在沒有知識理論的情況下做個能力促進者
> (enablers)，且若是自治以較微妙且複雜的方式從身體知覺及
> 感官活力中產生，且若社會工作者能對生態觀點像他們所要求
> 的一樣忠實，那時他們必須從每個人身上所存在於生物與社會
> 中的持續性互動之事實型造成知識的基礎；個人因其社會生活
> 及生物性遺傳而具有獨特的特質；且個人社會生活的特徵有一
> 部分是他們本身特質所產生的結果。對社會工作而言，生物革
> 命是再次有個特殊機會去了解助人的生理、心理及社會三方面
> 的取向。〔Saleebey, 1992: 113〕

老人學家，Mildred Seltzer在其著作中整合個人與專業對老化過程的影響，提供一份老化的生物過程是如何受到文化、心理和社會因素影響的沈痛聲明：

> 誰的身體沒有對他說話？我們或許不常傾聽，但是線索在
> 那裏。我們不需要一面鏡子去反射出形象。反而，手臂或眼睛
> 的比率改變是造成對眼鏡的需求。聲音障礙是更大的。疲勞、
> 興趣和復原的開端改變了。這資料是由我們日常經驗中所增強
> 的。研究符合事實。我們已經達成信度與效度，就在這一刻。
> 我們的概念是以日常生活經驗為基礎的。

> 這些線索造成自我知覺的改變。我們不能做過去我們習慣
> 做的。是我們偶而對我們過去習慣去做的事不想去做，以便於
> 降低認知上的不一致？為了避免尷尬，我們正在接受這些改
> 變？我們開始去再次認定自己是更容易受傷的，且我們的弱點
> 增加，結果焦慮就產生了。

有一首歌被回想起來，《屋頂上的提琴手》中的〈日出、日落〉。這些日子已經飛逝，且身體是「我」早期的住所，在其對刺激、食物及一般環境上的改變是如何回應的，身體是變得更重、要求更多。它告訴人們「我已不是過去的我」且因此在某些層級上增強「過去的我並不是現在的我」的認同。那裏有老年的基準點、標誌與證據，且不確定在何時或在那裏這個過程開始而產生這些線索、標誌及證據，明顯地，他們需要這些改變的意義上的再評價。做為與成為，就如許久前Allport所說的，要求一個不會結束的協商過程，正在進行但也沒有展開。〔Seltzer, 1989: 4-5〕

心理上的過程

　　行為的第二個來源是心理上的，乃是人類知覺、認知與情緒發展中而來的。人類是獨特的，因為我們的行為之中是由反射動作所控制的有限。大部分我們能做的是我們透過生物——心理潛能之運用所學習到的。人類行為是經由知覺上、認知上和運動上的能力發展，及透過調解個人與社會需求的人格結構發展而成為可操作的。心理方面組成分子的發展主要是憑藉人類互動——個人與其他人以支持性、競爭性或甚至是解構性的方式產生關聯的過程。自從發展心理方面的能力，它們成為個人與團體行為之重要決定因素。

　　心理上的成長與發展，如同生理功能般並不存在於真空狀態之中。當事情發生時，它會對文化及社會上的狀況有所反應。例如，發展一個正面的自我形象是受到一個鼓勵達成個人目標的環境所支持。無論如何，社會環境能輕易地呈現建立一個正面的自我概念時所遇到的各種障礙，有如Aaron Fricke陳述其對於一個成長中的男同性戀者之回憶（見第二章）。年齡歧視、種族歧視、性別歧視、階級歧視與同性戀恐懼是一些在文化模型中對個人的自我價值造成影響之強勢途徑。

例如，運用年齡，我們可以發現社會——結構力量對生活改變有直接影響。以一些老人為例，他們在自我概念上有嚴重的妥協傾向，而這是遭受到社會對於老年人的負面刻板印象已經內化成自我概念的一部分所影響。社會支持經常已被破壞且一連串的失去接踵而來——收入較少，生理履行功能之能力降低且社會角色受限。集團用餐方案（促進老人聚集一處共享三餐的社會性活動）意識到方案提供營養的（生物的）需求與提供機會以與其他人進行交往（心理上）的需求之間的相互關聯。這項服務試圖去減少營養不良與社會孤立，因此認識到這些行為的來源是如何密切的彼此施惠。

　　讓我們現在進行一項了解人類行為之基本心理概念的測驗。人類對環境的反應是依賴他們對環境的了解，接下來是心理過程綜合生物與社會因素的結果。「了解」一辭通常傾向於個人對物體、事件或主題的理解。然而嬰兒與幼兒也在認知的潛在層次之外在事件上有所了解。一個嬰兒知道外在刺激並對其有所反應。嬰兒由其認為是令人害怕的或不適的刺激中退縮，如吵雜的噪音及照顧者粗糙的撫觸。相對地，嬰兒通常對其它刺激有善意的回應，如柔軟的、重複的話語、一個微笑的照顧者和搖晃。由了解環境的觀點，三項生物方面之基本能力是特別重要的。「**知覺**」（perception）是去看、聞、感受和觸摸的能力，且以此發展對環境之感官特徵上組織過的各種反應。滿足自然與社會環境的多重刺激是需要選擇性接受的能力，以避免其變得令人混淆且不知所措。大城市的居民可能習慣於在吵雜的噪音和快速活動的環境中生活，且他們可能發現了阻絕外界刺激的方法。有相當多的以跑步為運動的人們用戴耳機以試圖隔離不想聽到的噪音。然而，居住同一大城市的外來訪客，遭到同樣的刺激，可能會感到緊張和困惑，直到他們學習適應策略為止。經由他們的感官機制，人們接受那些促使其為特殊目的（如生存）而面對所處環境有所反應。受到生理虐待的兒童經常發展對視覺（快速運動）及聽覺（音量大的聲音）方面刺激的高度敏感，此乃其為可能的生理攻擊而有控制環境的持續性需求所造成的。這個適應策略經常是偏向於文獻中的「高敏感度」。戰爭的退役軍人經常提出他們在充滿敵意的戰場中需要確切的了解來自於光線、聲音和氣味所形成的危險標誌以求生存。

「認知」(cognition) 是經歷和組織資訊的能力以運用環境而達成個人的目標。這加入了來自於環境中的資訊之記憶、了解與評估。認知過程是高度個人化的，這部分解釋了爲何每個人經歷相同的事件時具有不同的態度。但是，對感官性資訊及事件的反應是不只藉由事件及訊息本身而做決定，還有藉著個人給予這事件不同的意義而決定 (Newberger and DeVos, 1988)。換另外一種方式來說，客觀的事實是隨著個人對這些事實的主觀解釋而改變。以兒童虐待的倖存者和前面所提到的戰爭中的退伍軍人爲例，感官資料已經在認知上經歷過，故而增強其調適與因應能力。人類發展不當的因應策略之狀況將於本章稍後討論。

　　Watzlawick等人 (1974) 提供以下的練習以說明認知結構如何影響

```
   ●     ●     ●


   ●     ●     ●


   ●     ●     ●
```

一個人的知覺。用四條直線，聯結這九個點，不要讓你的鉛筆或原子筆離開這張紙或是重畫任何一條線。解法將可在本章之末發現。

　　當你在做這個練習的時候，記住這是敎導有關於「認知」。若你在完成這個練習時有困難，原因可能是你限制你自己去認清說明，而是自行假設完成這個練習的各項規則。(人們經常視這九點結構爲一個受限制的空間，那裏所有的解決方法都被包括在其中。) 記憶、過去經驗、類似或相關的任務和先前的學習都影響你如何達成這個任務。換句話說，我們的認知結構會對我們察覺空間關係的能力有影響，因而限制我們可能的解決方法。

　　那時，我們能發現這個世界是一個主觀與客觀並存的實體。我們的

行為往往受到對於所處環境中的覺察與了解的影響，勝於其所實際存在的。雖然我們都居住並分享這同一個世界中的許多事物，我們並未以相同的方式理解與整理所有的資料。因此，我們的行為差距是根據我們對所處環境的認知過程。

「**情感**」（affect）乃是感覺與情緒，連結至我們來自於感官與認知過程中的訊息。情感包含了感覺、脾氣和情緒。

回想你上次考試。在考試前你經歷了什麼樣的情緒？你覺得焦慮嗎？緊張？興奮？（只是開玩笑）若你考得很好，你是否有些感到驕傲與成就？若你並未如你所希望般考好，你是否覺得失望、更焦慮、害怕？感覺是我們與認知聯結而產生的意義中形成的結果。行為，經由行動表達，部分是由這些感覺所決定的。

知覺、認知及情感均具有生理學上的基礎。我們的感覺器官的工作、腦部的功能、激素的反應和對緊張狀況時內臟的反應都是這項原則的實例。然而，社會環境是明顯的對這些以生理為基礎的能力發展與運用的方式有重大影響，再次指出行為之生理與社會基礎的密切互動。

做人隨之而來的彈性，因為基因上的遺傳，在知覺、認知和情感上增加了另一個領域。人們所居住的社會環境對某些事件和主體提供了特殊意義。這些意義是經由「**社會化**」（socialization）的過程而學來的，透過人所獲得之信念、習慣、價值觀與文化上的態度以進行社會化。經由社會化，我們學到什麼是期望去做的且如何達成。社會化是發生於當我們運用自身的認知能力去學習做一些事，且相對之下，對於學習去做其它事並不關心。例如，歐洲人認為去學習好幾種語言是很重要的，因其與其它國家密切的在地理方面之接近性，但相較之下，地理上孤立的美國已傾向於促使這項能力較不具已被覺察到的顧慮。

社會化影響我們的知覺，接下來影響我們對其他人和情境的反應方式，包括我們對人、事件和物體一致的情感份量與類型（情感乃情緒上的投資或回應）。我們意識到人群對我們是重要的，時常喚起情感與尊重的感覺。相對的，我們意識到人群是有力的且具威脅性的、時常喚起害怕與生氣的感覺。我們已學習到的情境是具威脅性的或令人混淆的，變得是與憂慮或不足的感覺有關。我們能發現自身的行為是經常由我們對

事件之主觀解釋所決定，而非它們的客觀事實。錯誤的知覺經常是社會化過程的一部分。我們的知覺，經由社會化而發展，經常對人產生刻板印象，這是來自於對其之錯誤訊息。這些刻板印象時常來自於種族歧視、性別歧視、年齡歧視與畏懼同性戀的基礎上。

知覺、認知與情緒之心理潛能成為個人對環境反應的一部分。「**人格**」（personality）是個整合性的心理結構，發展此結構以協助環境中之個人功能。人格是由完整的、一致的，但未修正的對環境之反應模式所組成，這模式與個人相當一致，但在人與人之間是不同的。然而人們有些可能藉著逃避，而對具威脅性的情境有所回應，其他人是因為這樣的興奮而對此回應。一些人（和文化）非常直接地表達憤怒，然而其他人發現當他們生氣時讓人知道是困難的。文化規範是在行為的社會化中之一項重要因素。結果，社會工作者是需要去獲得文化規範、習慣與案主之生活期待上的知識。在這些與其它無法計算的方式中，人們因其對情境之反應而有所區別，此乃根據其人格特質所產生的。

盡力去對人格發展上有更佳的了解已經持續了幾世紀。占星術這項古老研究是以這樣的信念為根基，相信月亮、太陽及星座對人類性格有影響。同樣的，來自許多文化的古老神話談及自然與超自然的力量和事件，認為這些都會影響人類發展。先前我們討論那篇報導遺傳性對人類行為，包括情感傾向之影響。這個人格與生物性功能相關的論點可回溯至早期的羅馬醫師，Galen，提出四種性情說。Galen相信，四種原始液體的不平衡——血液、黃色膽汁、黑色膽汁與黏液——要為四種基本人格類型負責。這些類型有滿懷希望的、憤怒的、悲傷的和遲鈍的人格特質。心理學及社會學的原則已經呈現出在人格發展上所具備的一些理論性的觀點。另外，來自於學習、認知、心理分析和人本理論的各種理念將於下列各章節中討論。

人格的學習理論

學習理論假設所有的人類行為是學習而來的，且是具有反應的，意即特別的行動有特殊的前提。行為或學習論學者中可能最熟悉的是B. F. Skinner（1904-1990）。人格理論乃基於推測內心的狀況，其實極難為

Skinner所採用，他相信心理學家應該只研究能被測量的事物。Skinner相信，人是其環境的產物多於其所處之自然的產物。無論如何，他確信個人的獨特性，因為外在環境之實際形態對每個人的影響是獨特的。根據Skinner的說法，所有的行為是由其引起的後果所控制。

人類行為，根據行為或學習論者的主張，是介入個人與其環境間持續性的處置。行為是連結在一條由刺激(S)與反應(R)所組成的單位連續。Skinner認為，其所稱之「回應行為」（respondent behaviov）或因那個只全然是反射性的，例如某人的手從熱源上移開，和「操作行為」（operant behavior），是學習而來的。學習過程是項參與所謂操作性制約（operant conditioning）。Skinner相信所有的行為是由來自環境中正面或負面的反應分配而塑造成的。Skinner指出，從我們做為嬰兒時的最早期經驗，當正面增強時，我們表現這項行為是重複的，且若是被忽視的或負面增強，可能就變成「消弱」（extinct）了。用這基本理論，Skinner藉著探討那個行為能被影響且／或被修正的方法而進行研究。他運用人類行為的研究與處遇合併成他所謂的「功能分析」（functional analysis）。這個分析問了三個問題：行為的次數為何？（發生的頻率，或基準線為何？）何時與何處發生？給予什麼樣的增強以持續這項行為？除了他對行為有些決定論的（deterministic）解釋外，Skinner相信，人對其環境有些控制的方法。這控制是經由避免可能會產生特殊反應的刺激而行使的。例如，考試不及格的孩子可能會遭受到許多負面的結果。他可能會覺得難為情，受到大人的處罰或遭到同儕的負面評論。這孩子或許能夠知道造成這次考試不及格的因素，例如考試前一天太晚睡或缺乏準備。在這種情況下，他可能會嘗試另一種策略，會為下次考試帶來更大的成功。然而，一個小孩可能也決定去逃避日後所有的考試，因其與此負面事件是有所關聯的活動。在這種情況下，這個孩子發展出「逃避行為」（avoidant behaviors），這可能會是更長期且更負面的結果。因為還沒有感受到或經歷到這樣的結果，這孩子可能繼續去避開那些他覺得會有不愉快的情況。這些刺激——反應（S-R）的各種類型的反應是根據學習理論，乃所有學習與行為的根本。

另一個學習論者，Albert Bandura（1977）同意Skinner行為是學

習而來的，但他擴大了傳統學習理論之簡易刺激──反應模式至包括社會互動之複雜性問題。Bandura相信行為是人與環境之互動所塑造的，以及在那個環境下的認知評估。他將這個現象定名為「相互性決定論」（reciprocal determinism）。行為，根據Bandura的說法，介入了一個人協調行為與其行動的結果，以致於是朝向一個將會產生期待的結果之途徑下表現。Bandura相信，學習不但經由我們自身的經驗還有透過「觀察性學習」（observational learning）而產生，也就是藉此觀察與學習其他人的行為。不像Skinner相信的所有的行為必須經過直接的經驗，Bandura主張藉由觀察人們經過「替代性增強」（vicarious reinforcement）」而學習。這個經由學習的過程被稱為「模仿」（imitation）或「模塑」（modeling）。我們選擇去基於一個對這行動的好處所做的認知性決定而複製或塑造行為。認知在Bandura的社會學習論中扮演重要的角色。Bandura不像Skinner，他主張一個調和性「自我」的出現，或一個思考與知覺的過程。Bandura主張人不只是會對外在的獎勵及贊同而有所回應，並且具有行為的內在期待或標準。協調我們的行為與這些標準一致的內在過程稱為「自我增強」（self-reinforcement）。對這些標準的破壞能產生負向的自我認可，如罪惡感。固執於這些標準會造成明確的自我獎勵或「自我功效」（self-efficacy）感，或是勝任感。Bandura主張自我功效感能藉由將人曝露於他能夠成功的情境中，而不是失敗的，以提昇這樣的感覺，且藉著向他們呈現那些可以將其行為視為典範的成功者，亦可達成提昇的目的。因此，對Bandura而言，評估過程應該不只包括Skinner式之行為觀點的評估，還有包括一個人的關於目標、動機和事件意義上的認知（思考與信念）。

　　行為與學習理論是在學校及社會機構中廣泛使用。這基於評估與測量的重點是來自於單一研究，以及在塑造行為時環境因素所扮演的角色有一部分是憑藉這派理論受實務工作者的歡迎程度。Gambrill（1987）指出在兒童福利、家庭服務、矯正與老人工作方面行為修正的成功運用。然而，成功的運用這些技巧需要具有判別刺激對什麼人會產生回應及獎勵，或增強是否會有效的能力。能夠具備這項能力是依靠社會結構及文化價值方面的知識，這些都會影響人類的行為。

學習理論已經接受鑑定上的一些測量。運用行為修正的技巧有倫理上的牽連，尤其在與易受傷害的人時，例如，兒童、心理障礙或其它可能無法了解或同意處遇策略的人。知會後取得同意的原則，意即確定案主是完全同意與了解的，當運用這些技巧於教學環境時需要引用這項原則，例如，當這些技巧被用於改變一些兒童的行為時。某些行為修正技巧的好處中加入了比其它簡單的行為改變更複雜的學習情境時，也會產生問題。John Condry在其向學校所介紹的外界獎勵提出申請的方法時所做的研究中摘要指出：

> ……被提供了一項選出較容易的任務的外界誘因的受試者，比那些可用於解決新問題的資訊的受試者更沒有效益，且在其問題解決的策略上，傾向於回答是固定的且更沒有邏輯的。他們似乎工作得很辛苦，且做更多的活動，但這活動是與其它致力於處理相同問題的品質相較是較低的，包含更多失誤，且與其它可一較長短的、不具獎勵性質的受試者相比之下，更具刻板印象且創造性更低。〔Condry, 1977: 471-472〕

一種社會工作——生態理論可能偏向Bandura的社會學習理論，這有助於受限的Skinnerian模式，因其強調個人認知與外在環境的互動對人類行為有所貢獻。Skinner模式並未記述個人成長或目標取向行為的問題。然而，Bandura主張，認知方面的處遇在評估特殊行為的價值時可做為一項調和性因素，且建議目標之發展乃為社會性學習。Skinner與Bandura兩人都相信，個人經驗的獨特性與人類行為的多元性乃因此而得到允許。

人格的認知理論

認知論者相信，人類行為是由個人從環境中所獲得的資訊中所產生的態度塑造而成。然而行為理論強調刺激——反應和獎勵、增強乃行為之決定者，認知觀點是強調智慧、思考、想像力、概念化、創造力、情緒性、象徵性、分類及價值的發展對人類行動是有貢獻的。在這方面，Bandura的重點是放在將認知視為行為的協調因素，並畫歸於認知取向

中。

Jean Piaget (1936)，是最常被提起的認知論者之一，解釋兒童是如何經由連續的基礎式階段系統中逐漸增加的複雜性而學習提昇對環境的因應能力。從出生到二歲大，嬰兒首先是透過感官與身體運動而獲取資訊。經由與環境的互動，兒童發展出未來發展所需之基本概念。這些之中包括「物體永存」(object permanence) (即使當時沒有看見，這個物體是存在的)、「企圖心」(intentionality) (目標導向之活動)以及「因果關係」(causality) (引起反應的行動)。Piaget稱此階段為「感覺動作階段」(sensorimotor stage)。

「前運思期」(preoperational stage) 大約始於二歲且一直延長至七歲左右。這個年齡的兒童透過自身的概念及行動而取得訊息。兒童的思考被認為是「前邏輯式」(prelogical)，且他們不能將物體與事物進行普遍化的分類。因而，孩子們完全是依照事實來體驗這世界。兒童在這個時期發展「象徵重現」(symbolic representation) 且因此能夠發展語言並投入象徵性的表現。從七歲到十一歲，兒童開始去運用邏輯於分配意義至經驗中。在這個階段，「具體操作」(concrete operation) 期，兒童發展畫分訊息歸入類別的能力，且可開始去形成簡單的對世界之概括印象。Piaget的最後發展階段是稱為「形式操作期」(formal operations)，且開始於十二歲左右。思考在這個階段是能夠加入想像和複雜的問題解決方法。

來自於認知理論，一個人從環境中經由之前所建立的認知結構來過濾資訊，稱之為「基模」(schemas)。這些基模以複雜的方式長時間發展，且逐步地形成結構。Maria Montessori運用這樣的認知概念於其教育理論中，並設計與兒童發展能力一致的教材以與環境進行互動。Piaget認為這個過程是天生的，但能夠藉著生理上的缺陷和環境二者，加以提昇或阻撓。

另一個重要的發展學家Lev Vygotsky (1978)，是一位俄國心理學家。Vygotsky是會在這裏被提及，乃因其基於認知結構的發展與人格的社會及文化起源間的缺口間架起橋樑。他主張一個兒童與其他人的外在交流是一項對其內心思考過程的發展和心聲的前導。他也像Piaget一樣

主張遊戲是兒童發展象徵和隱喻之能力的重要部分。藉著運用，兒童的環境越豐富，也就是遊戲的機會、創造力、迷幻以及兒童與成人間的正向交流越繁盛，這個兒童的知覺與認知態度在與世界進行互動時會更為正面。無法提供這些正向互動會使一個孩子耗盡他對世界的信任與解決問題的能力。

Piaget假設道德發展之逐步進展是開始於「他律道德」(heteronomous morality)，此乃基於自我中心觀已得到修正的那些行為規則，而朝向「自律道德」(autonomous morality)，此乃是容許相互同意為基礎的行為規則之發展。Lawrence Kohlberg (1981) 更進一步的追隨Piaget的理念，並建構一套六階段的道德發展論。就如同Piaget的認知架構，Kohlberg相信這些階段是天生的且循序漸進的。這「前習俗期」(preconventional stage) 始於四歲左右且持續到十歲。在這個階段，一個兒童的行為是基於對懲罰的恐懼。當這個小孩成熟的走過這個階段，他基於對獎賞的分配而修正行為。而「習俗道德發展期」(conventional moral development stage) 始於十歲左右。在這個階段，兒童開始去了解社會規範的存在，並被鼓勵去服從這些規範以贏得社會認可。在這階段晚期，Kohlberg提出人們變得知道如何維持社會秩序應具之規範上的需求。在最後的階段「後習俗道德發展期」(postconventional moral development) 同樣由二個層次組合而成。在第一個層次，他主張人們是藉著道德上的義務與相互間的承諾而產生動機的。這個相互同意為基礎的概念是「共同的好處」，乃是管理個人行為之道德契約的基礎。Kohlberg的最後一個階段是顯示於個人倫理守則的發展，此乃基於人人平等、公義與尊重。

記敘這個階段論是重要的，一般說來，階段性理論因將其重點放在修正過的，且逐步進行的道德、認知或情緒發展而受到批評。以Carol Gilligan (1982) 為例，她批評Kohlberg的理論是男性道德發展的代表。她提出男性與女性有不同的發展進程。例如，Gilligan指出Kohlberg的最高階段是個人自治的一種。她堅稱女性是以撫育及照顧的方式而與他人產生關聯，女性是以此而進行界定自我，因而，根據Kohlberg的說法，女性會被認為是道德上的發展較差。

對於社會工作者而言，在閱讀人類行為的理論時去尋找出這些理論建立的基礎是重要的，尤其是當普遍化的要求產生時。在Kohlberg的事例中，Gilligan指出，他的理論所藉以建立的原始研究是調查84個左右的男孩二十年。研究需要在包含性別、年齡、種族及其他變項的基礎下進行檢驗，以決定這項發現的普遍性。

Weiner（1974）的「歸因論」（attribution theory）是在認知理論的主體中之一項重要貢獻。歸因是關於事件因果的認知上的信念，它們決定個人對這些事件的反應，換句話說，事實的意義是透過個人關於成因的信念來解釋的。例如，一個小孩將他在玩電視遊樂器上的成功歸因於他自己的技巧，當他參加這類活動時，更可能比其他那些相信自己在玩遊樂器上的成功是初學者的幸運，或這個遊戲是特別簡單的孩子更可能去玩一些更困難的遊戲。歸因理論提供許多知識使我們了解到那些促進讓人們有動機去參與新活動或從事新行為的因素為何。歸因理論提供新增的洞察力以滿足了解個人對事實的看法之需求。源自於歸因理論，而有關於了解人類行為的重要問題有：(1)是否一個人會審視生活中的各項事件是在其控制之中或由外力決定？(2)一個人對其現狀之歸因為何種因素？

「習得的無助」（learned helplessness）的概念（Abramson et al., 1978）是根植於歸因理論。這些研究者主張，遭遇到一連串的失敗時，他就歸因於控制範圍以外的因素，個人將會藉著絕望感、挫折感和無助感而逐漸「學會」無助感。造成個人產生失控感的因素可能是內在的（個人能力）或是外在的（無法預測的力量）。不論是那種狀況，人將會從類似的情境中退縮。相對地，相信他們是能控制的，且有成功經驗的將比較有可能去重複類似的情境，或去嘗試新的且富有挑戰性的狀況。

稍早前簡要的回顧了認知理論提供我們在理解在人類行為中信念、感覺、思考和知覺等所扮演的角色。然而一些認知理論，如Piaget，要求普遍性；其他的，例如Weiner，主張人類行為並沒有遵循普遍化的模式，但是以一系列的獨特生活經驗和個人對這些事件的解釋為基礎。

實務工作者運用認知取向以解釋人類行為並規畫處遇策略。行為，根據認知理論，是由個人的思考、情緒和基於現存資訊或基模的意識判

斷等所決定的。我們對事件與經驗歸納出意義且據以行爲得宜。由一項將要來臨的小考所造成的焦慮將不會像大學入學考試一樣的令人不舒服。換句話說，事件本身並不是在決定行爲與我們對事件所歸因的意義時一樣顯著。

「認知重建」（cognitive restructuring）是運用認知理論以提供處遇的過程，介入了基本的行爲思考基礎之意識重現。「認知學家」提出思考或察覺建立情緒反應，且因而認知在更動意涵或察覺方面，將會引起在情緒反應和行爲上的改變。社會工作者經常在計畫改變的過程中合併認知與行爲模式。例如，來自於認知取向的社會心理評估需要界定那些構成問題性之行爲基礎的思考模式與信念。傳統的社會工作技巧，如澄清、呈現不一致以及解釋，經常運用於認知爲基礎的處遇中（Sherman, 1987）。

人格的心理分析及新心理分析

佛洛伊德相信人類行爲受到無法知覺的過程之重大影響。未社會化的人藉著天生的驅力而受到鼓勵，根據心理分析理論，在這些天生的需求和社會的限度間之原始衝突只有透過成功的處遇，激昂沈潛後做爲行爲之決定性因素的準則（Langer, 1969: 13-23）。

佛洛依德注意的是在滿足個人的天生驅力與滿足別人的要求之間的掙扎，而這是發生於本我、自我、超我三者間的互動，此乃人格結構之三項主要元素。「本我」（id）是人格的一部分，受「唯樂原則」（pleasure principle）所支配，尋求去滿足天生的需求或增進歡樂且降低痛苦。「超我」（superego）是人格的一部分，納入社會需求中。佛洛依德（1938）主張「道德良心」（conscience）的發展是源自於成人對不被接納的行爲的處罰。佛洛依德也提出對兒童本我上的衝動加以處罰會造成「精神官能性的焦慮」(neurotic anxiety)，這是被特別的本我衝動有關的行爲或思考圍繞著。兒童也發展出「自我——理想的」（ego-ideal）呈現已受到讚美之良好行爲。「自我」（ego）在本我與超我之間調整，嘗試於發現能滿足雙方面需求的方式。「防衛機轉」（defense mechanisms）是被自我運用於調節過程的一部分，至於使人格變得健全則根據佛洛依德的說法

是彈性且適當地運用這些工具所產生的結果。佛洛依德提出的心理防衛機轉之一是「潛抑」(repression) 是主要的防衛機轉之一。潛抑是個將造成焦慮的情境從潛意識起就否認它的存在。根據佛洛依德的說法，思想、感覺與事件的壓抑在精神官能的行為發展上占有重要的一部分。

一種堅強且功能上適應的自我發展是經由一連串的階段產生的。每個階段與一個原始模式活躍的特殊區域是一致的。在「口腔期」(oral stage)，嘴是刺激與歡樂的首要來源，且從出生至周歲時是最重要的。在「肛門期」(anal stage)，注意力轉移至肛門，且馬桶上的活動變成滿足或挫折的重要來源（從一歲至三歲）。大約在三歲時，兒童進入「性器期」(phallic stage)，外生殖器部分成為原始驅力的焦點。這一直延續到五歲。佛洛依德相信兒童的性衝動在之後成為潛伏的，且社會化居於優先地位，此乃六至十二歲時的「潛伏期」(latency stage)。直到青春期，性方面的需求又再次揚起。

佛洛依德理論宣稱，當一個孩子經歷到過多的滿足或是於某特定階段中在處理原始的需求時變得過度受挫，他將會在那一個發展階段中停滯不前。每個階段需要在進入下一個階段前能夠成功地克服這個階段。停滯於某特定階段則導致精神官能症或產生情結，佛洛依德描述後者為個人對環境的一種固定的反應模式。佛洛依德視人類行為乃個人持續性的內在掙扎，且於自身的原始基本驅力及我們對所處環境之要求間展開。個人的首要目標是降低焦慮或緊張。佛洛依德治療一個悲傷的人的主要方法是心理分析。分析是表達那些被潛意識掩蓋的記憶、恐懼、思考及行動的過程，且是由一個更成熟的自我進行再評估。

另外一個人格理論學派的學者打破了傳統的佛洛依德理論並創造「新心理分析論」(neopsychoanalytic theory)。這些學者包括Carl Jung、Alfred Adler、Melanie Klein及Karen Horney。為介紹這個一般常見的理論，我們將只討論Karen Horney。一般而言，新心理分析理論著重人類行為之社會影響及較不強調原始的、生物的基本需求。這些理論也較不具決定性的且傾向於比佛洛依德理論有更多的成長取向。例如，Karen Horney (1950) 曾表示：

給人一個機會，他就會偏向於發展其特殊的人類潛在能力。他將發展真實自我的獨特力量：自身感受、思想、希望、興趣的透澈與深厚；開發自身資源的能力、他的意志力的強度；他可能擁有的特殊能力或天賦；自我表達的能力，以及與其他人以自身自動自發的感受相互連結。所有的這些方法將會促使個人發現其價值系統以及生活的目標。簡而言之，他將會成長，心不甘情不願地逐漸朝向自我實現（self-realization）。
〔Horney, 1950: 17〕

Horney也相信兒童需要一個可以成長和滿足其潛能的安全與具支持性的環境。然而，提供養育的父母親或照顧者的重要性是發展健康人格的基本。Horney相信，照顧者的溺愛會導致兒童依賴的行為。而照顧者帶有敵意的、有虐待性質的，或疏忽的行為會造成兒童期的恐懼感。在這兩種情況下，這個孩子會將其恐懼或無力的感覺轉移至對照顧者表現出敵意。會發生這樣的改變是因為這名兒童的發展需求受到阻礙。這樣表現出來的敵意轉變成一種「基本焦慮」（basic anxiety）或孤獨與無助的感覺。Horney主張，個人可在其人格結構中發展特定的心理方面上的態度以處理焦慮。她假定四項回應這類焦慮的基本心理方面的態度：(1)不計任何代價的尋求愛與認同；(2)尋求超越其它事物的權力和優越感；(3)成為順從的，以做為避免批評的工具；且(4)避免與其他人有暗示性的接觸。這些態度被認為是心理方面的傾向，因為他們主要是在尋求避免痛苦，而非自我實現。儘管Horney確實發展出一些基本的心理方面之人格類型，她仍然相信每個人所具有的獨特性。她也相信人們具有重新塑造其人格的能力以使得他們對自己有更多的了解。Carl Jung (1947)、Alfred Adler (1963)、Harry Stack Sullivan (1953)、Melanie Klein (1975) 及Karen Horney所提出的新心理分析理論是佛洛依德理論的更進一步之發展。在發動的層級與方法中，在人格與人類行為的形成中含有更多的環境因素。

佛洛依德並未擴展其發展理論於青春期之後。無論如何，Erik Erikson確實擴充了佛洛依德發展模式中的一項原則，透過運用社會與文化

模式而貫穿整個生命歷程。

Erikson提出八個發展階段,每個階段都標示一個社會心理危機,其中包含生物、心理、社會和文化等變項的互動。他以兩極化的方式在每個發展階段中呈現所具有的社會心理任務。因爲你可能已經在普通心理學的課程中讀到Erikson的理論。我們將只有回顧其理論中之基本要義。在此,表3.1將Erikson之發展階段加以摘錄。社會心理任務是一連串呈現的,反映出這樣的見解,那就是個人功能是處於對立兩端之間的某處。

在Erikson的基模中,人格是經由成功或不成功的處理連續性發展上的社會心理任務而形成的。以嬰兒爲例,雖然天生即具備許多原始的能力以學習並與環境互動,但卻不能照顧自己。食物、溫暖、觸摸和刺激均是嬰兒存活及其與照顧者之間有成功的聯繫而所需之基本要素。缺乏其中任何的「營養素」都可能造成嚴重的情緒或生理傷害,包括死亡。解決這個發展階段促使嬰兒發展出信任感,此乃將被滿足之基本需求。在他的最新研究中,將焦點放在老年期中,在歷經各發展階段及其影響後,老年期是影響的頂點,Erikson描述成功的完成嬰兒時期會促成喜愛獨立和親密 (Goleman, 1988)。老年期是Erikson理論中的最後一個階段。Erikson相信老年期的中心任務是促進個人的生活有所意義以及相

表3.1 Erikson之發展階段

階段	社會心理任務	成功的解決方法
嬰兒期	信任感的建立與不信任感的威脅	期望
兒童早期	自信心及自卑感的建立	意願
兒童中期	倡議與罪惡	目的
兒童晚期	勤勉與低劣	能力
青少年期	認定與認定的混淆	忠誠
青年前期	親密與疏離	愛
成熟期	生產與自我吸收	照顧
老年期	完整與絕望	智慧

Adapted from Erikson, E. (1976). *Adulthood.* New York: W. W. Norton.

信個人已經擁有重要的、有價值的生活經驗。成功的老年生活包括為自己的成就感到驕傲及接受自己的生涯，並願意面對自己的辭世。當老年生活任務沒有達成，絕望和沮喪就成為老年期的特徵。當他們已經成功的完成任務，老年期是已存在的個體中達到最高點的時期，擁有足夠堅強的完整感去反抗分崩離析。

在社會工作實務中運用心理分析理論的人通常強調理論性的技巧以將案主的注意力放在他自身的童年經驗、思考與情緒上。這些生活中的各部分乃是受到質疑的且接受處遇的，以致於它們在對現有行為之影響力降低。許多實務方面的社會工作者在面對案主時強調自我功能，嘗試去強化自我的能力以調和本我與超我的力量。將焦點放在自我通常會加入目前的行為，而較不注重過去。社會工作者亦運用心理分析發展理論以強調照顧及支持方面的需求，並為兒童、青少年和成人建立環境。社會工作者運用這些原則，例如，當提供照顧者有關養育幼兒方面的資訊時。這樣的原則同樣也運用於工作中，當工作者正在策畫初期的處遇方案時。

然而，問題之一是在心理分析理論中假設經過各階段的發展是發展中的文化變遷。研究顯示，人類是以極大不同的方式被撫養，社會化的方式亦不同，而且在不同社會中賦與個人特徵的問題類型也有所不同(Goleman, 1989)。這研究主張人格發展必須在其文化背景中進行了解，而非在一連串的發展階段中被視為是個不變的過程。當然，這樣的理解是我們期望這本書對整合生物、心理、社會結構及文化等功能上有所效用。

另一個在心理分析理論上的考量是其性別偏見，如Gilligan（1982, 1990）、Chodorow（1989）、Chafetz（1988）和其他人所提起的。佛洛依德和Erikson的發展模式認為男性經驗可做為規範。若非藉著定義，從應用面來看，變化被視為是偏差。心理特徵，就如同情緒論、依賴和被動，例如上述特質已被歸因於女性的特徵且被解釋為心理疾病的表現。然而，Gilligan提出一個年輕女孩在嬰兒期與兒童早期與其母親的關係建立了她根植於營養、照顧和責任的成人認同之基礎。在另一方面，男性在他早期發展階段即已與母親分離，在成人期自我認定上是引用抽象

的特質，如正義，而非經由人際關係 (Gilligan, 1982: 160-161)。因此，當男性與女性發展不同的心理特徵，沒有一個是比其他的「更好」。男性與女性簡單地發展不同的生活經驗與生活需求。

Chodorow (1989)，一位社會學家，也為了在治療中視女性為有缺陷的且較差的而挑戰傳統的心理分析理論。就像Gilligan，Chodorow相信，母女關係是成人以照顧的方式與他人產生聯繫之典範。男性，必須離開異性的母親以建立認同，通常會在成人生涯時期保持親密關係時遭遇困難。社會學習理論強調，社會化的角色在性別認同與性別角色上與女性主義者的觀點更為一致，這些是傳統的心理分析理論所不及的 (Valentich, 1986: 571)。

人格的人本理論

人本理論 (humanistic approaches) 在解釋行為時將人類視為自身之個人特質的共同創造者。藉由天生對自我實現的渴望所引導，個人以相互滿足的方式而與環境配合並對其有所作用。人本理論在對人類行為的解釋上與行為論及心理分析論有極顯著的差異，但與認知論相當一致。這兩種理論都注重人類行動中意願與選擇的角色且強調個人分派事件與經驗的意義之重要性。

人本理論在行為方面是以哲學架構為根基，且同樣受到文學與藝術方面和科學與行為科學方面的啟發。關於個人的尊嚴與價值的假設及個人的成長方向，均是這個理論向來主張的，不只與社會工作的價值一致亦可視為其主體。人本論者經常發現發展的階段論太過於直線化、單純化，以致無法解釋人類行為中所有的複雜性。他們也認為心理分析及行為理論過於將焦點放在不正常或偏差行為上，而不是在人類之正向與成長取向的型態上。儘管他們的評論可能是言過其辭，然而重要的是去記下促進健康的成長與發展者為何。就像一些認知與新心理分析學家，人本心理學家非常注重做為促進人格發展及人類行為之環境因素。

Abraham Maslow之人類行為的需求理論是基於人本原則。他認為將需求編入階層制度中是在較低的需求必須加以滿足，而這是在較高的需求能夠得到滿足之前。圖3.1指出Maslow所相信的需求是所有人類發

自我實現

自尊

歸屬感

安全感

生理需求

圖3.1　Maslow的需求理論

展的要素。

　　根據Maslow的理論，生理需求必須在提及安全感的需求之前得到滿足。接下來的是歸屬感與自尊的需求，而在這個階層制度最頂端的是自我實現的需求。達成自我實現的人非常類似那已成功的通過Erikson最後的發展階段，且成為那些關於男性偏見之相同評論的主體，而這樣的評論被Erikson所徵收。Maslow之人類需求架構與社會工作者有明顯的關聯。缺乏像食物、衣服和住所之類的資源使得基本的生理需求無法滿足，亦因此而產生幾乎是在滿足其它類型的需求上無法克服的障礙。在為無家可歸的家庭及個人提供服務上有困難可能是符合Maslow的主張，亦即必須在人們能發掘到滿足其他需求所需之資源前必先滿足其生理上的需求。無論如何，在此必須說明世界上有許多人遭受到貧窮與失去的悲慘境遇，然而他們仍然能夠支撐情緒上與其遭遇一致的穩定表現並維持自尊。Maslow的階層制度成為一個主張成長的發展的完美環境之理想化的結構。它不應被視為是一個預測性的工具，它應該是：例如

它主張當一個人無法享有安全和沒有憂慮的環境，他將不能贏得有意義的人際關係。事實上，歷史指出在一段時間的災禍之後，人們組成具有支持性且密切的社區。

基本社會結構觀念

「**社會結構**」(social structure)，或「社會組織」(social organization) 乃是社會行為變得形式化且可預測的方式。著重這社會結構的概念是來自於這個信念，社會行為（我們在社會情境中的行動）大多數是組織化的且有規矩的。一些典型的狀況產生了。「**社會制度**」(social institutions) 圍繞著特定之社會目的或功能而組織行動且是社會結構中特別重要的部分。例如，家庭（一個社會制度）組織衆人——父親、母親、丈夫、妻子、兒子、女兒、情人、堂（表）兄弟姊妹、姻親等之——包圍著社會生存所必要之功能表現。生產、照顧幼兒、教育、主要團體關係和關於經濟來源之決策均為這些功能的實例。其它社會制度包括教育、宗教、政治、經濟、組織和社會福利。每個社會制度均組織那些圍繞在各種社會功能上的許多群眾之行為，且由此致力於在社會關係中引進秩序與可預測性。這個藉由社會制度所形成與組織人類行為的過程稱之為「社會化」。在社會制度中的行為類型稱之為角色。「**角色**」(role) 是社會制度中每一類型的人所被期待的行為：母親、兒子、團體成員、夫妻、宗教團體成員、職員、經理等等的角色。大多數人加入許多社會制度中且同時占有許多角色。角色的概念解釋許多社會行為的可預測性，同時占有多重角色（母親、妻子、業務主管）經常產生「**角色衝突**」(role conflict)，在某個角色中的有效表現可能與另外一個角色的有效表現是直接衝突的。另一個問題是「**角色緊張**」(role strain)，發生於當與某個特殊角色有關之各項行為上的期待是不一致的時候。一個例子是當父母是被期待能提供撫養和教導，然而經歷這些活動是無法相互一致的。第一章中提及，社會工作者時常在投入某個實務情境時需要同時執行社會協助與社會控制兩個功能，如在兒童保護服務工作中的，就會經歷到角

色緊張。

發展社會制度乃爲達成社會目標或功能。這均爲「社會制度」中的「顯示性功能」(manifest functions) 及「潛在性功能」(latent functions)。顯示性功能是公開宣佈的且假設對整體社會均有益處。潛在性功能則較不爲公開展現，且對社會中的某些團體比對其它的更有助益。例如，社會福利之顯示性功能乃爲那些缺乏基本資源的人提供這些物資的社會制度。然而，潛在性功能的重點可能是在於控制民衆，尤其是少數民族與弱勢團體。來自於這種觀點的社會福利是一個以維持階層制度之收入結構爲目標的財富分配工具 (Piven and Cloward, 1971)。在一部分，社會福利與社會制度中的個人與團體間之互動型態有關。「合作性互動」(cooperative interaction)、「競爭性互動」(competitive interaction) 與「衝突」(conflict) 是社會互動產生的三種途徑。根據不同學者的看法，互動中的每種方式都會被評判爲正向或負向的。藉著審視這種經濟系統，我們可能發現這三種方法已如何被不同的社會學者進行概念化。社會學家Talcott Parsons (1951) 爲例，視合作或「補充」(complementarity) 的原則爲社會秩序的基本。根據Parsons的說法，社會秩序是由於個人、文化和社會間之關係和睦才存在的。社會制度間的關係以及這些制度下的成員之間，功能是其不同角色之補充所產生的結果。例如，勞工、經理及老闆的角色爲了整體利益而互相補充。社會或制度上的改變被視爲是偏差。然而，若有需要，改變應該是透過所有成員的合作與社會秩序未被瓦解的情況下發生的。角色的社會化在這個過程中是不可或缺的。一般的文化價值影響「規範」(norms) 的建立，或社會制度內行爲之共同期待會變成制度化 (institutionalized)。人們是經由這些價值與觀範的「內化」(internalization) 而適應於符合群衆需要的規範性行爲。Parsons主張，若社會化過程是有效的，羞恥與罪惡的力量就會成爲角色承諾中之個人因素。衝突，在Parsons的觀點中，是社會制度內的規則不協調所造成的。

Parsons對哲學家Thomas Hobbes有關於人類天性是「以全體對抗全體的戰爭」的觀點感到困惑。而Parsons認爲合作的功效在於維持社會秩序，此乃嘗試在Hobbes的觀點外提出一個可選擇的不同看法。我們可

以發現當代的一些經濟學派所提出的「涓滴」理論會如何地與Parsons的觀點產生衝突。這理論指出經濟結構中最頂層的人獲得越多財富,則越多的財富會「涓滴」至較低的層級。然而資本主義是以競爭為基礎,並且與Hobbes對人類關係之看法類似。做為一種經濟制度,資本主義是基於個人、團體及社會為有限資源所做的競爭上。Daly及Cobb表示:

> 資本主義是由生產製造工具之私人擁有者與市場所提供的產品安置及分配所組成的。來自工廠的個人最大利潤及消費者的最大滿足(效用)提供動力,當競爭的時候,市場中大多數的買賣雙方提供一隻著名的、不可見的手引導私人的興趣至公共的福利。〔Daly and Cobb, 1989: 13〕

競爭時常被看做是天性的自然狀態。我們許多的社會制度是圍繞著競爭而架構起來的。在資本主義國家中,競爭是正常行為的一部分且是我們社會化的一部分。Kohn(1986: 70)表示:「資本主義能被視為是美國社會中競爭性的精神所在」。社會複製理論學家,如Karl Marx(1969)和Peter Bourdieu(1977)提出,社會傾向於經由其正式及非正式教育制度的結構與內容而進行再次的自我製造。Marx將焦點首要是放在經濟系統的複製,然而Bourdieu注重文化價值的文化複製或傳送。Marx及Bourdieu兩人均表示主流或最強勢的價值觀是社會中主要的社會制度最為諄諄教誨的。舉例來說,我們可能審視當今美國教育系統以分析這些理論。Bourdieu主張教育系統是主流文化價值的主要分配工具,包括接納一個階級架構的社會。教育成為一個進入較高層級的工具。加入正式的教育體系擔保能社會化地進入主流文化價值中。然而,Marx認為這個教育系統是經濟系統的一面鏡子。成績、私立與公立教育的對抗、測驗、教師與管理當局、主要科目的分門別類及追蹤(以成績分隔學生)在在均被Marx視為資本主義與階級隔離的價值觀與結構之反應。然而功能論者(Parsons及Durkheim)認為衝突是正常關係的脫離正軌,Marx則視之為不平等之必然結果。然而,競爭、合作與衝突的均等之另一種觀點乃是由「社會交換論」(social exchange theory)所提供的。社會交換論主張任何關係是基於相互同意的交換,其中利益與

損失均需接受評估且得以平衡。在資本主義制度下，社會交換論與Parsons的功能論模式類似。勞工、管理階層與老闆之間的關係是以社會交換論為基礎，互相交換商品（勞力、活動方面之協調及資本），所有參與的團體均取得相同的利益。這個理論提出系統內各團體之間被啟發的私利迫使彼此間的合作。根據古典資本主義經濟理論，市場間的競爭是一種合作的形式，藉以支持一個健康的經濟結構。衝突，根據社會交換論，只有發生在與各團體中的某一個是有關係上的不平衡或不平等。平衡能藉著關係的再協商或某一個團體強化它談判的立場而恢復。衝突被視為是事物的自然排序中的臨時適應不良。正好有些不同的理論家審視合作、競爭與衝突的例子。

社會結構極少公平待人。通常有一些標準是用以將各團體加以區分，此乃社會分歧。一般常用的標準是年齡、性別、種族、少數民族、宗教、性取向及生理特徵，如身材、髮色及體力。儘管這樣的分類可能會被用以簡單地建議團體之參與資格，也可能用以將人畫分層級，例如，兒童是不准開車的，因為他們缺乏這項能力，但某些少數民族團體或男同性戀者社區的成員可能會完全地被排拒於住所及就業之外，只因為他們的膚色或性取向。只有在最近十年女性得以允許加入消防及警察單位中的機動勤務部分。「**社會階層化**」（social stratification）建立了階級制度，一個基於人本身所擁有的一些特質而產生的垂直安置。這造成了「**社會區隔**」（social differentiation）。

在一個區分過的系統中，一些人被認為是比其他人更重要。這形成了歧視與偏見的基礎。「**歧視**」（discrimination）」包含對那些被認為是較不出色的人有造成損害的行動。這些行動以「**偏見**」（prejudice）為基礎，這種信念將負面的特質歸因於某些人，而沒有具體的證據以支持他們的看法。社會階層化時常保證對那些較不受社會歡迎的人不會平等的取得社會資源。這樣的結果是來自於明顯的「**社會階層**」（social class）發展。

獲得資源者通常具有權力。當你回憶第一章時，「**權力**」（power）是一種個人或團體將其自身的意願強加於別人身上的能力，且這是以「**權威**」（authority）為基礎，此乃合法權力、或「**強迫**」（coercion）；這是

運用非法力量。權力的重要性在於控制，它提供多於需要的或想要有的資源——食物、居所、名聲、土地、武器、金錢及教育。運用相當（處罰）及補償（獎勵）形式的權力產生了「社會制裁」（social sanctions），且制約式（影響）的權力則形成社會教化，以上尚可用於角色社會化及社會控制。這些權力形式控制了決策過程，並由此建立決定許多社會上需要的資源之生產與分配。

大部分的資源是存活所必須的，且個人發展是經由經濟制度而產生的。其社會功能是在於從環境中摘取天然資源，再從中生產物資，進而分配這些物資並提供所需之服務。這些功能是經由土地、勞工、資本、企業及技術的運用而形成的。這些功能與權力控制了經濟資源。這種控制使人們獲得更多的資源與服務，以及在決策能力上促使他們保護自身享有特權的地位。結果，不平等在團體之間發展，並以其所獲得之權力多寡爲基礎。Miles（1989）提出，種族主義意識形態的發展是基於社會團體的畫分類別，而這是根據群衆與錯誤的特質分配之間的天然決定所形成的類別。他稍後表示：

> 種族主義並非僅是階級剝削的合法化（儘管它過去是），但更重要的是，它以一種界定某些族群爲勞動階級的方式而建造了這個我們生活的世界。被殘留下來的問題是用這樣的一個強迫某族群進入其「天生的」階級位置的方式來組織這個我們生活的世界，換句話說，事實必須被帶入所呈現出來的具體事物中以確定所生產的物質主體。〔Miles, 1989: 105〕

運用帶有歧視意味的語言及意識形態做爲社會控制的工具並不限於種族。在美國，強勢團體包括男性、來自於西歐的移民及其後代、異性戀者與有錢人、白人，然而女性、其他種族與少數民族、窮人、老人、兒童、殘障者、同性戀者均爲弱勢團體。每一個弱勢團體均爲歧視性的意識形態及語言的使用對象。弱勢團體的參與標準中增加了那些有可能在日後資源取得上受到限制的人。例如，女性與少數民族的收入比白種男性少。各個種族的女性與兒童是美國貧窮人口中的大多數。

我們已經討論一些有關於社會制度及其與社會化過程之關係的一些

概念。藉著實例，我們也討論經濟制度，而且也稍微討論了一些教育制度。讓我們現在簡短地觀看一些其它影響人類行為的社會制度：家庭、社區與組織。這些主體中的每一個都是值得深入研究的，但是，基於本書的目的，再次，我們將簡短地討論一些主要的概念。

家庭

家庭是社會中最基本的單位。在第二章我們偏向於家庭是一個系統。因為如此，它組合了那系統中的成員間的一系列的關係。家庭系統亦與其它系統有關。我們將討論家庭中內在關係的雙方，因它們對人類行為均有所影響。我們將藉著討論今日社會中家庭結構的變化而展開。

為了這項討論之目的，我們將考量夫妻有小孩與沒有小孩的家庭。在異性戀的與同性戀的成年夫妻中並無差異出現，儘管一連串獨特的問題和帶有歧視的狀況於同性戀者夫妻及在同性戀者擔任父母的家庭中都會面對到 (Pies, 1988)。一些基本的家庭結構是：

1. 父母俱全的家庭，且父母均仍維持其第一次婚姻。
2. 由一位離婚的或從未結婚的父親或母親所帶頭組成的單親家庭。
3. 兩位父母中至少有一位帶著前次婚姻所生的小孩所組合成的家庭。
4. 並未育有子女的夫妻。
5. 許多有親戚關係的成人及子女均居住於同一處所的大家庭。
6. 沒有親戚關係的成人及子女均居住於同一處所的社區式家庭。
7. 寄養及領養家庭。
8. 次家庭——年輕的家屬（已婚的或單親）與其父母同住。

家庭單位是兒童發展與社會化最初的起源。通常是經由家庭使得兒童接受照顧與必須的營養以維持其生命中早期幾年間的生活。過去，及其他文化中，兒童可能是從代理人手中獲得許多的照顧。例如，在美國的奴隸時代，白人的子女經常是由非裔美籍的女性奴隸所照顧。在某些文化中，撫育子女乃被認為是一個社區的責任，不但是父母，還有社區中的所有成人均需分擔這個責任。

在美國，由傳統的雙親家庭撫養長大的孩子是越來越少。在1960年，87.7%的十八歲以下的兒童是居住於雙親家庭。然而，在美國今日，這個數字已經跌至70.7%。而孩子是由單親母親獨立撫養的數量戲劇性的大量增加。在1960年，8%的兒童是居住於以單身女性爲主的家庭中。然而到1992年，這數字爬昇至23.3個百分比。表3.2說明在1960與1992兩個年代中，十八歲以下的兒童在居住安排上的變遷。家庭的經濟狀況，尤其是年輕人的家庭（父母的年齡均在三十歲以下）是特別的困難。兒童保護基金（1992）報導，於1973年至1990年之間，年輕人的家庭之年收入減少32.1%。由年紀在三十至六十四歲之間的成人所建立的家庭之年收入只減少了6.4%，然而沒有子女的家庭其年收入增加了11.2個百分比。收入減少的原因之可能的解釋是，今日美國有六百萬個由年輕人所組成的家庭，其中的一百五十萬個家庭共有二百三十萬個孩子是與其父母同住的。結果，在年輕人的家庭中，子女之貧窮率已從1973年的20%上升至1990年的40%。而貧窮率與種族（非裔美籍家庭有68個百分比，拉丁裔的家庭有51個百分比），教育（由高中休學生所組成的家庭中有64個百分比）及單身母親爲主的家庭（77個百分比）等因素有顯著關聯。

兒童保護基金會（1992）將這些收入減少的原因歸因於：

> 美國經濟遭到各式各樣災難性的改變，政府對於處於危機中的家庭回應不足……由年輕人帶著孩子所組成的家庭是變遷中的價值觀所反應的一部分。但經濟困難與利潤減少及青年持續性失業有關，亦明顯地導致結婚率下降且不婚但仍養育子女的比例上升。〔CDF, 1992: 3〕

社會和經濟壓力對家庭有顯著的影響。以系統的角度觀之，家庭在社會中扮演重要的角色。家庭是社會結構中社會與經濟之主要元素。家庭是兒童社會化的首要機制。家庭教導兒童價值觀和對這個大社會在行爲上的期待。它也做爲一個消費與勞動的主要單位以執行其經濟上的功能。過去二十年來的經濟情況已使得有越來越多的父母都需要工作。這另一方面也影響了內部功能，尤其是撫育子女。當父母雙方，有些情況下是單親，必須要離家工作，就要安排另外一種照顧子女的方式。當壓

表3.2 依種族、西班牙裔等劃分：1960～1992年18歲以下兒童的生活安排

生活安排	1960年	1992
所有族裔		
與父母同住	87.7%	70.7%
與單親同住	9.1%	26.6%
只與母親同住	8.9%	23.3%
只與父親同住	1.1%	3.3%
與其他親戚同住	2.5%	2.0%
與非親戚同住	0.7%	0.6%
白人		
與父母親同住	90.9%	77.4%
只與母親同住	6.1%	17.6%
只與父親同住	1.0%	3.3%
其它	1.9%	1.7%
黑人*		
與父母親同住	67.0%	35.6%
只與母親同住	19.9%	53.8%
只與父親同住	2.0%	3.1%
其它	11.1%	7.5%
西班牙裔**		
與父母親同住	無資料	64.8%
只與母親同住	無資料	28.5%
只與父親同住	無資料	3.7%
其它	無資料	3.1%

*.在1960年的資料中，「黑人」這一部分是包括所有的非白人之人口群。
**.西班牙裔則是包括其他各族裔的人口群。
From: U.S. Bureau of the Census, "Marital Status and Living Arrangements," *Current Populations Reports*, Series p.20 March 1988, No. 433, Table A-4; and March 1992, No. 468, Table G. Excludes persons under 18 years of age who were maintaining households or families.

力源，如經濟狀況惡化的情況發生時，家庭單位在角色執行的能力上就會減弱，且家庭與社會雙方均會遭受到這樣的痛苦。

Acock和Demo（1994）為關於家庭結構與福利的研究提供了有趣的資料：

1. 母親的福利與家庭結構類型之相關程度低於其與正向之內部家庭過程（缺乏母親與親子衝突），與其子女之福利的相關度亦低。
2. 子女的福利亦與正向之家庭聯繫相關，而非家庭結構。
3. 離婚父母之子女所享有的福利及與單身母親同住之子女的要比其他家庭狀況的子女都少。

功能與社會交換論提供一些審視家庭功能的方式。功能理論主張家庭是由扮演不同角色的人所組成的（例如，父親：收入生產；母親：撫育子女、操持家務、情緒教育）。根據功能理論，這些功能是由生物與文化兩者所定義，且呈現出一種自然秩序。社會交換論則假設這些角色是由家庭內部所定義且呈現出一種自身利益的平衡。這兩種模式被一些女性主義觀點所批評。女性主義作家（Baber and Allen, 1992; Goodrich et al., 1988; Walters et al., 1988; Wainrib, 1992; and Gilligan et al., 1991）。已主張家庭中的權力分配並不平均。男人在家庭中維持其社會與經濟雙方面的權力，並通常受到權威家長式的社會結構所支持。女性則主要負責與家庭維持有關之日常活動的絕大部分，以及保障家中的另一份收入。

Baber及Allen（1992）主張「家庭是最具權力的社會化機制之一。此乃因家庭之中是人們建立有關勞動之性別領域的信念，學習有關性別規則以及經歷到性別、階層及種族體系以個人的及深入的方式產生作用。」這個定位是與經濟及文化再生理論一致的，這個理論視家庭為反覆敘述各項主要的社會與文化價值觀的機器。審視家庭的最後一個架構是家庭發展或家庭生活歷程模型。這類的模型（Germain, 1991; Duvall and Miller, 1985）致力於以不斷的改善家庭關係及更動相關之社會心理任務以設計家庭生活。這些模型通常大過生命歷程而畫分各個特殊段落；結為夫妻、養育子女的不同階段(根據子女的年齡)、中年夫妻重塑、

照顧年邁的雙親以及年老（退休及死亡）。這些模型提供一個審視家庭生活的架構。無論如何，就像前面所提到的，階段模型需要說明各種文化上的家庭安排之多樣形式，以及各種不符合規範的情況下而結合的。**導讀4.1**（老年敲起的喪鐘：垂死的孫兒）是在第四章最後一部分，即為一個家庭為處理悲傷的且事先無法預料的狀況而掙扎之實例。

有許多可用以審視家庭的方法：透過結構安排、溝通模式、內在角色、與其它系統的關係，以上僅是一小部分。在社會工作中重要的是繼續學習更多有關這些問題的知識，關於家庭的巨視面（政策）、中視面（方案）及微視面（個人之家庭處遇）的理論。

Weick和Saleebey（1995）提出家庭理論已經受到發展，心理動力、系統及策略（組織）理論的影響。這些理論中有許多已增添這樣的信念，就是一個正常的家庭經驗能夠透過家庭功能等級而建立並加以量化。這些作者表示：

> 無論如何，保存這個主題是在幻想、象徵及詞彙中均顯而易見的，此乃因我們描述並討論這些求助的家庭。專業上有關於家庭生活和治療的討論總是離不開病理、缺陷、遠常及解組等方面的話語。儘管我們尋覓這「正常」的家庭延續了臨床治療、實務工作與教育，但這些都傾向於將焦點放在問題家庭或家庭問題。在這方面的詞彙中可以發現，我們故意地一直保存某些有關於家庭的神話，而這在政策層面上是成立的。〔Weick and Saleebey, 1995: 146〕

運用力量和整體的觀點，個人式的家庭應被視為是目標導向的，且擁有資源與競爭力。儘管問題可能存在於家庭中，但家庭本身所具有的力量和資源將可用於因應、運作、改變和成長。以社會的觀點來看，家庭被看做是一個社區和國家生活的整合部分。支持家庭在國家、州及地方層級上做為社會工作擁護、提倡的主體是現在的政策。

顯而易見的，大部分的人是自身家庭經驗的結果。社會工作運用實務模型與觀察性研究（解釋與處遇）以形成實務工作計畫。同樣重要的是，無論如何，將每個家庭看做是獨特的，且努力去了解每個家庭對他

們共同生活中各方面的看法。即使模式提供了一個參考的初步架構，它們不應該掩蓋我們對事實的察覺。從社會工作的觀點來看，回顧家庭理論模式中強調力量的部分及對成長與健康的方針。

經濟狀況提供了家庭與家庭功能上的重大壓力來源。社會工作支持提供資源給家庭的法令及政策，是透過可實行的就業措施及子女照顧上的支持或透過適當的支持性福利都是必須的。社會工作領域的另外一個例子是為取消那些因為性取向而被限制親權的法律而奮鬥，此為社會工作能加以倡導的議題。

健康——照顧政策允許老人的尊嚴式照顧，而不論家庭收入，是另一個社會工作可能提供的處遇之實例。這些只是社會工作能夠對家庭提供支持的各種方式之一小部分，並藉此而改善家庭健康與福利。

社區

社區是影響人類行為的另一個社會結構上的配置。德國學者，Ferdinand Toennies（1965）將社區與社會加以畫分。Toennies表示，社區乃人們基於親族、鄰里或共有的文化價值觀以及沒有正式註明但具有凝聚力的關係等，自然的集結成社。他將社區與社會相互對照，社會有正式並合法註明的關係。社區可能被看做是一個含有些較小系統之較大系統。例如，地理上的社區（geographical community）是由其它界線所定義的。一個鄰里區域有時也被稱為社區。它是由家庭、個人、商業單位、教堂與服務性組織所組成的。所有的這些實體均可被視為較大社區系統中的次系統。這一類的社區、無論如何，也是一個較大的社區系統中的次系統。社區的另外一個形式是觀念構成式社區（ideational community），此乃由擁有共同目標及價值觀的人所組成的。這一類社區的實例可能是來自於某一特定領域之專業人士所組成的團體（有時我們提及「社會工作社區」）。屬於某一宗教派別的人有時是被稱為該宗教社區的成員。藝術家屬於藝術社區。「聯盟社區」（affiliational community）是由共有某些常見的特質的個人所組成的。人們屬於不同的種族社區，男同性戀者與女同性戀者的社區、聾人社區等等。不論所涉入的因素是來自於選擇或環境，社區在群眾之社會化過程中扮演一個角色。社

區經常具有獨特的文化。社區，就像家庭，具有控制其成員之行為的價值觀與規範。社區亦可能擁有用以畫分參與資格的特殊象徵及儀式。街頭幫派分子經常提及自己是社區兄弟姊妹中的一份子。他們有行為的準則，這包括對忠誠、團結與承諾之期待。幫派通常有用以區別的象徵，例如他們的「顏色」或一個特別的刺青以標示其參與資格。成員間關係的力量可能有些不穩定且交誼式的，就如藝術家社區的狀況。他們可能是非常的強悍，當自我防衛是一項要素時（此即以街頭幫派為例），社區是非常重要的社會結構，為其成員提供支持。在評估階段，社會工作者嘗試去了解個人之正在進行中的關係形態與強度。社會工作者於實務中發現，許多人是孤立的且沒有基本支持的。單親、男同性戀者與女同性戀者、青少年、戀人、生理殘障者經常是需要一個具有支持性的社區。社會工作者可能協助這些人尋找和加入這種社區。若是在支持性社區並不存在的情況下，社會工作者可能開始建造支持性的社區。

　　時常，社區可能會對其居民或其它社區具有負面影響。就像這種情況，該社區之同性戀者居民或是被迫隱藏其性取向、或是冒險失去加入該社區的機會。當一個鄰里區域團結一致驅逐為心理疾病患者所興建的復健住所，地理上的社區為破壞這個心理殘障的社區而行動。社會工作專業在這種情況下的任務可能是提供這個區域內的居民有關於心理疾病的教育或是為兩個團體提供調解服務。互動的衝突與競爭模式會認為這個鄰里區域內的爭執是個為了爭奪有限資源——空間、財產價值、安全等而無法加以避免的結果（Savage and Warde, 1993）。許多社區工作的模式開始於一項將焦點放在已有的或潛在的問題上之評估。McKnight以及Kretzman（1993）建議，這樣的評估應將焦點放在社區已有的問題及所缺乏的資源（藥物、犯罪、簡陋的住處）上。這個觀點的結果，社區開始認為自己是「貪婪」的且依賴外界支援。McKnight和Kretzman主張社區力量與資源的評估可做為另一項工具。他們稱之為社區資產圖。在這模式中所有社區裏的物品被視為資產，可以支持社區生活的各種形式而加以流通。圖3.2是說明McKnight及Kretzman的社區問題或需求評估對抗社區能力或力量——評估模式。這個方式近似於Collins及Pancoast（NASW）對固有的與非正式的社區支持要素之研

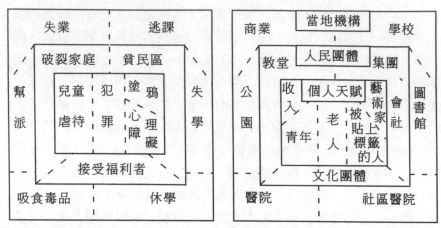

From: McKnight, J. and J. Kretzman(1993). *Building Communities from the Inside Out*. Evanston, IL: Center for Urban Affairs and Policy Research, pp. 3. 7. Reprinted with permission of the authors.

圖3.2 鄰里需求圖(左)與社區資產圖(右)

究,即所謂的「天然協助網絡」(natural helping networks)。這個模型尤能激起社會工作取向的興趣,因為其強調社區成長、自決、健康、權力促進、系統及多元化,而這些都是社區居民所擁有的特殊禮物。

重要的是以背景審視社區生活。個人對於較大社區的關係,這類問題是柏拉圖在共和國 (Republic) 中與Thomas More在烏托邦 (Utopia) 中可發現的。在美國,緊張長久以來存在於兩個深深掩藏的價值觀中——個人特質與社區主義。Bellah等人 (1986) 表示,這種緊張可追溯至我們最早期的傳統。這些作家以Tocqueville為例,他稱這些傳統為「心的嗜好」。美國具有深厚的聖經與宗敎上的傳統,追溯至最早期的殖民社區,那裏提議為所有人提供理想上的相互照顧與支持。具有一項堅強的傳統是重視個人權益,就如政治經濟學家Adam Smith在其著作中所提到的,及商人兼社會時事評論者Benjamin Franklin所闡揚的。即使今天,這「心的嗜好」間的緊張依然存在。現代的問題,例如,全球性的健康照護或建立「有圍牆的社區」(建築物理性障礙以限制進入,而

免受罪惡），可被視爲在個人主義與社區主義兩者間的緊張。社區的傳統是主張社會或社區有照顧社會中所有人民的責任。這樣的傳統可能支持全球性的健康照護且反對鄰里區域的隔離。這個人化的傳統主張個人的責任，並反對全球性健康照護、支持鄰里區域保護自己的權利。文化價值，例如，個人主義與社區主義，均有深厚的歷史根基。如同這樣，它們影響環繞在我們四周的社會制度之發展與形態。這些制度，從另外一個方向來看，將人類行爲社會化以使其與文化價值觀及社會期待一致。

組織

當社會自小村莊與農業經濟中成長（社區）爲大城市及工業經濟（社會），領導社會與經濟生活的關係改變了。農業經以非正式的及個人化的交易與勞動關係爲特徵。工業革命與城市的相對發展帶來了一個社會與經濟關係的新形式──組織。組織是通常在用以收集個人所得以滿足某一特殊目的。Talcott Parsons (1960) 提出組織是由達成某特定目標之最高宗旨而定義。組織是正式的社會結構，是爲達到成員的共同目標而設立。有許多組織類型：慷慨、服務的組織 (United Way, Habitat for Humanity, YWCA, Better Business Bureau)、市民的組織 (League of Women Voters, Rotary Club, The Shriners)、專業的組織 (National Association of Social Workers, American Psychiatric Association, American Medical Association)，和工作組織（商業、社會服務機構）。不論類型，組織是由其相關正式之結構性安排所畫分的。這些結構通常是發展以維持朝向某既定目標之有效工作。界定決策與工作協調的結構是二項組織內最重要的。我們日常生活中許多都受到組織的影響。身爲社會工作者，我們被組織所僱用。我們所服務的案主是被服務性組織所影響的，這組織是他們接觸的，且以工作場所來看，他們可能是受雇的。社會學家及社會心理學家已研究組織與組織行爲數十年。在最近幾年，與組織有關的更新是以W. Edward Deming的研究報告爲主，他們的成就在於全面品質管理。文獻方面有數以千計的書籍和文章是關係上的調查，許多是近五十年的作品，包括組織結構、管理理論、決策、工作協調、勞工關係及工作生產力等。此處我們的決定將

是更普遍化的，且焦點是放在官僚體制的簡要回顧上，如組織的一種類型，及管理上兩種常用的理論。

結構學派的德國社會學家，Max Weber (1947) 是世界上第一個使用「官僚體制」(bureaucracy) 的人。Weber表示官僚組織是由一些特殊的操作原則所標示出來的：一個整齊且階級制度的決策結構、工作的中心協調、勞工專長、正式且非個人的關係、生產力的明確期盼，與以科技知識爲基礎而僱用和提昇。Weber發現組織的「理想類型」(ideal-type) 是官僚系統，因其具體的理性化、效率與穩定性。大量生產需要工業革命提出工作的官僚系統式安排。Weber相信，權力與權威是被運用於傳統（皇室、繼承遺產）或非凡的領導力（個人的影響力）的基礎上，他主張官僚系統是以個人技巧方面的知識與能力爲基礎，運用以權力的理性或合法的形式爲根本的官僚機構來達成組織的目標。人類行爲與組織的梗概可見於Merton (1952) 所著之《官僚系統的性格》一書中，在此他描述人們變得更關注程序的遵循勝於組織的整體目標。

Weber在組織上的研究提供組織管理在干預性理論上的發展。這些早期的理論中最著名的是Frederick Taylor (1947) 所著之《科學化管理》(*Scientific Management*) 一書，科學化管理緊密地跟隨Weber的官僚系統式組織的原則。Taylor的貢獻是假設工作過程可被研究、分析和顯示以將生產力擴充至最大。Taylor的管理理論所潛藏的是相信工作人員只會受到經濟上的私人利益影響而產生動機。結果，他提出工作人員的動機中最明顯的部分是逐件的薪資，此乃工作人員可由其所完成的工作中論件——的領取薪資。這個原則在大城市中的糕餅店仍舊於僱用自國外移入的勞工時採行。

結構或科學的管理理論是跟隨人類的關係理論 (human relations theory)，始於著名的霍桑研究。這些理論學家相信，工作人員所產生的動機是受到個人對組織目標的承諾，及對同僚團體的責任兩方面的影響，程度與其自身的經濟利益是相同的。之後McGregor (1960) 整理摘錄先前的組織理論而分割成二個常見的類別，亦即他所謂的X理論和Y理論。X理論描述工作人員主要是受到經濟誘因的刺激而產生動機的，需要被引導，且必定會被強制增加其工作成果至最大。Y理論主張工作人員

可以獨立工作而不受到強制，他們同樣為組織與個人的目標付出，他們應被容許有運用個人創造力的最大自由。在組織與管理方面的理論之最新發展為「全面品質管理」(total quality management, TQM) 的概念。以W. Edwards Deming、Philip Crosby、J. M. Juran和Armand Feigenbaum的研究成果為基礎，全面品質管理是以科學管理與人類關聯等理論發展而成的。例如，TQM科學方法的量化分析以研究和改進工作過程的流暢，以將系統中的錯誤降至最低。然而人類關聯論者研究社會團體視之為工作場合中的自然現象，TQM論者主張組織運用工作團聚以做為業務編制、決策與品質控制的最有效工具。TQM特殊的部分是其強調顧客滿意度應是組織內首要的推動力且將焦點放在組織內各系統之間的關係。

Lawrence Martin (1993) 主張，TQM的原則是與人類服務的價值觀非常相容的：有效率的和有效的服務、顧客與員工的滿意度與回饋、顧客與工作人員在決策上的參與，以及預防勝於矯正行動。

我們在組織方面的討論已受限於工作組織的討論。然而，大部分的組織運用許多討論過的組織和管理原則。人類行為是受到圍繞我們的組織形態所影響。社會工作者研究組織和組織行為以了解更多關於人是如何被這些社會結構所影響。組織，包括人類服務組織，會變得沒有效用且不具感情的，是與其工作人員與案主有關。社會工作尋求為人類成長與發展來提昇資源並減少障礙。然而，有效的實務工作需要社會工作者為改善那些影響案主的組織而努力。

在結論中，社會結構決定了資源如何獲得、給誰。回顧前面幾段，我們能發現生物如何製造潛能由心理方法發展出來的，且在環境中的豐盛或受限則是由社會結構所管理。滋養的環境鼓勵心理成長與發展和生理潛能一致。政治上的氣候支持或限制那形成人類行為之背景的社會結構發展。家庭、學校、宗教機構、社區和經濟結構將對我們的行動有所支持或抑制。社會工作在微視與巨視兩個層面進行處遇需要對影響人類行為的各種力量進行精確、周密的評估。

本章之末那個無家可歸者的個案教材，「協助但仇視游民」(Marin, 1987) 一文中指出人類行為中社會結構因素的重要性。從新聞從業人員

的觀點來看，作者指出如何文化、心理、社會結構及，在某種程度上，生物因素等彼此進行互動。生理的和心理的健康、飢餓等問題是非常緊密的相互糾纏。Joe Blau也撰寫遊民的形態，觀察到：

> 在每個歷史階段，人們製造遊民且需要去製造遊民。在最艱困的時代，人們已經佩服那些遊民爲他們的自由而遠離日常生活上的需求。然而，即使是在一些有信心的年代，這個令人無法脫離的事實會帶來憂慮。這樣的憂慮會帶來不適。當社會達爾文主義扭曲美國文化的情況再度出現時，許多人會因遊民本身的困局而加以責備。具有革新性質之社會工作者的角色是去對抗這樣的觀點。沒有否認心理因素所扮演的角色，我們能證明經濟與政治背景且這個背景必須要獲取其應得之權益。
>
> 〔Blau, 1988: 21〕

基本文化概念

文化向來是個用以保存特殊團體或社會的價值觀、知識和物質的容器。Sir Edward Tylor (1958: 1)，一個社會人類學者，界定文化是「……包含社會中的一份子所擁有的知識、信念、藝術、道德、法律、習慣和其它的能力與嗜好之複雜整體」。文化是養成的知識，那就是，必定是學來的。Spradley（1994: 25）指出，在關於文化與社會學中的某一學派有許多的共同點，而這學派亦即是所謂的「象徵性互動主義」(symbolic interactionism)。這個學派假設：

1. 人們在其環境中之行事風格是基於自身對於這些事件意義的解釋。
2. 意義是來自於人群間的社會互動。
3. 意義改變是新的互動所產生的結果。

文化的這些方面呈現一個社會的生活方式且傳遞給每個延續下來的

世代。無論如何，文化不是靜態的。文化是來自於團體成員與其它團體及其社會與物理環境間的各種互動。這些互動是被新的事件所影響，而修正是為了協調各方面。Brunner（1986: 123）表示文化是「一個調解、再調解的裁判……這是一個文化的公開討論形式，提供各參與者一個不斷在製造與複製文化的角色——一個參與者的積極主動角色而非在適合的提示出現時仍根據規則扮演一個權威者角色的演員。」這個過程並非總是平穩的同化與改變。然而，具有長期、深厚傳統、價值觀和信念的文化並非總是與新的影響輕易地合併。研究「原始的」社會的文化人類學者抱持強烈的信念，堅信應儘量將闖入那些他們要研究的族群之生活中所造成的干擾降至最低。具有這些信念是因為來自於不同文化的人們入侵所引起的壓力。對那些在外國文化中發現自己是個少數民族的人而言尤其真確。Mai的案例，在第二章所討論的移民至美國的越南女性，可成為在文化傳播的過程中所呈現之困難的一個實例。

　　Spradley（1994）表示文化的知識建立在兩個層級上：說明性的與靜默的。說明性的文化知識乃我們所意識到的且易於溝通的，例如慣例、習慣、食物選擇等等。無論如何，我們的文化知識中的大部分仍是在我們的理解範圍之外。Spradley主張我們與陌生人站得多接近，這是我們在一個房間的四周安排傢俱的典型思考模式，且當我們接觸到或沒有接觸到彼此時都是靜默的文化知識之實例。文化包含幾個要素，亦建立於兩個層面。「象徵」是文化之簡略表達方式的類型。運用象徵去表現某些事需要抽象思考，因為從具體的到抽象的認知跳躍是必須的。數字、藝術、手工藝品和語言均為象徵的實例。象徵可以告訴我們許多關於某人的事。人們建立象徵以顯示意義，並因象徵的抽象形態使得早期的人們為其生活中的最重要傳統上賦予這些象徵。象徵以許多種形式存在。每個宗教傳統有其信仰之教義上的象徵式表達。史前與早期歷史社會中運用象徵做為表達和溝通的工具。語言本身在其結構（信件、字彙、句子、標誌）及內容上是象徵主義的形式。語言是社會的重要反映。透過語言的使用，社會以最具體的直接的方式表達其理念、規範和價值觀。語言反映社會的經驗。在社會中生存完全是仰賴這些可能有數以百計的常用字彙所描述的活動，如狩獵、釣魚和採集等技巧。他們的數字系統也可

能比我們的更基本，因為在計算大數目上的需求有限。一個工業化之後的社會內之居民在雜貨店內購買食物時，將使用的語言與數字系統與早期社會的完全不同。例如，考慮一般常用字彙如何與電腦科技連結，包括：使用者便利、記憶體容量、列印、迴路、資料庫等等。

語言不只是反映並且影響文化。停下來想一想。是否思考形成語言——或語言形成思考——或這是個互動過程？人們在語言（口語的、書寫的和象徵的）的背景中發展。當我們遭遇到這個世界時，我們發展周遭事實的知覺。正在這麼做的時候，我們畫下自身所了解的語言形式。為在城市中養育子女，有些用於描述釣魚的字彙可能受到相當限制，因此，他對活動的知覺也會受到限制；然而，在漁業文化中成長的兒童將具有豐富的字彙於表達有關漁業方面的各種活動。這個例子提出語言製造知覺。然而，人類的具創造性與想像力的過程經常需要抽離目前存在於自身現實中的事物之能力，以建立新的事實情況。在這樣的情況下，新語言即跟隨新思想而來。

價值觀是由象徵及語言轉化而來。「**價值觀**」（values）是一個社會成員共同擁有的信念。想想這些在本世紀初期及中期所使用的一些陳腔濫調，反應了至少是男性社會對女性的看法：「一個女人的領土是她的家」或「女人太情緒化以至於無法做個決策者」。儘管這些陳腔濫調反應出那些仍然被許多男女廣泛接受的價值觀，他們正開始失去一些自身的潛力。例如自由企業、學校祈禱者、墮胎、承諾的行動、阻擋非法移民及醫生協助的自殺等標題均反應了各種價值觀。這些價值觀有時為人群中的大部分所共有，有時只有少數人。經常，他們只處於衝突中。

英語是美國的主要語言。然而，它是數百萬居住於美國的人所使用的語言，是第二大語言。英語本身的語言結構可能造成現在種種問題中最嚴重的一項，高度分裂。英語是充滿分歧的語言（例如，不是……就是……）。

讓我們進行一個字詞連貫測驗。若我們說「好」，其他人將要說「壞」。若我們說「黑」，其他人就回答「白」。你可以繼續這個練習：年輕——年老、胖——瘦、高——低等等。如先前所述，語言的結構與內容時常影響人們如何理解現實。當語言的結構呈現出分歧，那時發現灰

色地帶、妥協區域和多重事實的能力均受到限制。這樣的思考產生一些社會現象，例如社會階層形成、標籤化、偏見和歧視。記得，早期的生物學家Linnaeus，在他的種族分類系統中，將白種人置於頂端，據其評估，他們是最美麗的。另一個例子是當談論到無文字的社會時，經常用到「原始的」這個字眼。甚至「無文字的」這個術語顯示出社會發展中進步的實況。語言，是一個文化概念，能在運用時受益，或可做為社會之內與不同社會間的壓迫的工具。

價值觀，深藏於語言與象徵之中，藉著依照指示行動而使行為受到影響，指示上告訴人們信仰與一致的行動將會成為正向地認可（獎勵）或負向地制裁（處罰）。認可反應出一個社會的規範，此乃基於社會價值觀來引導行為而設定的特殊規則，社會規定一個人不可以闖進等待買電影票的影迷所排的隊伍中。又如，這是寡婦或鰥夫所需遵守的規範，他們應在一段特定時間中奉行某些哀慟的儀式。違逆規範的行為將經由法律得到正式的制裁，或（是在）非正式的但有效的方式中不知不覺地起作用。這些規範通常會反映出社會中最有權力或最專擅的個人或階級。男性（通常是歐洲裔的）時常被期待在商業事務上行動果斷以確保工作上的進展。然而，同樣的行為，若由女性表現出來，就會被視為具攻擊性，且會被貼上「潑婦」的標籤。儘管大多數的規範與隨之而來的制裁是社會內部維持適當層級的工具，它們同樣也是讓那些不屬於主流文化的人民受到壓迫的有效工具。社會中的主要社會結構是環繞著威權文化的價值觀發展而來，且用以維持該項文化中的價值觀、信念和社會地位。

記得我們討論的社會福利系統嗎？Piven與Cloward提出，一方面系統是為被剝削的階級表達社會責任。在另一方面，他們主張系統藉著預防社會叛亂以維持社會階層結構。

顯而易見的，變化存在於文化之中，藉此群眾得以思考及行動的方式，並以「**次文化**」（subculture）自居，此乃擁有一些獨特文化特質的大團體中的小團體。義大利裔的美籍人士即為實例，他們可能具有尊重社區參與的價值觀與社會行為，而與美國原住民及亞裔美籍人士不同。重要的是記住，無論如何，甚至在次文化之內都有許多團體內的變異。假設任何團體成員將以自身所界定的次文化中所具有的卓越模式為準

則，行爲方式一致，是不可靠的。假定因爲某人是來自阿帕拉契山區的第一代遷入者，故將會依照預測的模式而行動可能是錯誤的。文化團體中之成員通常共享特定的信念、價值觀和行爲，但每個人以反應自身特殊狀況的獨特方式合併這些因素。

次文化通常在這種方式下共存，亦即保存自身所歸屬的較大文化之結構。不同的次文化團體之和睦共存稱之爲「**文化多元論**」（cultural pluralism）。其指明各種次文化之傳統合法性。文化多元性被視爲一項受到鼓勵的資源，這是當以文化多元論的角度來看時。做爲種族與血統上的連繫，文化多元論是與傳統的標示美國社會特色的大熔爐論是相對的。大熔爐論是熔化所有的種族與血統的次文化進入單一的「美國混合品」。文化多元論是更接受不同文化團體的價值觀並指明這些是需要保存與熔和的。

文化多元論是一種理想，當各團體在社會決策中被視爲是平等的且共享權力時就可能實現。「**種族中心論**」（ethnocentrism）是指文化或次文化之間是以自身的文化要素爲基準而相互評估。種族中心論式的思考通常引導一個文化威迫另一個文化，因爲每個文化都相信自己的行事方式就是正確的方式。參與者必須記得每個團體的文化完整是了解其行爲之唯一合適的背景。

文化多元論，或多重文化論，如同其時有提到的，就像發生在美國的情況一樣會引起特殊型式的問題或民主式的社會。民主式的社會嘗試去平衡個人的權利與社會的「共同利益」。民主通常以多數原則而操作，此被採信爲展現共同利益的方式。然而，即使是民主形式，全體的利益時常與其它較小團體的衝突。相對的，次文化爲了得到承認而提出要求，使較大的團體滿足其要求的能力受到壓迫。有時，這樣的緊張能經由已建立的管道來調解，例如立法與社會政策。在其它時候，壓力變得太大且開放性的衝突暴發，如1992年四月的洛杉磯暴動。再次，語言時常顯露不同的觀點。洛杉磯事件被某些人認爲是「暴亂」且被其他人認爲是「造反」，或許反映出變遷中的文化與種族觀點。

社會工作者如何將自身文化上的了解納入實務工作中？Saleebey（1994: 352）宣稱「文化是我們接受、組織、理性化和了解我們在這個

世界中的特殊經驗」。他更進一步解釋文化與個人所具有的意義，並以著述和說故事的方式進行：

> 描述與故事乃文化之精髓。它們並不是與環境無關的瑣事。的確，它們是重要且基本的創作，源自於人們在特殊環境中所獲得的特殊經驗。故事可能教導個人如何倖存或如何接納——甚至如何克服——艱困的環境。至少故事向個人揭露相當的有關於其周圍形態的資訊與觀點。〔Saleebey, 1994: 353〕

社會工作實務需要實務工作者了解，並盡可能地完全了解案主的觀點。文化與個人方面的故事（亦即個人顯露有關於他們是誰、他們相信什麼和他們的行動起因）是我們與案主一起進入狀況的對話之基本部分。如先前所提到的，社會工作者需要了解個人不應被假定會將文化或次文化中所有的信念編入其所隸屬的某項文化中。密切注意個人的敘述將揭露事實在個人與文化兩方面的解釋。社會工作者必須審視案主的個人知識是有效的、合法的、真實的，且並非被我們的專業知識所征服，並架構人類行為的意義。社會工作者尋求進入案主的世界，而並非將他們帶入我們的世界。

這個觀點亦是可以應用的，在社會工作者從個人的或微視面的實務工作轉移至其它的處遇層級時。社會工作者致力於確保所提供的服務與方案維持一個高度的文化敏感。例如，Michielutte等人（1994）調查美國印第安族群在發展癌症控制方案背景下的文化敏感之概念。第一，他們提供一個三段式模型以執行各項隨文化而調整之方案，由Rogler等人（1987）所發展。這些段落是：

- 段落一　若這個方案並未與重要文化信念衝突，增加可接近性（accessibility）。
- 段落二　若不相容成立，從這個或其它方案中選擇確實符合的要素。
- 段落三　若已成立的方案是絕對不相容的，修正方案以符合文化價值觀與信念。

表3.3　傳統美洲印地安文化與西方文化的特徵

美洲印地安	西方
健康是反映狀態的平衡；疾病是生理及靈性上的平衡失調	疾病是個人的問題；不一定和整個人有關
對個人的態度是基於對個人價值的尊重	個人的價值顯現於角色和地位中
時光的流逝或許是彈性的且與手中的任務有關	時間是不連續的，活動是發生在特定的時刻

Adapted from Michielutte, R., P. C. Sharp, M. B. Dignan, et al. "Cultural Issues in the Development of Cancer Control Programs for American Indian Populations, " *Journal of Health Care for the Poor and Underserved*, Vol. 5. No. 4, pp. 280-296. Reprinted with permission of the Publisher.

　　一個社會工作對文化敏感實務工作的強力承諾表示已製造一致性的努力來規畫含蓋案主的需要與價值觀的方案，而不是必須要案主適應傳統的服務輸送系統和服務。

　　Michielutte等人稍後對照美國印地安文化與西方文化（見表3.3）。作者之後呈現各種運用於癌症的控制方案，且會尊重病患之文化信念：展示在全面健康照護的背景下，癌症的篩選情況。僱用美國印地安人為健康教育者；和維持約會的彈性時刻表。

　　這樣的方案呈現某一層級對隨文化而調整之實務工作的承諾。最終，社會工作者能倡導一個更公義與正當的社會。Saleebey提醒我們：

　　　　社會工作以獨特的方式，成為一個價值導向的專業。我們不能忽視，儘管我們不知道如何求助，我們承諾社會與普遍的正義、平等、發展上的社會化、個人與文化的獨特性與價值，及憐憫與照顧。我們不能忽略事實，我們在自我與社會環境之間的段落上工作，且事實上我們必須以某種方式為那些處在街

道兩邊的人工作。〔Saleebey, 1994: 357〕

摘要

　　這章已呈現人類行為的生物、心理、社會結構和文化領域的概要。選自於生物、社會和行為科學中的概念對社會工作已審視的部分是有用的。所呈現的概念是來自於不同研究領域的知識中，且從知識的深度與廣度中選取小樣本。專業社會工作實務的目標是改善個人與其環境間的業務。所具備的知識適用於來自不同原則與要求的處置，且需了解會造成影響的因素，實務工作者擁有從各種來源中選擇、整合與運用資料的能力。生物科學告訴我們關於人類之遺傳潛能；亦讓我們知道有關心理過程及健康、疾病與殘障間的資訊。心理學理論嘗試去解釋人們發現、組織與解釋訊息的方式，而這是透過生理的（感覺的）和認知的工具而接受的。這些理論的範圍從機械論的模型（基本學習）理論延伸至納入個人與文化影響的（認知與新心理分析）模型。社會制度的研究顯示社會結構自身的方式之一及人們由此社會化的方式。它亦提供社會制度的例子，以及一些審視社會制度之功能的理論取向。最後，文化的意義及內容與其對社會結構發展之影響業已討論，在下一章將呈現研究生命歷程的理論，也就是人類從出生到死亡，生長與發展的正常生命歷程中的方法結構。

研究問題

1. 比較和對照無家可歸者的生物、心理、社會結構及文化取向，運用導讀3.1「協助但仇視遊民」一文。你認為什麼是最有助於了解無家可歸者的理論？為什麼？

2. 關於行為的四種來源你認為哪一個最具知識性？為什麼你知道某

一部分多於其它的？是否這告訴你有關於文化價值觀和教育做為社會制度的一些事？你如何承諾去擴展那些你現在較不了解的領域的知識？你大概會怎麼去做？

3. 當你考慮進入社會工作專業，你可能已經對於與某特定團體的成員一起工作有些了解——老人、兒童、青少年、心理疾病、生理疾病或殘障者。考慮這些特殊族群。列出生物、心理、社會結構與文化等這些當你與這個族群工作時可能需要考慮的要素。之後，考慮同樣的類別及這四個要素如何與人類成長和發展的資源或障礙結合。

4. 在第一章之末，我們要求你思考你是如何進入這個班級的。這一章是否已幫助你開始去了解行為的四個來源如何共同影響個別的人類行為？在這一章我們討論認知理論、知覺、文化和符號互動主義（symbolic interactionism）。你認為當你考慮你希望與那個族群從事實務工作時，什麼是你現在對他們的感覺？在你的環境中什麼因素已經形成了這些感覺？這些感覺通常是正面的還是負面的？若它們是負面的，你可能運用其它什麼可能的方式來看待這個族群，而使感覺變得比較正面？

5. 在第一章，我們主張人類行為的理論具有五項要素：健康取向、成長取向、生態觀點、力量觀點以及授權觀點。在第二章，我們提供四個可做為篩選有關於社會工作取向的人類行為理論所用的

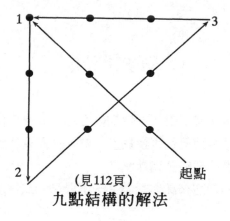

（見112頁）
九點結構的解法

過濾器。選取本章所討論的一個理論取向是關於任何行為的四個來源的。運用這些問題去過濾理論取向。與這個班級中的小團體討論這個取向。這個理論和取向如何在這個過濾程序中進展？什麼需要增加上去使其與社會工作取向更為一致？最後，這個理論取向是否符合第二章所提之整合性架構——一個強調系統取向，人類行為之方向性及多元性之認識？

主要名詞

情感 *affect*
感覺與情緒和來自於我們感官與認知過程的訊息連結。

權威 *authority*
合法的權力。

強迫 *coercion*
運用不合法的力量。

認知 *cognition*
處理和組織資訊的能力，以運用環境而達成自身的目標。

競爭性互動 *competitive interaction*
鼓勵人們將焦點放在自身利益上的互動。

競爭 *conflict*
由某一團體對其它團體的積極破壞性行為。

合作性互動 *cooperative interaction*
將焦點放在團體成員的利益上之互動。

文化多元論 *cultural pluralism*
不同的次文化團體之和睦共存。

死亡 *death*

人類的軀體不再能夠維持的那一刻。

退化過程 *degenerative processes*

細胞之遺傳上的決定性退化，依照人體年齡而有特定之速率且每人有其獨特的模式。

歧視 *discrimination*

輕視那些被認為是較無價值的人之行動。

種族中心論 *ethnocentrism*

當文化或次文化彼此評估時，以其自身之文化要素為基礎。

遺傳工程 *genetic engineering*

在實驗室中的遺傳物質之重大修正。

潛在性功能 *latent functions*

社會中的某些功能與其它相較起來，對部分團體是較為有益的，但較少公開地展現。

生命 *life*

伴隨著複雜的化學過程的生理過程，藉著腦部經由一系列精密的神經傳導所協調。

人生歷程 *life span*

從懷孕至死亡的時期。

顯示性功能 *manifest functions*

向大眾宣示的且假定整體來說對社會有益的功能。

突變 *mutation*

基因從其原始形式起即發生改變的過程。

規範 *norms*

引導行為且以社會價值為基礎的特殊規則。

養育 *nurturance*

　　心理福祉所需之保護與照顧。

營養 *nutrition*

　　生理健康所需之基本營養素。

痛苦 *pain*

　　警告個人之生理系統的某些部分被推向其可忍受之限度邊緣的警訊。

知覺 *perception*

　　看、聞、感覺和觸摸的能力，並發展了對環境之感官特徵的整合性反應。

人格 *personality*

　　發展從協助個人在環境中發揮功能的整合性心理架構。

生理健康 *physiological health*

　　因資源為容許已提供之生長與發展所必須，且此時天生的整體形象已能展露。

權力 *power*

　　個人或團體將自身的意願強加於他人的能力。

偏見 *prejudice*

　　將負面的特質歸因於某些人的信念，而這種信念沒有任何具體證據可以提供支持。

反射 *reflex*

　　天生已規畫的行動傾向。

角色 *role*

　　在社會制度中的各類型群眾所被期待的行為。

角色衝突 *role conflict*

某個角色的有效表現可能與其他角色的有效表現產生直接衝突。

角色緊張 *role strain*

當對某個特殊角色的相關行為期待無法一致時。

社會階層 *social class*

階層化過程中安置群眾的類別，是根據其所獲得之維持生活與豐富生活的資源而畫分。

社會區隔 *social differentiation*

以社會定義的類別為基礎而將人畫分類別。

社會交換論 *social exchange theory*

強調彼此意見一致是由互動的利益與損失中產生的社會學理論。

社會制度 *social institutions*

組織與特定社會目標或功能有關之活動的社會結構，例如，家庭和宗教。

社會制裁 *social sanctions*

社會大眾對於行為的正向或負向反應的社會性定義。

社會階層化 *social stratification*

以人們所能獲取的資源或所具有之某些特質為基礎，將其垂直排列大小先後順序。

社會結構 *Social structure*

社會性建造的結構，用以組織並加強社會互動，例如，家庭、教會、學校和經濟系統。

社會化 *socialization*

人們獲得文化中之信仰、習慣、價值觀與態度的過程。

次文化 *subculture*

在較大文化團體中產生的小團體，且具有一些獨特的文化特質。

價值觀 *values*

社會成員所具有的共同信念。

參考書目

Abramson, L., M. Seligman, and J. Teasdale (1978). Learned Helplessness in Humans: Critique and Reformulation. *Journal of Abnormal Psychology*, Vol. 87, pp. 49-74.

Acock, A. and D. Demo (1994). *Family Diversity and Well-Being*. Vol. 195. Thousand Oaks, CA: Sage Library of Social Research.

Adler, A. (1963). *The Practice and Theory of Individual Psychology*, translated by P. Radin. Patterson, NJ: Littlefield, Adams. (original work published in 1924).

Baber, K. and K. Allen (1992). *Women and Families: Feminist Reconstructions*. New York: The Guilford Press.

Bailey, M. and R. Pillard (1991). A Genetic Study of Male Sexual Orientation. *Archives of General Psychiatry*, Vol. 48, pp.1089-1096.

Bailey, M., R. Pillard, M. Neale, and Y. Agyei (1993). Heritable Factors Influence Sexual Orientation in Women. *Archives of General Psychiatry*, Vol. 50, (March), pp. 217-223.

Bandura, A. (1977). *Social Learning Theory*. Englewood Cliffs, NJ: Prentice-Hall.

Bellah, R., R. Madsen, W. Sullivan, A. Swidler, and S. Tipton (1986). *Habits of the Heart: Individualism and Commitment in American Life*. New York: Harper & Row Publishers, Perennial Library.

Bieber, I., et al. (1988). *Homosexuality: A Psychoanalytic Study*. Northvale, NJ: Jason Aronson Inc.

Blau, J. (1988). On the Uses of Homelessness: A Literature Review. *Catalyst*, Vol. 6, No. 21.

Bouchard, T. (1994). Genes, Environment, and Personality. *Science*, Vol. 264, No. 17 (June), pp. 1700-1701.

Bourdieu, P. and J. Passeron (1977). *Reproduction in Education, Society, and Culture*. Beverly Hills, CA: Sage Publications.

Brunner, J. (1986). *Actual Minds, Possible Worlds*. Cambridge, MA: Harvard University Press.

Chafetz, J. (1988). *Feminist Sociology: An Overview of Contemporary Theories*. Itasca, NY: F. E. Peacock Publishers.

Children's Defense Fund (1992). *Report: Vanishing Dreams: The Economic Plight of America's Young Families*. Washington, D.C.: Children's Defense Fund and Northeastern University's Center for Labor Market Studies.

Chodorow, N. (1989). *Feminism and Psychoanalysis*. New Haven, CT: Yale University Press.

Collins, A. and D. Pancoast (pub. date not listed). *Natural Helping Networks: A Strategy for Prevention*. Washington, D.C.: National Association of Social Workers.

Condry, J. (1977). Enemies of Exploration: Self-initiated Versus Other-initiated Learning. *Journal of Personality and Social Psychology*, Vol. 35, pp. 459-477.

Daly, H., and J. Cobb (1989). *For the Common Good: Redirecting the Economy toward Community, the Environment, and a Sustainable Future*. Boston, MA: Beacon Press, p. 13.

Duvall, E., and B. Miller (1985). *Marriage and Family Development*, 6th edition. New

York: Harper & Row.

Erikson, E. (1976). *Adulthood*. New York: W. W. Norton.

Fairweather, H. (1976). Sex Differences in Cognition. *Cognition*, Vol. 4. pp. 31-280.

Freud, S. (1938). *The Basic Writings of Sigmund Freud*, edited by A. Brill. New York: The Modern Library.

Gambrill, E. (1987). Behavior Approach. In *Encyclopedia of Social Work*, 18th edition. Silver Spring, MD: National Association of Social Workers, pp. 184-194.

Gardner, H. (1993). *Multiple Intelligences: The Theory in Practice*. New York: Basic Books.

Germain, C. (1991). *Human Behavior in the Social Environment: An Ecological View*. New York: Columbia University Press.

Gilligan, C. (1982). *In a Different Voice: Psychological Theory and Women's Development*. Cambridge, MA: Harvard University Press.

Gilligan, C. (ed.) (1990). *Making Connections: The Relational World of Adolescent Girls at Emma Willard School*. Cambridge, MA: Harvard University Press.

Gilligan, C., A. Rogers, and D. Tolman, (eds.) (1991). *Women, Girls & Psychotherapy: Reframing Resistance*. New York: Harrington Park Press.

Goleman, D. (1988). Erikson, in His Old Age, Expands His View of Life. *New York Times*, June 14, pp. C1ff.

Goleman, D. (1989). From Tokyo to Tampa, Different Ideas of Self. *New York Times*, March 7, pp. 17ff.

Goodrich, T., C. Rampage, B. Ellman, and K. Halstead (1988). *Feminist Family Therapy*. New York: W. W. Norton.

Gould, S. (1994). The Geometer of Race. *Discover*, November, pp. 65-69.

Herrnstein, R. and C. Murray (1994). *The Bell Curve: Intelligence and Class Structure in American Life*. New York: The Free Press.

Horgan, J. (1993). Genes and Crime. *Scientific American*, February, pp. 24-29.

Horney, K. (1950). *Neurosis and Human Growth*. New York: W. W. Norton.

Jones, S. (1993). *The Language of Genes: Solving the Mysteries of Our Genetic Past, Present and Future*. New York: Anchor Books.

Jung, C. G. (1947). On the Nature of the Psyche. In *Collected Works*. Vol 18. Princeton, NJ: Princeton University Press, pp. 159-234.

Klein, M. (1975). *Love, Guilt and Reparation and Other Works*. New York: Delta.

Kohlberg, L. (1981). The Philosophy of Moral Development, Vol.1. *Moral Stages and the Idea of Justice*. New York: Harper & Row.

Kohn, A. (1986). *No Contest: The Case against Competition*. Boston, MA: Houghton Mifflin Company, p. 70.

Langer, J. (1969). *Theories of Development*. New York: Holt, Rinehart & Winston, pp. 51-73, 107-156.

LeVay, S. (1991). A Difference in Hypothalamic Structure between Heterosexual and Homosexual Men. *Science*, Vol. 258, pp. 1034-1037.

Lewontin, R., S. Rose, and L. Kamin (1984). *Not in Our Genes: Biology, Ideology, and Human Nature*. New York: Pantheon Books.

Lozoff, B. (1989). Environment and Genes. *American Psychologist*, Vol. 44, No. 2, pp. 231-236.

McGregor, D. (1960). *The Human Side of Enterprise*. New York: McGraw-Hill.

McKnight, J., and J. Kretzman (1993). *Building Communities from the Inside Out*. Evanston, IL: Center for Urban Affairs and Policy Research, Neighborhood Innovations Network, Northwestern University.

Marin, P. (1987). Helping and Hating the Homeless: The Struggle at the Margins of America. *Harper's*, January, pp. 39ff.

Martin, L. (1993). *Total Quality Management in Human Service Organizations*. Newbury Park, CA: Sage Publications in cooperation with the University of Michigan School of Social Work.

Marx, K. (1969). *Capital*. Vol. 1. Moscow: Progress Publishers.

Merton, R. (1952). Bureaucratic Structure and Personality. In *Reader in Bureaucracy*, edited by R. K. Merton, A. Gray, B. Hockey, and H. Selvin, pp. 261-372. Glencoe, IL: Free Press.

Michielutte, R., P. Sharp, M. Dignan, et al. (1994). Cultural Issues in the Development of Cancer Control Programs for American Indian Populations. *Journal of Health Care for the Poor and Underserved*, Vol. 5, No. 4, pp. 280-296.

Miles, R. (1989). *Racism*. London: Routledge.

Miller, D. and A. Waigandt (1993). *Coping with Your Sexual Orientation*. New York: The Rosen Publishing Company.

Newberger, C. M. and E. DeVos (1988). Abuse and Victimization: A Life-Span Developmental Perspective. *American Journal of Orthopsychiatry*, Vol. 58, No. 4 (October), pp. 501-511.

Parsons, T. (1951). *The Social System*. New York: Free Press.

Parsons, T. (1960). *Structure and Process in Modern Societies*. Glencoe, IL: Free Press

Piaget, J. (1952, 1936 original ed.). *The Origins of Intelligence in Children*. New York: International Universities Press.

Pies, C. (1988). *Considering Parenthood*. Minneapolis, MN: Spinster Book Company.

Piven, F., and R. Cloward (1971). *Regulating the Poor: The Functions of Public Welfare*. New York: Pantheon Books.

Plomin, R., M. Owen, and P. McGuffin (1994). The Genetic Basis of Complex Human Behaviors. *Science,* Vol. 264 (June), pp. 1733-1739.

Rauch, J. (1988). Social Work and the Genetics Revolution: Genetic Services. *Social Work*, Vol. 33, No. 5, pp. 389-395.

Reinisch, J., R. Beasley, and D. Kent (eds.) (1990). *The Kinsey Institute New Report on Sex*. New York: St. Martin's Press.

Rogler, L., R. Malgady, G. Costantion, et al. (1987) What Do Culturally Sensitive Mental Health Services Mean? *American Psychologist*, Vol. 42, No. 6 (June), pp. 565-570.

Saleebey, D. (1992). Biology's Challenge to Social Work: Embodying the Person-in-Environment Perspective. *Social Work*, Vol. 37, No. 2 (March), pp. 112-117.

Saleebey, D. (1994). Culture, Theory, and Narrative: The Intersection of Meanings in Practice. *Social Work*, Vol. 39, No. 4 (July), pp. 351-359.

Savage, M., and A. Warde (1993). *Urban Sociology, Capitalism and Modernity*. New York: Continuum.

Science News (1989). Modifying Mendel One More Time. Vol. 136, No. 6 (August 5), p. 92.

Seltzer, M. (1989). Random and Not So Random Thoughts on Becoming a Statistic: Professional and Personal Musings. *International Journal of Aging and Human Development*, Vol. 28, No. 1, pp. 4-5.

Sherman, E. (1987). Cognitive Therapy. In *Encyclopedia of Social Work*, 18th edition. Silver Spring, MD: National Association of Social Workers, pp. 288-291.

Shreeve, J. (1994). Terms of estrangement. *Discover*, November, pp. 57-63.

Snyderman, M. and S. Rothman (1987). Survey and Expert Opinions on Intelligence and Aptitude Testing. *American Psychologist*, Vol. 42, pp. 137-144.

Spradley, J. (1994). Ethnography and Culture. In *Conformity and Conflict: Readings in Cultural Anthropology*, 8th edition, edited by J. Spradley and D. McCurdy. New York: Harper Collins College Publications.

Sullivan, H. S. (1953). *The Collected Works of Harry Stack Sullivan*. Vols. 1 and 2. New

York: W. W. Norton.

Taylor F. (1947). *The Principles of Scientific Management*. New York: The Norton Library.

Toennies, F. (1965). *Community and Society*, translated by Charles P. Loomis. New York: Harper & Row.

Tylor, E. (1958). *Primitive Culture*. Vol. 1. New York: Harper & Row (original text, 1871).

Valentich, M. (1986). Feminism and Social Work Practice. In *Social Work Treatment: Interlocking Theoretical Approaches*, 3rd edition, edited by F. Turner, pp. 564-589. New York: Free Press.

Walters, M., B. Carter, P. Papp, and O. Silverstein (1988). *The Invisible Web: Gender Patterns in Family Relations*. New York: The Guilford Press.

Wainrib, B. (ed.) (1992). *Gender Issues across the Life Cycle*. New York: Springer Publishing Company.

Watzlawick, K. P., J. Weakland, and R. Fisch. (1974). *Change: Principles of Problem Formulation and Problem Resolution*. New York: W. W. Norton.

Weber, M. (1947). *The Theory of Social and Economic Organizations*, translated by A. M. Henderson and T. Parsons. New York: Macmillan (first published in 1924).

Weick, A. and D. Saleebey (1995). Supporting Family Strengths: Orienting Policy and Practice Toward the 21st Century. *Families in Society: The Journal of Contemporary Human Services*, Vol. 76, No. 3, pp. 141-149.

Weiner, B. (1974). *Achievement Motivation and Attribution Theory*. Morristown, NJ: General Learning Press.

Wills, C. (1994). The skin we're in. *Discover*, November, pp. 77-81.

Wilson, E. O. (1978). *On Human Nature*. Cambridge, MA: Harvard University Press.

Vygotsky, L. (1978). *Mind in Society*. Cambridge, MA: Harvard University Press.

協助但仇視遊民

本文中作者描述遊民們的生活實況,以及如何解決遊民們的問題的複雜性。作者的分析指出了,人類行爲之系統性及相容於各種社會活動的人類行爲的多元性。

　　當我還是個孩子的時候,我就有一幅當我變成一個行將就木的老人時的畫面在我腦海再三浮現:孤獨,我可能明確地想像自己是在一個傢俱很少的二層倉庫的二樓房間內,位於紐約市第四街的街道旁,那裏過去是個二手書店。這個畫面並不讓我感到害怕。我喜歡這樣。這個匿名、孤獨且處於邊緣的主意必定對我來說是有意義的,回到當時,爲了某些理由我不在乎記得這些,令人動心的又無法避免的。之後,大學畢業,我走那條路,搭便車又坐貨車旅行,到處做奇怪的工作;交叉地走遍這個國家。我也喜歡這樣:隱姓埋名並消失於受拘束的且原始的社區中,因爲這是我所發現的。我覺得家在路上,或許是因爲我覺得沒有一個地方可稱得上是家,且有幾年,階段性的,我會回到那個世界,總是帶著一份釋放與解脫的感覺。

　　我這幾天在那件事上想了許多,現在無常和無家可歸的感覺已經進入全國的意識中,而且尤其是從我住在加州,聖塔芭芭拉開始,已經變得很有名,因爲最近成功的運動以廢除那些「沈睡的法令」中最粗陋的部分——一系列愚蠢的法律使得無家可歸者夜宿街頭變成違法的……

　　麻煩來自於這個字,「無家可歸」。它已成爲如此抽象的,且被用在各式各樣不同的人的身上,伴有這麼多不同的歷史與問題,那幾乎是毫無意義的。

　　無家可歸本身，只是一個男人和女人（且，越來越多的小孩）會碰上的情況，發生在各種問題的最後一個階段，且「無家可歸」這個字告訴我們已沒有任何東西留下。或者，從另一個角度來看，這是將所有褫奪公權的、邊緣的或被嚇跑的人藉著所有的事情都失去他們的控制，而將其傾倒於牢籠中，讓他們就躺在美國生活的心臟區域上。這裡整理出一些「無家可歸」者的類別：

- 退伍軍人，主要是來自於越戰。在許多美國城市中，所有的無家可歸之男性幾乎有50%是退伍軍人。
- 心理疾病患者。在這國家的某些地區，大約有四分之一的無家可歸的人在二十年前被關在精神醫療機構。
- 依賴固定收入的老人，他們的積蓄不再足夠支付他們的需要。
- 男性、女性和全家都被失業所害，而成為貧窮、需要接受救濟的人。
- 單親，大多是女性，沒有建立新生活的資源或技巧。
- 逃家的小孩，大多是被虐待者。
- 有酒癮和藥癮的（他們的麻煩通常是開始於這份清單中的其它項目）。
- 移民，包括合法與非法的，經常不能算是無家可歸者，因為他們在其自身的權益中制定出一個「問題」。
- 傳統的漂泊者、遊民和短期逗留者，他們為各式各樣的理由上路且寧願待在路上。

　　從這張清單上，你可以立刻學到有關無家可歸者的二件事。第一，你能學到許多無家可歸者，在他們成為無家可歸者之前就像我們一樣：勞工階級或中產階級的成員。且你能學到這無家可

歸者的世界是根植於各種政策、事件和生活方式上，我們中的某些人該爲這種狀況負責，且確實造成無家可歸的情況更爲嚴重。

生而爲人，我們決定宣戰，我們要求我們的孩子殺人並死去，且在幾年後，結果這些孩子長大變成人而在街頭流浪。

以最佳意圖爲宗旨，我們改變有關於心理疾病的法律，且在那時並沒有意圖，故而忽視提供這些患者服務；又結果是在我們的街上，發生了一些讓我們氣瘋了的事。

我們減稅並刪減預算，我們將工業現代化並擺脫貿易平衡，所有的這些行動結果和錯誤都能認清，在我們的街道上，露宿街頭始終因果循環。

自由主義者不能責備保守主義者。保守主義者不能責備自由主義者。無家可歸者是我們的夢想、政策、意圖、錯誤、疏忽、殘忍、親切等之總和，所有的記錄在肉體上，在街頭的生活上。

你也能從這份清單上學到了解無家可歸者之最重要的事情之一——他們能夠粗略的被分爲兩個團體：被迫成爲無家可歸者且一心想要脫離；以及至少有部分是自己所選擇的。

事實是，許多無家可歸者不但是倒霉的受害者而且是自願的流亡者、「本土難民」從未對抗生活本身但對抗「我們」，我們的生活，美國式生活。看這老兵一眼。回到美國的代價是忘記他們在越南看到的或學到的，「把它放在背後」。但有些人做不到，而這樣嘗試的壓力則表現在酒癮、婚姻破裂、藥癮、犯罪上。且亦顯示於街頭的生活上，這是一些退伍軍人以生活爲名所做的極端的決定——他們所能管理的最好的。這是一條逃避的路，可以逃避那些如果他們沒有逃離就可能會發生的事——自殺，或對他人以暴力相向。

我們必須學習接受他們的確是人，而不只是老兵，一個已經

看到我們這個世界中的許多事，或把事情看得這麼清楚，以致於在其中生活變得是不可能的……

重要的是記得——重要的是去認識改變的廣泛，而這已經在過去二十年就已發生在世界的邊緣。

開始推入邊緣世界——六〇年代是緩慢的，七〇年代就快些，之後到了八〇年代就更快——越來越多的人既不屬於那裏又不知道如何得以生存。六〇年代產生反文化和嗑藥；街頭充斥著年輕的休學的人。法律上的改變釋放了街上的精神病患者。通貨膨脹先徵收費用，再衰退。勞工階級，甚至中產階級的男性與女性——全家人——開始陷於一個他們不了解的世界中。

同時，這短暫易變的世界被新的居民所氾濫，它的土地、經濟狀況，立刻縮減。工作變得難找。現代化進程必須加以改善；機器取代了勞工。且來自於墨西哥的勞工潮蜂湧而至，並在遠端的南方建立了一個半永久的勞工階級，他們取代了短暫的臨時工人。更重要的是，或許事實上是許多城市中被遺忘的部分開始吸引了注意力。市中心區得到再次發展、開墾。小城市中遊民時常出入的區域變成「舊城」。舊的旅館曾經迎合短期旅客的需求被升級或翻修或成爲福利家庭的倉庫——對屋主來說是最不適合的安排。房價上升；驅逐也增加。精神病患者，曾經能夠自行負擔房屋中便宜的房間，酒癮患者，曾經自己能夠在他們便宜的旅館中過夜，跑到街上去——曝露於天氣和危險之中，也同樣在平常人的眼光中視爲是需要處理的「問題」……

無家可歸者，只因爲他們無家可歸，就是陌生人、異類——甚至是個威脅。他們的出現，獨自地，招致暴力的形成；它剝奪了我們的安全感……

在這裏我想到的是幫助無家可歸者的慾望的形態——什麼是

背後隱藏的，且爲何這會常造成傷害。每個政府方案及絕大部分的私人企畫都準備好配合這些人的需要而給予協助，並針對無家可歸者所需。到任何政府機關，或爲了協助無家可歸者，去大部分的私人慈善團體，你將會發現自己被絆住，馬上在官僚制度下變得是如此沈重和混亂，或面對如此多道德上的自大和輕視，這樣你將會爲了解脫而再度回到街頭。

聖塔芭芭拉，我住的地方，和其它地方一樣是個好例子。這城市中主要有三個庇護所──都是私立的。這些主要的庇護所提供給無家可歸者的，每晚供應不到一百床，其中的二個庇護所是宗教形態的。

在這任務中，在這國家中大部分的地方，都有詳盡的和嚴格的規則。床位優先給那些還沒有在這裏住滿二個月的人，且你只能在每二個月一期的時段中停留二個晚上。沒有庇護所會給那些不乾淨的人床位。即使你只爲了一餐飯而去教堂，你必須聽佈道且參加禱告，所以你時常改變宗教信仰──有時明顯地，有時難以捉摸的。有義務，有嚴格控制的淋浴。你恰好在十點上床：關燈、不准閱讀、不准說話。熄燈後你將發現在一個有雙層睡舖的房間裏有十五個人。隨著夜晚的進行而使房間更不通風且更熱。人們翻來覆去、轉身、咳嗽且呻吟。早上你在五點四十五分整被叫醒。之後吃早餐，七點三十分你回到街頭。

因這種態度，不同的形式和組合，你發現這在美國一直重複著。我們會挽回這些無家可歸的人或是處罰他們。或許並不是對無家可歸這件事有意識地產生敵意。或許這只是官僚體系機制以曲折的方式處理這些問題，自動自發的堅持體制所擁有的權利。但不論如何處理這件事，幾乎每一個我們用以幫助無家可歸者的策略都只是在嘗試去以美化的角度重新安排我們的世界，也就是

這世界看起來和聞起來的感覺如何。憐憫只是比控制慾稍微多了一點。

　　而這種種狀況中的核心問題是，一個社會對它身處於困境中的成員虧欠什麼？且這份債要如何償還？這個問題可就兩方面回答：第一，這是關於那些被侷限於社會邊緣者未遵照他們的意願，而之後，又走上一條些許不同的道路，因為是這些人已經選擇（或接受或甚至感到自豪）他們的邊緣性。

　　對於那些已經被侷限於社會邊緣是違反他們的意願的人，我認為一般的答案是明顯的：社會虧欠它的成員，不論是要這些人付出什麼樣的代價以重新獲得他們在這個社會秩序下的位置。且在進行特殊的補救時，人們只要認清那些長期以來造成無家可歸者出現的過程，且指出在何處提供協助是可能產生最大助益的。但在這裏，事實是並沒有需要任何特殊的補救——比方說，在能力範圍內可供給的處所——但這基礎是在於他們必定能夠負擔的，必須要在道德準則的標準下，而我們似乎在這個國家中是無法掌握的：這些人是現代化工業下的資本主義和自由市場制度下無法避免的結果，藉著「權利」和藉著他們在加入這個系統中所帶來的一些好處，便可用以協助其所需。他們被賦與去協助發現和保有在他們手中的社會契約上所安置的區域，事實上，是被簽下和保留的。

　　看一看這契約中的概念。大多數美國的無家可歸者是被保留下來的，在他們能做到的範圍內，在這契約的條件下。今日，你能在任何庇護所中發現已經工作十年、二十年、四十年的人，但這些人的生活中還是沒有留下任何東西。這些人是無法在他們協助建造的世界中為自己供給一個棲身之處。而所得到的報答是他們在街頭生活？這是他們付出後所得到的？或是我們如此勉強所

授與給他們的殘忍的施捨?

　　但是那些被困於社會邊緣且意願無法達成的人只是這問題的一半而已。仍然存在著,問題在於是否我們虧欠任何東西該提供給對這些自願在邊緣的人有虧欠任何東西。什麼與他們有關:街頭上遊走的人、反叛者和頑強的人,那些已經撕毀社會契約或將它退還而又沒有簽名的人?

　　我們是虧欠他們的,我想,至少是一個地方可待,一條路可走。那或許不是「道德上的義務」,在感覺上我們對非自願的邊緣人的義務完全是在道德上的,但那不過是個義務,你可能稱之為存在的義務。

　　我想我們的社會是需要像這樣的人。一個社會需要它的極限就像需要藝術與文學一樣。社會需要坑洞與缺口,讓我們說,是有個「呼吸的空間」讓人們可逃避與居住,就在那需要的時候,否則就拒絕他們。邊緣讓一個社會能確保彈性與適應性,以使社會與其成員之形態與需求相符合。當邊緣消失,社會就顯然變得太沈重、太壓迫,因此在生活上會有所抵觸。

第四章 人生歷程中的人類行爲

生活是複雜的，而我的世界註定是要隨之改變。

——*Loren Eiseley* *

概要

　　每個人帶著一套獨特的遺傳構造而來到這個世界。無論如何，遺傳潛能是在較大的社會文化與歷史背景中展露的。我們個別的故事，或自傳，就如Loren Eiseley主張的，是於歷史中的某特定時間內與他人的傳說之互動中所塑造和成形的。就如你在前幾章之中所學到的，人類行為的研究並不屬於任何單一學科的特有範圍之內，但加入了在歷史背景中表現的生物、心理、社會結構和文化力之相互作用。文學與歷史，尤其是透過個人的傳記或自傳上的記載，在任何特定的時間點上前進，促使我們更能了解人類行為之豐富內涵。人類生涯與社會、歷史進程之相互作用即我們所熟悉之「**人生歷程**」(life course)，Clausen (1986) 定義為「穿越時間之進展」。

　　從懷孕至死亡，人類行為是由內在與外在因素之總和塑造而成。藉著社會規範所給予個人的方向與指引，有些人類行為是可預期的且規律的。如我們先前所討論的，社會規範也會對個人之人格成長與發展有負面的影響。例如，在美國社會中，依時間前後排列而記錄的年齡時常隨著地位與角色轉換的改變而發生，文化上反應「適當的」時間而展開學業、開始約會、開車、開始工作、建立家庭，或退休。當在這些特殊生活事件中有相當的變異性存在時，個人將「社會時鐘」內化並時常依照生命歷程的進行而測量他們的進展。例如，某些父母會有他們的顧慮，若是他們那二歲的小孩尚未開始說話或是一個23歲的已成年子女並未表

---

* .Eiseley, L. (1975) . *All the Strange Hours*： *The Excavation of a Life.* New York：Charles Scribner's Sons.

現出職業上的發展方向。問題是與「在某段時間之內」有關，會因此變得受情緒強度所掌控。社會規範的影響是與特定生活事件所發生的時間有關，因其對受壓迫的少數民族而言是特別有問題的。例如，社會時常期待青年能獲取某些類型的職業，若是他們並非全職學生。在美國主流文化中，職業是社會地位的一種工具和一份期待。然而，非裔美籍的青少年和青年男子的失業率比起他們的白人同胞明顯的高些。在失業率到這種程度反應出壓迫和種族主義之社會結構性表現，非裔美籍男性是處於雙重束縛之中，為了達到社會地位而否認文化上的認可途徑。

社會規範界定社會規則。若社會角色遭受破壞，可能會產生社會排斥。例如，在美國文化史中的社會規範在過去是女性被期待於她們的青少年、晚期或20歲初結婚，生育子女並維持家務。至於女性在婚姻與家庭之外選擇事業在那時會被人帶著懷疑的眼光來看，而且有時，就像看「老處女」那樣的荒謬。

本章將焦點放在經過人生歷程中的人類行為。藉著閱讀人生歷程的概念而開始，接下來分析社會及歷史方面的力量在人生歷程動力上之互動狀況。本章亦討論一些影響生活事件的變項。從懷孕到死亡，行為是受社會期待、次文化之價值觀、歷史事件以及個人目標與抱負所塑造而成的。所有這些塑造行為的因素是藉著以個人所能獲得的資源系統為工具。在所有的這些因素的組合對每個人的影響會造成他們的經歷。

在前面幾章我們已經討論生物、心理、社會結構和文化力量在人類行為上的影響。記得在前面兩章所討論的概念也是重要的，當你在思考人類行為在人生歷程的背景中之狀況。第一章討論那些在閱讀人生歷程的理論時可加以運用的基本專業價值觀和中心信念。第二章則呈現一個含蓋目標導向行為、系統的相關性及對人類多元化的了解而組成的整合性架構。在閱讀本章時，記住這些基本價值觀、信念和架構的要素。

為人生歷程下定義

在第三章，我們討論個人發展之階段理論 (Freud, Erikson, Kohlberg, and Horney)。這些理論有時被稱之為「生命循環」模式且常被視為人類發展之固定、普遍且延續的階段。同樣在文獻中呈現的是家庭發展模式。通常這些模式包括生命事件的順序，例如：求婚、結婚或交往、子女出生、撫養子女以長大成人、子女離家、夫妻的狀況改變、退休、配偶死亡和另一位配偶死亡。例如Erikson的個人發展階段、家庭發展理論均指出發生於家庭生活各階段的社會心理任務。Germain（1994: 259）主張這些模式包括許多重要假設，如正常行為之組成元素及「不要考慮到文化及歷史背景，性取向之變化和貧窮及壓迫的影響。」Germain更進一步的解釋：

> ……固定形式的階段之概念，不顧生命循環模式乃根植於主流文化之假設、價值觀及歷史中某一特定時間之社會規範的事實。因此，這模式被時間及文化所束縛……沒有人的生活是直線式的；他們從出生至死亡並沒有遵循一條直線道路，如同在發展模式的各階段。人類生活是更傾向於一個移動中的螺旋，展現出可預期及不可預期的迴旋與轉彎，沿著那軌跡，穿越生理與社會環境。[Germain, 1994: 260]

對照於階段模式，人生歷程與概念將生命視為一系列的轉變、事件和過程，發生在人生歷程中的任何一點。Hagestad以及Neugarten（1985: 35）表示人生歷程的觀點將個人的注意力從生物上個人潛能的表現轉移至集中在「與年齡有關的轉變中，是社會方面的建立、認識和分享的」。Hareven視生命歷程為「注重生命事件中的時間段落上之有關會對其造成影響的社會結構和歷史變革」（1982: xiv）。

Rindfuss等人（1987）指出，人生事件並非總是依照預期中的順序。破壞和失序在穿越生命歷程中均有可能會發生的狀況。一次不在計畫中的和不想要有的懷孕、突然發生的疾病、失去工作或一次天然災害都會造成生命事件中那個時間段落上的失序和破壞。它們引起顯著的壓力且需要應的策略以畫分那些需求而滿足生命歷程中可預期的及加入的改變之要求。壓力的量通常是依照個人與家庭所獲得的資源及其對事件之解釋（Moen and Howery: 1988）。

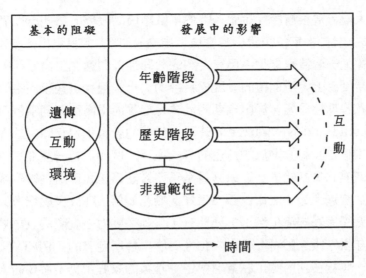

圖4.1　人生歷程中的影響

　　廣泛說來，個人的人生歷程是本身的資源、文化與次文化上的期待、社會資源和社會暨個人歷史事件的綜合體。個人和家庭生活歷程論者所提出的問題變成是一項架構的發現，用以討論個人或家庭發展，而這個架構容許人類經驗廣泛的多元性。此外，個人成長與發展的研討需要了解在特殊歷史與社會時間中的家庭生活歷程。以下的敘述將會解釋人生歷程中的這些影響。

人生歷程中年齡階段、歷史階段及非規範性的影響

　　在檢視生命歷程中的各項細節之前，讓我們考慮人類行為上的特殊影響以協助解釋人與環境間處理各項事務的複雜性。圖4.1是呈現人生歷程中年齡階段、歷史階段和非規範性事件的影響。

　　包含在**年齡階段之影響**（age-graded influences）是那些有關於依照時間進程的年齡（例如出生、青春期）以及特定年齡的社會期待（例如學業、退休）。在本書前幾章的佛洛伊德、Erikson和Piaget的發展理

論指明人類行為根植於生命歷程中各年齡階段的改變。這些事件通常是會加入的,且於本章稍後我們將會標示出來,儘管它們呈現出一些差異,然而在經過一個特殊文化中仍有足夠的共同性以同意在生命歷程中的某個特定時間點上,所期待的發展任務中的文化。因為這些事件中的許多規範性和預期性形態,經由預期的社會化過程而提高準備通常是可能的(Hagestad and Neugarten, 1985)。預期的社會化過程傾向於人們準備文化中假定其將會扮演的角色的方式進行。例如,在一些文化中,安排家務或其它雜務給子女之家庭日常事務被認為是預備與稍後職業生涯中有關之發展上適合之價值觀與嗜好。無論如何,在許多國家與文化之中,兒童是家庭經濟生活之主要部分,且其勞動力是實際的且重要的。

「年齡階段之影響」是由文化性與歷史性所定義的。例如在美國,直到二十世紀初期,童工在貧窮與中等階級的家庭中仍是必要的人力資源。直到二十世紀初通過童工法和補習教育獲致發展,這些兒童在此之前是家庭生活中經濟貢獻上的一個指望。

「歷史階段的影響」(history-graded influences) 包括由歷史事件帶來的各項社會變遷,例如人口統計學上的更動、技巧上的改變和就業率。大約在同時出生和分享類似歷史經驗的人稱為「族群」(cohorts)。族群的概念在解釋人生歷程中不同的時間點上所受的歷史階段之影響是有用的。一個特殊的行為模式,可能因而遭到歷史階段或同儕等變項極大的影響。美國的經濟大蕭條時代即為一顯著歷史事件,此事對大多數美國人的生活造成衝擊。數百萬人無法找到工作且承受著莫大的痛苦。結果,許多經歷過這個時代的人說出他們在工作、節約和經濟制度上的信念改變。工作不再是個必然的事,因此經濟上的節約變得更重要。在這同時關於經濟制度上的猜疑,例如銀行和股票市場方面,也是因這些經濟實體的失敗所造成的。再者,無論如何,即使這樣重大的歷史事件亦沒有在同樣的方式或等級上影響所有的人。對那些原本就貧窮的人而言,主要是會經歷到「比原本更嚴重」的沮喪。對許多富有的人來說這是一段困苦的時間,但並非是原本就必須要承受的災難。

「非規範性的影響」(non-normative influences) 在行為上包括各種事件,例如意外和天然災害(火災、洪水、地震)以及無法預測的和事

前未預料到的各種狀況，如失業、突然失去配偶或忽然暴發疾病。這些事件顯示出其與隨時間而增長的年紀以及歷史上的時間推移關聯甚少（Baltes, 1987: 175），且時常比預期中的生命事件具有更大的壓力。

這些影響年齡階段、歷史階段和非規範性事件在於塑造和決定人類行為的進程，且均促進或培養穿越生命歷程之發展任務上成功的決心。考慮這些因素是社會工作之評估階段上的必要項目。

生命事件與人生歷程

Danish等人（1980）已定義許多發生於人類人生歷程中的事件，以協助我們了解人類行為和規畫助人與支持性計畫。生命事件是人類生活中的各種重大時刻，乃顯著的重要里程碑或轉捩點。婚姻與退休就是兩個例子。兩者均謹慎地加以定義，與年齡相關的轉變是與新的角色期待相結合。生命事件並不是，也絕對不會，孤立於現象之外。這都是發生於較廣泛的背景中且受到個人生活與人所居住的系統內之其它事件影響。一項針對生命歷程的觀點是將焦點放在「**重大人生事件**」(critical life events) 上，乃與本書中所呈現之社會工作健康模式一致。這樣的觀點強調生活中的成長與改變。並與系統觀點一致。重大事件並不被認為是病態的，但偏向於帶來成長的各個重大時刻。

Danish與其他人（1980）記敍所有生命事件中之共同特性如下：事件之發生時間、時期、同伴的特質、背景的單純與發生之可能性。讓我們瀏覽一下各個特質並檢驗其在生命歷程中各不同的時間點上如何對行為造成影響。

事件之發生時間 (event timing) 事件之發生時間可能是比事件本身更為重大。是否事件發生的時間與社會期待一致？在25歲結婚與在65歲退休與社會期待是一致的。在50歲時第一次結婚且在40歲退休是在文化上「脫離時間常軌」的。早先指出，事件是準時發生的比事件的發生是脫離正常時間的是更可能得到文化上的贊同與支持。明顯地，事件所發生的時間是一項文化上的依變項。隨著文化變遷，有關於社會期待的一些想法也是與「年齡上適合」的行為有所關聯。例如，今日有更多人選擇晚婚，直到他們在職業領域上堅定的紮下根基。其他完全不選擇結

婚的人，或正在選擇其中一項的人是比較不可能與先前同齡的夥伴所期待的一樣是去刺激負向的認可。

時期（duration）　此乃偏向於所期待的事件之時間長短。Danish和其他人（1980）指出，將一些事件視爲過程會比將其視爲單獨狀況更有幫助。事件的時期是包括事件的預期、事件本身與事件後之狀況。例如，嬰孩的出世，所包含的並非只有出生，還有懷孕的整個過程及嬰兒早期的經驗。一次職業的改變可能包括幾個月在做決定上的苦惱和時常包括一位專業方面的講者在解釋職業選擇上的磋商。在這樣的一個局面下，工作改變所造成的衝擊是與突然的且出乎意料之外的失去工作是完全不同的。

事件之先後順序（event sequencing）　是否曾有事件是在社會期待與許可的秩序下發生？在婚前即有子女並未與文化上規定之守則相符，婚姻以及家庭發展的形式均爲傳統上規範性系統所堅持。福利改革的重新呼籲可被視爲嘗試去增強與家庭有關之傳統價值觀。未婚懷孕之青少年違抗三項傳統上規範性之期待：兒童應是由已婚夫妻所生；成人而不是青少年，應該撫養孩子；及夫婦應在財務上能夠支持自己及其子女而不需要政府補助。無論如何，個人經常形成自己有關於其自身與（或）事業上的途徑之各項期待。生命任務之成功達成則是在這個任務是受到文化期待所支持的，且人們常爲此規畫時多半可以達成。隨著事件展開，過去二十年已經在事件的發生順序上目擊到相當大的改變。

族群的特質（cohort specificity）　事件對於不一樣的同伴而言有不同的意義。在結婚前共同生活，或以此做爲婚姻的另一項選擇方式，而現在並沒有像1950年代的年輕夫婦採取同樣行動時會遭受相同之負面社會認可。

一個傾向於如同人口爆炸時代的現象最近已受到大衆的關注。這提及年輕人在獨立生活一段時間後選擇回到自己父母家中。這種轉變經常是經濟需要的結果，但這現象在此一人口群中變得是普遍的（例如：同伴所強調的），由較廣泛的文化來看是被視爲一種可接受的行爲而不是個人失敗的證據。

脈絡的單純度（contextual purity）　「**脈絡單純度**」傾向於某一事

件與其它同時發生的事件相互干擾。當事件發生於個人生命中其它沒有特殊的時期,這就會被認為是背景上的單純。如前所指出,事件亦影響其他人之生活。為了助人這個目的,重要的是考慮到一件特殊的生活事件是如何提昇或抑制個人生活中或在其他人的生活中之發展任務上的圓滿達成。

發生的可能性(probability of occurence) 這與特殊事件將由人口中之大多數人經歷的可能性有關。在前面的段落討論過之年齡階段的規範性影響發生的可能性相當高。這些時常都傾向於成為「規範性之生命危機」(Ginsberg, 1975)。在之前段落所討論之發展上的非規範性影響則發生之可能性低。在這範圍內,事件發生的可能性高,就可能為其於事先進行準備。社區支持系統及教育方案(提前退休的研究員為例)能被設計成減輕各事件本身的影響或事件之後續作用。

發生之可能性低的事件(在本章中之前討論的非規範性影響)是未預料中的且未規畫的。對個人或族群上的衝擊會影響品質上的差異且需要在反應上有不同的因應策略。例如,1989年的舊金山大地震,發生在一個確實為這樣的災難做好完善準備的社區裏。即使如此,還是有幾千人無家可歸。這樣的災難明顯的損害了那些直接與間接受到影響的人之人生歷程。

人類不能在孤立之中生活。他們的生活是與家人的、朋友的和較大系統的關係密切。我們發現自己處於任何地點均受周圍的人歡迎,而他們正處於生命中的轉捩點。人們也受到不論能否預期之生命事件的發生時間、順序、同伴的特質、背景的單純和發生的可能性所影響。這個觀點幫助我們全面地檢視人生歷程。它與本書中人在環境中的觀點(person-in-situation perspective)以及社會工作之健康模式(health model)一致。

在本章之後續部分將討論人生歷程中的一些重要段落。如之前所敍述的,這些只是在廣泛的且人工畫分的各種類別中呈現,而僅是為了討論。無論如何,在開始之前,停下來並閱讀本章之末的**導讀4.1**,是有關 Kathleen Buete和Geneva Morrison,她們正在撫養那被愛滋病帶原體傳染的孫兒的外祖母。在這兩個案例中,成年子女的早逝使得這些婦女

必須去照料她們那垂死的孫兒。這些事件呈現出三代的人生歷程中的悲劇性變化。當你對本章中先前之資料有所反應且更深入的閱讀人生歷程中各不同階段的任務的，不妨思考在這些婦女的故事中失去方向的事件與他們具以因應這些困境的強大力量。

人生歷程中的段落

將人生歷程畫分為各個階段，各自具有其獨特的問題與潛能，已經獲得人類歷史中不同時期的藝術家與科學家的想像。莎士比亞的 *As You Like It* 劇中，呈現出人類發展的七個階段與第三章中出現的Erikson之發展階段近乎平行。此外，透過隱喻的運用，比較人生的各個階段與一年中的各個季節。春天是青年和承諾的時期；夏天是成人和最大產能的時期；秋天是收穫與轉變至生命晚期的時期；而冬天則是老年與往下坡走的時期（Kimmel, 1980）。然而，最近社會科學家已開始對生命歷程進行審視的有效性提出了疑問，當以單一方向的方式展露於興築在前一個階段上的連續延伸的階層組合，而這個組合是按照次序排列的。成長與衰退的各個階段是密切聯結的。Germain（1994）相信，階段理論反應一個人在人生歷程中極嚴苛和直線性的觀點，且與行為之執行式觀點並不一致，因這種觀點記述當代生活和科學性思考的特徵。

以生物性觀點來看，人類發展是在一個審慎地依序排列的狀況下進行——以兒童早期為例，是一個以動作協調技巧之發展為表徵的階段；青少年則是一個快速地荷爾蒙改變的時期，且晚期生活目睹、經歷到所有這五種感官功能的減低。這些改變發生於文化之影響力最小的人種上。它們是普遍的且顯現出少許變異。無論如何，生物性發展乃本書所強調的，是發生於社會心理——文化——歷史的背景下。發展性階段於本章中呈現的主要是將這些行為上的多重來源和影響概念化，並以互動之觀點為依據。如每個階段所呈現的，特定之發展任務將與該時期合併考慮。這些任務透過社會結構之文化方面的謹慎定義與轉化，而成為被期待的行為。

以成長階段與各特定發展任務之轉變來審視生命歷程是個可用於協助檢視人類生活的簡單工具，亦即將其視為生理、心理、文化和社會結

表4.1　分析人生歷程的架構

影響生命歷程之任務的因素		
資源和障礙	影響	變動
生物的	年齡階段	性別
心理的	歷史階段	種族
社會結構的	非規範性	生理能力
文化的	生活事件	性別定位

構等因素之總和而進行觀察。任何嘗試去將這些時期及其相關任務視爲所有人類都會經歷的固定模式。透過這些討論之後，我們將會注意各個階段有關之障礙和資源，評斷可能的影響（歷史階段、非規範性和生命歷程），並提出處遇上的關聯。表4.1以圖形呈現這個架構。

　　本章的這個章節將焦點放在下列人生歷程之各階段：懷孕和出生、嬰兒期早期（出生至大約4歲）、兒童期中期和兒童期晚期（大約4歲至12歲）、青少年期（大約13歲至18歲）、青年早期（18歲）、青年中期（18歲至35歲）、青年晚期（55歲至75歲），以及老年期（75歲以上）。

人生歷程——懷孕與誕生

　　任務（tasks）　懷孕與出生製造個人、團體和社會的各階段之擴展。對個人（父母）而言，自己成爲其他人的生活來源。這通常增加個人的稱職、持續性和重要性的感受，儘管也增進個人的責任感。對一些特定團體和社會整體而言，懷孕和出生確保社會單位藉著取代成員以及增加單位容量而生存。在這「**人生階段**」（life period）間的焦點是放在做決定和預備新生命。擁有孩子的決定是個人直接參與的重大決定。這吸引了一道人際關係網絡，且將會於懷孕至小孩出生以後運用在提供情緒和經濟支持上。團體透過文化上在懷孕之期待及其所應發生於何種情況下之定義與個人所做的決定產生衝突。團體亦形成提供懷孕與出生的發生背景上的支持性結構。

　　生物性任務將焦點放在健康的懷孕和安全的出生上所需要的生產性

活動和生理、情緒上的狀況。心理任務是有關於參與懷孕和撫育子女之同伴的準備。這包括關於自身和嬰孩之福利的認識，有關懷孕和出生的知識，以及情緒支持系統的建立。社會結構任務是有關於建立或發現一個環境，在那裏懷孕的發生是出於自願，且懷孕期間與出生都是在一個安全的背景下進行的。文化上的任務是那些含蓋信念與價值系統以支持父母與子女。這四個任務領域共同嘗試去提供子女與其父母在情緒與生理上維持生活之需求。包括建立一個善於接納的社會背景，兒童將從中得到成長與發展。

懷孕與出生之生活階段是獨特的，在那段期間，個人得以懷孕與出生是完全仰賴他人。懷孕本身是由他人所做的決定與行動的結果，而這是在生而為人之前。胎兒發展之狀況是受到來自他們的強烈影響，尤其是親生父母。胎兒本身的任務——生理上的發展與生存——是透過基因上的遺傳性發展潛能而進行。因此，為了胎兒，這任務幾乎是完全生理性的。故而，胎兒之發展任務能被考慮為年齡階段上的任務。

包括社會、心理和文化等因素是與其他人所介入的胎兒環境有關。當然，生母具有特別的重要性。考慮懷孕這件重大生活事件所發生的背景上的單純度。是否有其他父母或照顧提供者所要面對的平靜無波的時間。甚至這出生過程受到其他因素的強力影響。胎兒具有自身的生理任務以完成出生過程，但胎兒那時所要進入的環境是由他人所決定的。例如，甚至若一位醫生診斷出為了安全的生產，必須採取剖腹生產的方式，父母親就必須展開決策與行動以使安全的生產是可能達成的。出生時的併發症是非規範性生活事件的實例。

這一個生活階段是個人在各個不同生活階段相互影響時所面對的任務之事實方面的良好實例。胎兒的任務是成長與生存，儘管這個階段發生與否完全是受到親生父母的生命階段之任務達成狀況而定。父母親是未婚青少年抑或是經濟穩固的已婚成人？換句話說，這對父母的生命事件之發生時間與順序是否與生命歷程之計畫一致？親生父母在目睹胎兒經過懷孕、出生和嬰兒期上的準備，對一個新生兒日後實踐其生命任務的能力來說具有重大的影響。這些同樣的基準亦適用於那些希望領養小孩的個人或夫妻上。懷孕與出生（或領養）所隨之而來的各種任務所組

成的一個生命階段是依賴年齡階段與非規範性事件兩方面的影響。擁有或不想要有孩子則部分是受到人生歷程（同伴）的影響所做的決定。生產科技使今日的父母及將會成為父母的人與上一代同年齡層的同儕相較之下具有多項不同的選擇。這類的科技，隨著變遷中的社會態度，在某些有限的地理區域中已經允許女同性戀者夫婦透過人工受孕的方式而擁有孩子。而這是二十年前並不存在的醫療或社會上的選擇。

資源（resources）　　生物性資源是增進母親與子女將會是健康的可能性的物資。這些包括母親的懷孕年齡、她過去的懷孕史、她的健康狀況和她是否對任何化學物質成癮。一般說來，婦女在16歲至35歲之間於懷孕階段中產生併發症的風險最低。健康的婦女——亦即未罹患疾病且接受足夠營養——過去並無懷孕上的困難且沒有依賴任何藥物或化學物質，在懷孕期間也較不可能遭遇到生理上的困境。父親的年紀、營養程度和健康狀況亦與受孕及懷胎的生物過程有關。最後，父母雙方的基因組合是懷孕與出生歷程的重要決定因素。

心理上的資源是協助個人決定他們是否希望擁有一個孩子，及是否他們具有情緒上與經濟上之意念和方式去這麼做。這包括了關於親子關係、受孕、懷胎和出生方面的知識——知識乃決策得以知會的基礎，這將會與準備好為人父母的感受有極為密切的關係。人格方面的變項也是重要的。個人福利、力量與能力的感受在質問目前狀況上是有助於人們調適懷孕與為人父母上的需求。與他人分享的心願和有效地與生理和情緒壓力抗衡也是有益的。

社會結構上的資源是為懷孕的婦女和新近成為父母者提供具體協助的重要因素，並且社會結構狀況是在於使這些人承認他們的身分認定已改變為父母。子女的稅款減免、為懷孕與出生所需之醫療費用所支付的健康保險費用，以及允許婦女在懷孕期間可以休假的機構政策均為重要之資源。此外，社會結構資源包括可獲得之醫療照顧的品質和社會慣例，例如讓家人及朋友表達其支持的迎接嬰兒聚會（baby showers），還有獲得有關懷孕和親子關係方面的資訊，及個人、遺傳方面的諮詢。建立於弱勢團體成員與其所獲得之社會經濟資源間的關係直接（Harper, 1990）。社會結構方面的資源經常是較少為窮人及弱勢團體之成員取得。

文化資源是那些懷孕與出生之團體認可且提供這些活動在知識上的背景。被個人所屬之團體界定爲正處於適當的年紀且具備合宜的婚姻地位，則是在所接受的價值體系中被置於是可懷孕的類別中，這將會帶來社會的鼓勵與支持。換句話說，文化指定擁有孩子的這項生活事件中之適當發生時間與順序。運用社會上接納的出生之前的照顧方式、隨之而來的性別角色所應遵照之行爲，以及堅持普遍流行的信念和價值觀，上述在在均支持受孕、懷胎和出生是重要的。當然，每個文化團體有其是否這樣的懷孕是被期待的，與答案若爲是，應如何處理、因應之定義與標準。

障礙 (obstacles)　　障礙是那些增加懷孕與出生之生理與心理上風險的因素，且將人從所處的生命階段中應得的社會結構與文化方面的支持分割。其它的生理障礙可能包括伴侶身上的已出現之性病、來自於母親的藥物成癮或依賴，或是某位伴侶所具有之基因方面留傳下來的狀況。心理障礙可能在於必須去適應有個不想要的孩子或是在受孕、懷胎與出生方面的知識所得極爲有限。另一個心理障礙可能是來自於其中一個伴侶的擔負起爲人父母的責任嚴重不足有關。

社會結構障礙上的例子可能包括支付必要的醫療費用上的財務資源不足或爲母親提供適當的營養、威脅母親之需要的過勞之生理狀況（若在懷孕或出生期間罹患併發症，則此因素更形重要）。此外，社會結構障礙尚包括關於受孕、懷胎和親子關係方面的資訊缺乏，以及那些與懷孕有關之各項因素不斷掙扎的人獲得諮商方面的協助亦是匱乏。早先提到過，貧窮與生理上的健康是有直接關係的。因此，生理和社會結構上的資源與障礙是有關連的，因爲貧窮是由經濟與政治上的變異所造成的。懷孕發生於「不該發生的時候」或不是文化上認可的次序會產生在父母與子女雙方的障礙。

處遇之隱含 (implications for intervention)　　懷有一個孩子是重大的人生事件。對許多人來說這含蓋了一個需要資訊和情緒支持越多越好的決定。這經常是一個與其他重要人物分享的決定。對一些人而言，懷孕並非是計畫好的，它就是發生了。這大多反映了缺乏有關基本生理過程方面的資訊。在其它狀況中，懷孕是被當做是生命中自然的一部分，

且不論何時發生都接受它。還有一些人，這是一個為了達成其它目標所做的決定，例如與另外一個人的親密感、個人重要性的感受或獨立感。專業人員必須能夠解決那些為了提供適當的資源而投入於懷孕的許多因素。

懷孕是生理與情緒改變與適應的時間。懷孕的女性需要有關於自身懷孕方面的資訊越多越好，且擁有許多支持以做為其調適活動與情緒之用。許多婦女也需要經濟支援、住所與其它支持，以獲得足夠的營養與生理上的照顧。其他參與懷孕的人，尤其是父親，也需要得到支持與訊息。當懷孕具有會導致脫離支持性社會結構的威脅，例如學校、家庭、工作等等，就應盡力於強化其中的聯結或找尋替代品。威脅母親或孩童的生理健康之狀況存在的話，例如濫用藥物、疾病，或遺傳性因素——需要經過一道因果關聯上的分析，故從而採取適當之處遇。

專業人士能參與在這人生階段中的許多考量。如同我們所見的，在資訊上、生理和醫療照顧上、協助做決定上和促成支持系統建立聯結上尤其重要。此外，基本維持生活的資源也是需要的，例如金錢、食物及住處。事實是人生階段通常在已建立的生活模式上造成改變，而經常會加入一個或更多的多重系統於所建立的諮商需求中。對許多人而言，建立新生活是快樂的、興奮的事情。對其他人而言這只是個必經的循環。仍有其他人帶著恐懼、焦慮和自暴自棄的感覺來看待這件事。專業人士必定能夠對所有的可能性都參與並給予回應，所以新近懷孕的人能夠擁有最大可能的機會去滿足其在此人生階段之基本任務——生理發展與生存。

總而言之，若懷孕和出生的發生時間與順序都是為文化上所許可的且若是同時發生的，這些事件對父母與家庭雙方均不算是嚴重問題（例如，背景上的單純度），專業處遇可能就不需要了。家庭與朋友之支持性社區的運用可能是上述各因素所表明的。

無論如何，若是懷孕與出生發生的不是時候或脫離文化上規定的模式或個人所具有的生命歷程計畫的次序，專業處遇可能就會是需要的。在這種情況下，角色的變化多端適合一般性的實務工作者。危險群之早期界定則需要發掘個案的技巧。在該人口群被界定之後，就需要特殊的

轉介技巧以爲潛在的使用者獲得適當的資源。然而，經常是資源無法獲得，此時所需要的技巧是推動新的資源。

另一個共同問題是資源可能就在那裏，但阻礙（例如嚴苛的合格條件）可能抑制資源的使用。在這種情況下專業人員需要發展倡導的技巧，不但是爲了潛在的個人使用者也是爲了整個團體的使用者。關於人在環境中的知識隨著人生歷程中不同的階段而轉換，因而，不但需要知會日常的實務性處遇，還需有政策的制定。

人生歷程——嬰兒期與兒童早期

如同本書之定義，嬰兒期與兒童早期是從出生開始至大約四歲這個階段。嬰兒期這個階段是含蓋嬰兒本身及其周遭事物，因此這個階段的任務反映出個人的狀況。然而，爲了簡明的目的，我們將會只把焦點放在這個時期的兒童。出生與成人對子女的養育將於稍後討論。

爲了自身的存活與成長，兒童是天生完全依賴成年的照顧者。適宜的食物、住處和情緒聯繫是必要的，如果這個嬰兒要達成生理、心理和情緒上的成熟。兒童隨著生理上逐漸成熟，獲得在支配自身的四肢、身體功能、知覺能力和溝通機制上的增進。提供一個安全與充滿愛的環境，兒童就從一開始即可發展與照顧者間的信任關係且之後擴展這樣的信任至其他人身上。兒童必須開始往獨立這個方向移動的漫長過程前進並與父母親分離。

資源　嬰兒之生物性資源是遺傳的賜與。反射動作、神經系統的機制、骨骼結構和基本的健康使得一個嬰兒能夠逐漸地接收、組織和管理其所居住之環境。當然，發展的等級與管理的意念反映出兒童天生的能力形態。一個嬰兒在生理上的吸引力，就依照文化上的定義，也是重要的生物性資源。

嬰兒的心理性資源與生物性的天賦密切相關。生物性需求與社會環境之互動中產生了兒童可獲得之心理資源。嬰兒的需要是長期的、立即的得到滿足，且獲得照顧通常將會發展出增進持續性成長與力量的可能性所應具有的各項人格資源。科學家已經指出，透過父母與子女間的細微互動之研究，許多天生的生理及語言方面的線索是藉著父母與子女之

間的刺激正向感受，而產生彼此間的強烈情緒聯結。最近的研究指出社會和生理刺激對一個嬰兒發展其知覺和認知能力，以及與他人產生關聯的能力來說是不可或缺的。父母的資源包括他們對嬰兒的接納能力與感受。

　　另一個也被認為是提昇兒童的發展之重要資源是父母在嬰兒與兒童發展上的知識，以便其提供一個養育性和刺激性的環境。成熟的父母能夠對其生活中藉子女多變的需求而產生的許多變化有所回應。感到能夠勝任、帶有情緒上之成熟的親密歸屬感，提供父母懷著信心去承擔各種撫育子女的困難和不確定的任務。

　　社會結構性資源對嬰兒來說是促進其生存與成長的資源。無論怎麼下定義，家庭是嬰兒的情緒來源。家庭，這個群集，提供嬰兒與這個群居的社會之第一次接觸。因此，這個家庭的穩定性，在兒童發展上具有極大的重要性。醫療照顧的形態、安全住處的擁有、健全的營養和適當的正式與非正式兒童照顧之安排均為重要社會結構資源之實例。這些因素對父母而言也是重要的，因為取得這些資源會釋放他們的壓力，而這些壓力是會妨礙親子關係。通過兒童期是需要這些社會結構資源的，儘管它們的形式會隨著兒童成長而改變。

　　在文化方面，嬰兒從這一個認定兒童是心中所願的信念和價值觀中獲利。然而在農業文化中的大家庭將嬰兒視之為心中渴望的和需要的，至於工業化社會已將小家庭制定為規範，因為對一個現今薪水型經濟形態和地理上具有機動性的社會（一個歷史階段的影響）而言是更能接受的。文化也定義我們應如何看待兒童及持續下來是應該如何養育嬰兒與兒童。現今美國對於兒童期的定義是與本世紀早期的有相當大的差別。當時，7歲的兒童被期待去參與勞動工作以協助支撐家庭財務上的穩定性。現在，兒童期被拓展至青少年期，一直到18歲或更長，通常並不希望兒童擔任全職工作。就如我們所預期的，在這些文化期待上是存有次文化的差異。

　　其它文化價值亦影響兒童階段。在許多文化中，女孩常會被殺害，因為她們被認為在家庭經濟價值上是極低的。相對的，在這些文化中，男孩就被視為有價值的，因為他能夠提供勞動力和收入。類似的，殘障

的或行動不便的子女也被視為是沒有價值的。然而今日性別、種族和生理能以較正面的方式來看待，文化依舊影響人們如何看待兒童。文化規範指出男嬰穿藍色，而女嬰穿粉紅色、男孩是穿小型的足球隊制服，而女孩是穿迷你小洋裝。性別角色社會化在整個人生歷程中持續著且與社會結構互動，例如事業之擁有、學校中的主要表現和角色衝突（要做一個母親或是追求事業）。

障礙　嬰兒的障礙是那些會妨害成長與發展的因素。嬰兒天生脆弱，遺傳的與環境的障礙能輕易地對生命具有威脅。對於父母，照顧嬰兒能被各式各樣的障礙所限制（非規範性影響）。

在生物上，嬰兒的天生機能和器官可能會是不全的或部分失去功能的，而早產兒在這方面的風險尤其高。這使得在履行維持生活的活動或與環境互動上產生更大的困難，因而成長與發展難以發生。可能會有嬰兒天生就沒有某件器官或肢體，或帶有殘缺的器官，例如心臟或腦部損傷。一個生有殘疾的嬰兒也可能會被置於險境中。一項不尋常或不希望有的生理外觀也可能會是個障礙——例如顎裂、斜視或肢體畸形。儘管在許多個案中這些情況能藉著手術而得以矯治，它們可能會影響嬰兒與其父母間早期的聯繫。父母也可能會遭受生理上的障礙。例如失明或失聰的父母，在那些與兒童有關的不同任務中受到質疑，以致於需求難以滿足。

對兒童來說，心理障礙與其生理上接納與組織環境事物的能力和正確地處理資訊的能力有密切的關係。恐懼或嚴苛的人格發展對刺激的反應可能會成為繼續成長的障礙。這些慢性疾病的反應也可能會藉由其他人而促成負向行為的出現，例如虐待或疏忽。父母的人格模式在其於子女照顧中引進強迫性的行為時會產生障礙，而這對成長的抑制多於提昇。

社會結構障礙對兒童來說包括營養、生理照顧與教養上的不足會導致貧窮、家庭結構失去功能、社區組織瓦解或成人所具之親子技巧差。這些因素亦為父母的障礙。文化性障礙包括貶抑某些類型的嬰兒之觀念與價值觀，例如私生子、麻煩很多的或少數民族的孩子。如前所述，性別上的刻板印象對男孩和女孩都可能會是個障礙，就在它抑制這些孩童

發展其全部的潛能時。

文化系統在其委派與生理需求相衝突的兒童照顧實務工作時亦可能會被視爲障礙。一個例子就是過早的或過於嚴苛的如廁訓練。另一個文化價值觀的例子是會干擾成功的親子關係乃在於某些特定團體的成員被阻止去養育孩子時。在美國，這適用於單親、同性戀者和生理或心理損傷者之間。這些團體之成員能夠而且確實地成功的照顧嬰兒與孩童，但他們必須與那些將其視爲無法勝任且沒有價值的人所具有之主流文化價值與信念抗爭。

當偏見的負向作用環繞著種族、血統、性別、生理與心理功能和性取向等直到兒童期晚期才會充分顯現的特質，它們的根基已於嬰兒時期就植入互動的形態中。

處遇之隱含 嬰兒需要許多的照顧，當他們正在成長與發展時。這需要許多資源，包括知識、金錢、能力、愛、食物、住處與時間。許多父母缺乏上述資源中的某些項目且僅有少許可幫助他們的支持系統。專業人士需要能夠評估資源之取得與否，經常考慮到適合於個人之文化、青商會及生理環境之孩童養育策略。

嬰兒可能也需要處遇。一個小孩自出生即帶有遺傳上的限制或患有嚴重的疾病，需要謹慎的診斷與治療資源。父母和其他人可能需要經濟補助以支付這些服務，以及知識與情緒支持以最有效地運用這些資源。一個需要特殊照顧的嬰兒時常將物質方面的壓力強加於整個家庭系統上，然而嬰兒與父母之間的關係也可能會被影響。實務社會工作者必須準備因應所有的這些問題。

在美國流行的一個神話描繪出嬰兒被安置在一個用豐裕和接納所製成的搖籃中。事實上，小嬰兒經常被已頗爲吃緊的財務、情緒或資源壓得喘不過氣來。當他們需要特殊的照顧，小嬰兒甚至會變得更令人感到困擾。了解嬰兒期的樂趣與愁苦在這個人生階段中對嬰兒與父母而言是類似的，需要謹慎的分析與充分的敏感度。

雙親家庭本身正在成爲少數民族中，就像那個神話一樣，媽媽在家照顧孩子而爸爸則是收入的製造者。家庭與家庭成員角色的改變需要社會結構的再思考與再建造，以使其提昇而非降低各個家庭所需用以滿足

子女需要之資源。此乃主張實務工作者必須因應那些有關於增強家庭和帶來影響的社會結構之社會政策問題，此外，以家人和子女的行為來引導服務活動。這支持性政策適用於所有的家庭、再婚家庭和男、女同性戀者身分的父母，不論其種族、血統或收入層次。

人生歷程——兒童中期與晚期

任務　兒童中期與晚期在此被定義為大約從4歲起至12歲的階段。這個階段是生物性發展仍然持續，但是越來越多是藉著在範圍不斷增加的廣大社會情境中之社會互動所塑造。而孩童之基本人格特徵與性別認定相信是在3歲時即已建立，他們繼續藉著所生活之社會環境而加以塑造並修正。孩子會是內向或是外向的、可信任的或不可信任的、獨斷的或被動的，但新的社會接觸和新的情緒挑戰需要情緒上的適應力，此乃用以測試兒童之心理資源。

學業的開始是本階段之重要任務。兒童隨著情緒控制的需求而展開一段重大的認知發展時期。逐漸的離開父母與家人而朝向同儕團體行進是本階段的規範。孩子需要平衡獨立思考和行動的需求，這是藉著遵循指示、規則和條例的能力而達成的。同樣也呈現於有關性別、種類、生理能力和性取向的正式和非正式價值觀之中。性別角色之社會化是尤其明顯的，且呈現於各式各樣具有不同背景的人的面前是可能會發生的——希望是以正面的方式。

資源　面對兒童期的各項任務，舉凡生理健康、人格力量與適應力和認知能力均形成將兒童納入社會的基礎。因為兒童可獲得之生物性資源與嬰兒的近似，在此不需討論。然而，有時會記述特別的生物性資源是只有當一名兒童開始上學並與家人以外更大範圍的人群互動時。這可能包括不尋常的良好發展之協調性、肌肉力量、聽力和視力，以及對疾病之全面抵抗力。

心理資源亦是持續來自於嬰兒期的發展，但這在兒童期是特別重要。基本的認知發展始於學校並透過同儕之行為、家庭成員和媒體特質所塑造而成。兒童的遺傳性本質包括高智商、顯著的知覺能力和一般的健康均具有重要的生物——心理資源以用於因應兒童期之主要任務。生

理與社會刺激伴隨著挑戰來面對兒童，但可管理的壓力助其發展勝任感與幸福。父母的養育和支持也促進穩定的自我認定（self-identity）之發展，此可使自己適應於正不斷增加的多元化與新的生活經驗中。

社會結構資源於兒童期中仍然保持其重要性。家庭結構、社區結構、學校系統和同儕網絡均為兒童面對新的人和新的環境之極為重要的機會來源。當這些結構支持兒童的生理成長和心理發展，它們變成非常強勢的資源。例如，支持子女從事探究性活動的父母和溫和地緩和偶然發生的失敗之衝擊的父母幫助這個世界變得好像是一個豐富且令人興奮的地方。學校藉著以一個結構化但具支持性的背景來呈現可管理的挑戰來刺激認知和社會發展，而鼓勵成長中的安全感。

文化價值觀能成為資源，當它們要求尊重兒童的需求且投入於兒童所有的各式生活行動中時。例如，在了解他們的祖父母時，青年就投身於跨世代的學習中。適度地參與成人的活動的那些兒童在自己成年時擔任、執行這些活動會有較好的表現（而參與性的社會化實例是以可預測的規範性年齡階段事件為基礎）。

障礙 在嬰兒期的生物性障礙時常會隨著兒童成長而持續地增加限制且顯露出越來越多的要求。營養不良的兒童可能缺乏與同伴嬉戲或在學業上集中精神的力氣。受限的生理機動性可能會不斷的促使這個孩童脫離其活潑的同儕而孤立。生物性的障礙時常會在兒童期變得明顯。聽覺或視覺上的障礙是缺陷方面的實例，而這經常是在學校中第一次被確認的。

生物性障礙變得與社會結構關係網絡的牽絆越來越大，且其在兒童生活中之顯著性的極限是依賴這些關係如何發展而定。患有腦性麻痺之兒童被其照顧者看做是個令人困窘的孩子，他將不會接受必要的治療還會逐漸變得虛弱且更沒有活動。患有先前未被發現的視力缺陷之兒童將會發現學校方面的經驗是挫敗且無聊的，而結果可能是將這樣的經驗付諸行動。甚至一個必須戴眼鏡的孩子可能會被同伴所嘲弄，並逐漸的形成社會化退縮。緩和這些障礙的作用需要謹慎的醫學診斷和支持性的人際關係。

心理的障礙經常是與生理的和社會的障礙聯結。具有認知限制或知

覺缺陷的兒童可能發現由其他人提出的那些令人難以了解的且不可能達成的要求。過度的期待或嚴苛的要求可能會產生恐懼、焦慮、退縮和強硬的個性，阻礙了一個兒童運用現有心理和生理資源的能力。若世界被看成是殘暴的、無法管理的且具威脅性的，那麼這名兒童的心理發展可能會受到限制。這將會降低兒童了解及有彈性的、有成果的適應狀況之能力。環境看起來是如此充滿敵意的原因可能是生物的、社會的或文化的，但在心理功能上的影響是類似的。因此，我們能預期一名中等資質的孩童通常是被強迫進入在他能力範圍外的教育和社會情境中，就會有敵意、焦慮及退縮等舉動。這名兒童所接受的個人支持量將會影響他最終發展成的人格類型。

兒童可能遭遇到各式各樣的社會結構障礙。貧窮帶來了慢性疾病、飢餓、焦慮等風險甚於生理上的安全，以及被侵蝕的自尊。種族主義和其它形式的偏見、歧視可能會導致各種生理上的攻擊，在個人認定與整合上的侵害和社會孤立。家庭中巨大的壓力可能造成兒童疏忽或虐待，而不健全的學校結構建立了一個嚴苛的、過度要求的和不具支持性的學習環境。此外，意外事故、天然災害和同儕團體均會使一個孩子變成代罪羔羊，而此為一種顯著的社會障礙。

引導性別刻板印象的文化信念是在這段時間中增強的，且其能夠成為發展上的障礙。男孩參加各項運動，而女孩就變成啦啦隊。這樣的早期性別角色反映出日後女性做為負擔生計之男性的支持者之刻板印象。相對地，文化所繫之價值觀引起負向的男性刻板印象。男孩被教導成不可哭泣的，且將自己視為是女孩的保護者。這些和各種類似的訊息傾向於切斷男孩自身的情緒，使他們更難以在成熟時與其他人充份地相處。其他的文化信念也可能是障礙，例如那些忽視兒童的權益、遊戲、保護及養育上之需求。

處遇之隱含　兒童與一個複雜的環境互動是個重要的成長機會，但機會能輕易地變得無法抗拒且有限制的。一個太沒有結構、沒有刺激和孤立的環境則無法提供成長所必須的挑戰。一個太具有結構性且要求太多的環境會逐漸損害自我發展。專業人士需要去評估在現有環境中能夠回應一名兒童在了解、適應和成長上的努力。有時環境需要去變得是豐

富的，其它時候環境則必須是單純的。在所有的情況下，焦點是放在協助兒童發現在特殊環境中所需要的資源——不論是家庭活動、維持生活的資源、學校系統的支持或同儕之互動。

相當多的協議是存在於理論家之間，即兒童期是基本人格建立的時期。儘管人格是個終其均需加以修正的主體，而個人對世界的觀感是原本就仁慈的或害怕的似乎在兒童期結束前就已建立。在這個生命階段，這時個人與環境間的互動是特別重要的。成人時常有足夠的知識與權力去調整兒童的環境，若他們覺得有這麼做的需要，但兒童則相對地擁有較小的力量以達成上述目標。目前，這是屬於專業人士和父母的工作，乃是將焦點放在建立一個對兒童在生物上與社會上雙方面的成長與發展都盡可能的具有最多支持性的環境。

再次，重要的是記得脈絡上的單純性之概念。同樣地，父母可能處理其自身之發展危機。社會工作者通常都會記錄一些兒童虐待和疏忽的問題，而這可能會根植於兒童的各項發展需求與其父母自身的發展需求之間的衝突中。當這些問題出現，會獲得各式各樣的社會福利服務，包括兒童福利服務中的居家兒童照顧之娛樂方案和支持性服務中的日間照顧中心。無論如何，實務工作者必須更努力的對偏見和歧視等之社會結構表徵加以指明和消除，而這些表徵是基於兒童福利系統中的種族、性別、性取向和生理或心理能力。

人生歷程——青少年期

任務　青少年期，在此定義為大約在13歲至18歲之間，主要的任務是以生物性發展和進一步整合社會制度為中心。青少年是以有選擇的生物性發展為特徵，建築於嬰兒期及兒童期間即已產生之基本運動、知覺與認知上的成熟。在青少年期，重大的增加是發生於生理尺寸、身高和體重上。性方面的成熟也發生了，包括第二性徵和胸部發展、體毛生長等重大時刻。在身裁和性成熟上的快速成長是會影響生理外觀與情緒需求兩方面的狀況，此乃本質上荷爾蒙改變的結果。那時，青少年的任務大部分是在於適應身體形象、生理能力和性需求上的改變。

生物性的變異發生於同樣正在改變的社會背景中。學校方面的要求

是要學術方面更爲嚴厲的，且與事業規畫上的關聯持續增加。例如學術上的成功影響這青少年是否上大學，接下來，就影響未來的事業機會。學校也成爲重要性持續增加的社會領域，在此同儕團體的壓力直線上昇。長期的友誼和互動模式可能於此時建立。

生物性的發展、學術性的要求和同儕壓力自然地互動。青少年質疑一個改變中的自己，使得難以正確地了解自身的能力與需求爲何。於兒童期建立特徵的友誼型式可能在年輕人爲確信其同儕間的接納而奮戰時，忽然地變得不適合。智力、生理技巧和外觀是對青少年可獲得之各類社會要求和機會有重大影響之範圍。這會更進一步的受到青少年的種族、血統和性別的影響。例如，一個年輕女子在外觀上於青少年早期就是成熟且成長的，她可能會覺得尷尬又在性方面是有弱點的，然而在一個經歷過的事件之後，可能是更預備去整合這些事實而進入自身的社會關係中。相對的狀況在這年輕男性來說也是事實，會傾向於比女性更延遲生長與成熟的。但年輕男子的發展是較遲的，甚至爲了他的性別而時常覺得自己是虛弱的且沒有吸引力的。

做爲青少年是朝向成年人更進一步，他們在生活上的選擇受到以性別和種族爲基礎的文化作用所影響，以及受自身的能力和表現所左右。女性正邁向過去在傳統上始終以男性爲主的角色，例如醫生、律師、從政者和太空人。無論如何，大部分的女性繼續被學校、家庭和同儕壓力導向至典型的「女性」事業，那經常是比男性主導之職業領域的所得較低且保障較少（Dion, 1984: 6-9）。種族亦爲決定接受教育之時間長度和就業機會的一項因素，少數民族的成員所具有的教育程度較低且就業方面的選擇受限（U.S. Bureau of the Census, 1989）。那些帶著特殊生理需求的人也可能被一個沒有同情心的社會環境所妨礙。

這項觀點支持青少年會在其發展中受到衝擊。那些遭遇到來自於其青少年子女在與日俱增的身裁、能力、要求和自治中感到焦慮的父母們可能發現難以支持青少年爲了成長和發展所做的各種努力。焦慮的父母可能嘗試去藉由否定青少年新近具備的能力或分析生理上的變化等方式來維持自身的控制力，而這樣的做法會造成青少年之不確定感且要父母親所提供的保護持續提昇。其他成人，尤其是老師，也能增強青少年的

發展性力量和幸福等雙方面的感受，或是他們的尷尬與焦慮。

從社會的觀點來看，青少年時期是一段較具規範上的彈性之時段，此時需適應生理上的變化並時常不確定的接近於達成個人之需求。然而社會依然期待在青少年期結束時這個發展中的成人將準備好在社會結構中承擔一個相對上穩定的角色。

資源　青少年的生理資源經常是驚人的。生理的力量和尺寸是有力的資源，且知覺上和認知上的能力正持續地強化之中。適度的營養是青少年期的重要資源，因為在這段時期生理上的成長施加了相當多的要求在身體上。在青少年期性功能方面的成熟是項行為上的強力推動者。心理上，青少年學會如何將自身之新的生理能力與社會關係和其同儕、其他成人進行整合。這些成就將會成為在整個生命過程中延續的支持系統的重要開端。知覺上和認知上的資源在滿足不斷增加之社會性需求上是尤其重要，以在持續擴張的各種領域中達成任務，其中又以學校、工作和家庭特別重要。經過這個過程，人格逐漸地藉由在關係中增長的相互關係、深入的興趣和更清楚的個人價值觀與目標方面的形成而更為豐富。

社會結構資源是提昇青少年之勝任感和個別化的需求。家庭繼續成為支持的重要潛在來源，且同儕團體呈現出與日俱僧的重要性。學校成為讓生活變得豐富的可能來源，當青少年發展中的勝任能力促使其參與各式各樣的社會活動，例如駕駛、工作和贊助學校或教會的各種事件。

文化方面，價值觀成為協助青少年凝結其自我認定和自我形象的非常重要之來源，並幫助他們將個人價值觀和終身的重要事項按優先順序前後排序。關於平衡工作與家庭之間、自我與他人之間、成就與分享之間及穩定與變遷之間的決定是源自於文化價值觀的。例如，Robinson和Ward，描述非裔美籍的女性青少年是：

> 投入認定形成（identity formation）以及自我創造（self-creation）的過程中。在這段從青少年期轉移到成人期之間重要的態度是規畫，行為是吸收來的，而生活方式的抉擇是挑選來的。無論如何，非裔美籍少女正在從事深藏於家庭和學校之中

的轉換，這幾乎是受到源自於種族、性別和經濟壓力所形成之社會政治背景而帶來的負面衝擊。我們主張非裔美籍女性能有意識地準備在社會政治的環境中生存，在此她將自己會被逐漸形成之抗拒感所欺瞞，而這將會提供她一些批判性思考的必要工具，省思有關其自身、這個世界和她所居住的地方。[Robinson and Ward, 1991: 88-89]

Robinson和Ward（1991: 91）更進一步指出，「對非裔美籍的少女而言，將種族受辱之內在經驗轉化為種族榮耀的能力是加入質疑和拒絕對黑人與女性之攻擊性負向評估，接納取而代之的自我肯定與自我價值感」。

障礙　生物性發展可能於青少年時期以各種不同的形式呈現而成為一種障礙。生物性變異的發生可能無法充分了解，且因此而產生社交方面的困難。至於在身裁與力量上的改變會形成被其他人所貶抑的外觀及行為特質：極高的年輕女子或過度狂熱且幾乎未經協調的年輕男性是兩個接受這類治療之青少年的實例。疾病和意外也是可能發生的，當生理上的成長並未受到適宜的營養方面的支持或當身體各部分的成長並不同步進行時。此外，荷爾蒙的改變是普遍的，且在能量層級上、情緒上和幸福感上建立相當快速且廣泛的波動。

生理和心理上的改變是密切相關的，因為所呈現的成人軀體是個自我形象的重要元素且是由他人治療的。嘲笑與孤立可能是發展上的不規則或問題所造成的，會對稱職感和幸福感有極大的影響。這尤其是真切的，若童年經驗已經開始強調弱點而非力量的過程。無論如何，知覺或認知上的能力能夠用來降低生理障礙之負面心理作用。例如，一個非常聰明的年輕女性，可能會受到大家的尊重，即使她並未遵循一般的青少年所具之吸引力的標準。

社會結構障礙限制發展的方法乃是限制獲取資源的途徑或建立抑制成長的社會期待。來自於貧困家庭的青少年可能缺乏適當的營養或需要醫療照顧以處理「近視」這個經常與青少年本身之快速成長共同出現的問題。家庭或許對其子女在社會或學業上有不切實際的期待，迫使他們

進入一個事實上根本不會成功的處境中。學校時常強調年輕人的虛弱，以及正在提昇之中的同儕團體相處困難的可能性。同儕團體本身能成為一個極具破壞性的障礙，若其強迫青少年去遵照有關於服裝、行為和人際關係方面的期待行事。

文化上的價值觀能更深入地藉由合法的減少期待而加重社會結構上的障礙。例如，一位有智慧的女性為限制其留在家中的文化價值觀所傷害，且在生理上受到限制的男性是被強調高大的身裁與力量強大的價值觀而造成負面的影響。社會化是青少年發展和自身的成熟感之非常重要的一部分。它教導那些將會促成青少年適應環境所需的目標和價值觀。當這並未發生，文化價值觀透過社會化的傳播變成一個問題。例如，在這種情況下，當男同性戀與女同性戀的青少年並未適應生產性的人際關係時，教養他們自身的自我形象和提供支持，而這些都是他們要如成人般的有效發揮功能時所需要的。D'Augelli（1992: 214）表示，「青少年的生活任務──從兒童期的依賴轉變到成人期的自治與親密──可能是非常大的讓步……許多心理能量被導向去因應那脫離正軌的恐懼；各種社會能量都被用於警惕上，以避免事跡敗露。從朋友、家人和有益的資源中隱藏起來，這些青少年可能故意地延遲展現自身的個人認定，一直到成人期早期。

處遇之隱含　在任何改變的時段內，個人或社會的部分均被人置於風險之中。在了解改變和加以適應上的作用需要得到強力的支持。否則，改變中所含的不確定性會逐漸地侵蝕個人的勝任感。透過改變中留下的資訊提供、情緒資源和協助以支持個人能保持變動中的種種制度方面的各項關係內所包含的各部分仍然處於平衡。例如，實務社會工作者時常幫助青少年管理自身之顯露中的性慾、獎勵人際間聯繫的渴望、持續增加的自治和同時產生的學校要求。為達成這些目標，實務工作者必須投入青少年和其家庭之外的許多系統中。

社會工作者亦參與為青少年調整社會期待的行列。儘管在於角色定義上存有一些彈性，青少年經歷許多的不一致與壓力。例如，男性被允許擁有更多雜亂的性關係，而女性則沒有，因此後者可能會為了在前者來說是被允許的行為而受到處罰。專業人士嘗試去使社會規範變得更公

正且協助於降低青少年在犯下那些因自身的成長而造成之角色混淆與各種衝突後，即隨之而來的處罰之嚴重程度。這或許包括協助一名青少年去避免留有犯罪記錄，免於為學校所逐或離開家庭等後果。

家庭可能是困難的重要來源，當其對青少年的知覺、反應和需求的回應並不適當時。這部分解釋了為何社會工作者如此頻繁的與家屬合作。青少年能表現出笨拙、抗拒、氣憤、攻擊和憎惡等情緒，就在他們努力去了解自己的身體和尋求在所處的社會環境中建立自己的一席之地時。重要的是去嘗試協助各個青少年和那些與青少年互動的人，尤其是家長、老師和同儕——以更多的覺察、關懷和支持去接近這些人。一些社會福利資源有助於達成目標，包括職業與教育諮商、酒癮與藥癮諮商、休閒娛樂服務和家庭諮商等。

青少年的情緒混亂可能使父母或照顧者之中未解決的衝突再度發生（此可回應「脈絡的單純」的這項概念），他們大都正在處理中年生活的轉型危機。成年人需要去協助畫分那些把焦點放在達成自身目標的行動上，和那些為其正處於青少年期之子女所需要的活動。就如前一個階段，專業社會工作者必須致力於減少那些歧視和抑制青少年之潛能成長的社會結構和文化方面的價值觀。學術上的追蹤是單獨以性別或生理能力為基礎，應該被納入助人專業之考量中。偏見、偏差和刻板印象導致經濟機會上的不平等、貧乏的種族聯繫和苦悶，這些都是基於性取向和（或）性別所產生的，對於正嘗試去成為具生產力之成人的青少年來說尤其會造成傷害。在政策與實務的層級上，這樣的障礙必須要加以排除。

人生歷程——成人期

任務　任何嘗試於將人類生命畫分為各階段是最為武斷的。明顯地，在18歲至75歲之間，生命任務有許多的變化正質疑著這些成人。的確，如生命期待上所增加的（一項歷史階段的影響），所謂的中年期與老年期的劇烈變化。

成人期是完成與多產的時期，或許這階段是當人們大多是目標導向的，帶著對自己生活的抱負之重視而形成。無論如何，社會期待個人的抱負將會與社會的需求調和。例如，養育子女需要透過經濟系統而賺取

——並消耗——資源。兒童期與青少年期的社會化是一個主要的機制，藉此成人以社會能夠接納的方式而準備向自身的目標而努力。那時，個人目標與社會目標被假定為在成人期中結合。

沒有其他任何一個生命階段中的個人是如此地朝向社會性任務的履行。不同的團體成員透過自己特殊的價值觀、資源和障礙而處理社會性目標及達成這些目標所需之工具。例如，Rossi（1980）記敘在成人期間質疑女性的問題與質疑男性的相當不同。她指出這其中的差異不但反應出心理因素，還有隨之而來的變項均決定這些基於性別差異而分派的各種不同的任務。Hammer與Statham（1989）以其對特殊責任的分析而增強這項論點，一個女性必須在其大部分的生命歷程中照顧其他人——首先是她的子女，之後是她的配偶，而後是她年邁的雙親，最後是她年老的配偶。運用類似的方法，Devore與Schlesinger（1981）敘述成人之發展任務如何隨著種族不同而有所改變，而Sutkin（1984）強調生理能力是經過整個生命歷程的重要變項。

此外，朝向達成各項任務目標而努力，成人期是人們尋求人際間之親密關係的時期，且此時一些人際關係可能會包含性活動。當然，婚姻是一種型式，但其他則包括親子關係、未婚伴侶和經過選擇的友誼。成人的成就與幸福的雙重感受對大多數人而言，是極為依賴親密之人際關係的形成，而這樣的關係提供了重要的社會、生物和心理支持。儘管成人期是一個獨立目標尋求的行為實現於社會主要制度之內的時期，這也是個透過在成人期發現的特殊關係所形成的個人培養（personal nur-turance）期，例如，婚姻或其他形式的伴侶、親子關係等等。因此，成人期是個在表面上和內在裏都清楚的，一段獨立又相互依賴的時期。

資源 在成人期，人們通常擁有最多的生理資源。儘管生理上的發展持續，但逐漸地朝向不斷退化的狀況，成人期經常是由良好發展的生理、心理、知覺、認知和人格資源而表現其特色。當然，發展的層次改變，但他們並不常在成人期中充份的改變。然而，資源的運用能夠改變。運用是社會結構變項的一個功能，可促進或抑制成人行為。

社會結構性資源對成人而言是首先於社會主要制度中發現的，用以組織個人有關於重大生命任務的實行有關之行為。透過家庭與類似家庭

的結構，成人凝聚其最親密的人際關係。經濟制度是人們達成其任務取向的目標之重要領域，儘管女性也經由親子關係和其他在家庭中所扮演的各種照顧者的角色，而在傳統上達成許多任務取向的目標。政治制度與經濟制度廣泛地互動且提供各種重大決策的機會。教育、宗教和社會福利制度可能也支持任務取向和個人發展上的目標。

　　成人與社會制度間的互動隨成人的不同類型而改變。儘管制度性結構支持主流團體中的大多數成年成員之目標導向（goal-directed）行為，在前面一章提到這個論點，亦即弱勢團體之成員可能接受較少的支持。文化價值觀強化成人在其活動之特定領域中獨立的成果，儘管這隨著性別、不同的種族和次文化而改變。

　　障礙　疾病和意外（非規範性之影響）能發生在個人生命中的任何一個時刻，但有較高的比率是兩者均會發生，而這是成人中期與晚期的特徵。這反映出投入成人生命任務中的壓力，以及成人投入的各種行為之範圍。例如，與工作有關的意外與疾病主要發生在成人期，因為這些事件均會於主要工作年代中衍生。還有，許多的暴力事件發生在家庭之中，尤其是成人。並且，有關於生理功能的退化過程加速進行，大都出現於視力、聽力、力量和認知等區域。這些改變並不常具體地足以對成人期之行為產生重大作用，但所具有的影響漸增式的成長。

　　成人期的主要潛在障礙是人格適應力的逐漸退化。這可能造成部分來自生理的改變是以不愉快的方式被察覺，而這是來自於需要調整的外觀與行為。甚至這樣無關緊要的生物性改變，如掉頭髮、頭髮變灰白或皮膚肌理的改變都能造成焦慮和防衛感。成人時常否認這些生理上的改變，藉著運用化粧品、穿著不同的衣服，或甚至是與更年輕且更具「吸引力」的人相處。這會造成對長期建立的和重要的支持性關係帶來嚴重破壞之結果，包括與配偶、伴侶、親戚、密友和同事等。失去這些支持會逐漸損害個人的人格資源並導致沮喪或其它形式的疏離與孤立。

　　成人期中心理功能方面所受到的第二種襲擊是由社會結構與人格變項之交互作用所造成的。成人期，如之前所提到的，是人生歷程中的重要階段，當所珍惜的生命目標是透過工作、同儕關係和家庭或類似家庭的關係之類的活動中所看到的。無論如何，這僅是極少數的例子，個人

所有的生活目標都已達成,且在成人期,個人必須開始與事實達成協議。
社會結構性資源自然地扮演在個人達成各項生活目標的能力中所具備之
重要角色。貧窮、解組的家庭或類似家庭的關係、失業、意外或受傷,
及失去所愛的人均能阻擋目標的達成。當非規範的和破壞性的這類事件
發生時,會對個人的認定感、自我價值和幸福表示懷疑。甚至更糟的時
候,看起來似乎是在生命中剩下的時間越來越少,少得無法再試一次。
個人和社會挫敗的感覺是被那強迫去成功地達成目標的文化價值觀又更
進一步地加強。心理的反應包括所有的防衛性行動,有時甚至包括更換
原先居住的地方以使挫敗將不會這麼明顯。文化價值觀可能在各種不同
團體的成年成員為滿足需求的努力中特別會受到抑制。例如,一些同性
戀者藉著隱藏他們的真實身分而回應那些負面的文化定義,就是透過與
不愛的異性戀者結婚和秘密的同性戀間之接觸而達成的。許多女性寧願
接受生理上和情緒上的虐待而不要忍受離婚的恥辱——即使是今日,當
離婚與過去相較是普遍的多出許多時。依照成本的觀點來看,幸福對那
些嘗試去犧牲自己的需求以滿足嚴格的社會期待來說是非常高的。

　　經過成年時期的發展歷程受到檢測,事實上,當違常和損害確實發
生時,發展歷程就變得清晰,它們可能是年輕人所保持的對老年人各種
的負面印象的結果,而這是由社會期待所產生的 (Friedan, 1993)。實務
社會工作者亦需要對性別、種族、生活型態和生理能力等敏感,這些影
響資源和障礙組合的重要變項是有助於或妨礙發展任務的解除。

　　處遇之隱含　如同在前幾個階段,多重變項引導在這漫長且複雜的
成人時期中所遭遇到的任務、資源和障礙。在年齡階段與非規範性的重
要生命事件和歷史階段(同伴)的影響,均對處遇策略之適宜性的需求
發生作用。

　　成人期是個興奮、挑戰、改變和壓力的時期。實務工作者應該準備
妥當以支持成年人並協助他們因應成年生活中的各項壓力,例如工作壓
力、關係問題和親子需求。同樣重要的是社會結構獎勵個人的計畫和活
動。例如,制度化的歧視造成系統性的阻隔了某些團體在達成目標上的
努力。在提供協助時,專業人士需要了解成人是個非常特殊的工作對象。
成人可能強烈重視其獨立性與自治,若文化價值觀已經是這麼教他們

的。因此，他們時常抗拒來自於他人所給予的幫助，甚至是專業人士。勝任感是對成人而言特別重要的，且需要最多的照顧以支持並保存它。然而，成人的壓力和挑戰經常引導至個人支持與機構處遇方面的需求。

社會心理主題給予成人期特色，包括合群對抗孤立（companionship versus isolation）和重組對抗拘束（regrouping versus binding）或驅逐（expulsion）（Rhodes, 1977）。家庭關係中主要的改變是發生於青少年持續地增加在家庭之外滿足其情緒上的需求。逐漸地，子女可能去建立自己的成年關係並離開家庭的屏障。配偶可能發現夫婦間彼此的關係恢復生氣，就好像他們不再需要拒絕自身在情誼上的需求，就只是為了完成親職上的挑戰。重組對抗拘束或驅逐可運用於當子女已經離開父母所建立的家庭時。根據Rhodes的觀點，基本的任務是鼓勵與子女分離並將之視為其成長與成熟的自然結果。達成這項任務的能力主要是依靠發展一個堅固的婚姻關係，而這是從親子功能中區分出來。

然而，持續增加的是成人選擇傳統的核心家庭模式之外的其它形式。保持單身、與同性伴侶發展出親密關係，以及擁有不生小孩的婚姻是人們現在越來越常做的選擇。這些浮現的模式為那些少數的角色模型帶來新的生命階段的要求。實務工作者必須知道這些可用以達到成人期之任務的可選擇之途徑，且明白如何去幫助人們在其所選擇的模式中均能有效發揮功能。這可能呈現專業助人者面對其自身之價值系統時所具有的相當大的挑戰，且他們可能需要傾注所有的思慮於學習這些可選擇的方式能如何加以整合於一般的制度結構和文化信念中。

在學習有關成人發展的標題之前，我們應該記錄Gilligan（1982）提出的男性主導之生命循環理論在於女性經驗上之適用性的問題。Gilligan指出女性具有不同的觀點、不同的優先順序，且對成熟有另外一種看法。根據Gilligan的說辭，這種看法的品質保證戳記是來自於朝向支持性關係的價值觀和有用的相互依賴之網絡的廣泛方針中而產生的道德方面上的了解。例如，女性可能在相互依賴和彼此支持中看到力量，而不是在大多數男性傾向於強調的獨立和競爭上。這個世界觀能夠成為成年女性的重要資源，甚至她們的男性伴侶和同事可能會發現這是難以了解的。有效的實務工作者必須了解性別差異的各種類型，提供所需要的支

持並促進溝通，以使更多的特定性別之資源分享能夠出現。此外，社會結構經常支持壓迫性的政策。這些政策與實務能在個人是處於轉換至和延續於生命中稍後的階段時有負面的影響。Perkins（1993）指出低收入的女性員工（白人和非裔美籍）在退休時經歷到更多財務上的困難，此乃工作場所中性別歧視的結果。她主張這是因為女性乃低收入職位的對象，而在工作時又更可能比其男性同事容易被強迫接受提前退休方案。女性的退休福利明顯的低於男性。

人生歷程——老年期

任務　關於何謂成人期只有少數的看法一致，至於有關老年期的組成就缺乏協議。一些老年學者表示成為老年人有二個階段，乃老年與老——老年，後者是傾向於從85歲往前推進——我們目前人口中成長最快的一部分。在健康照顧方面之科技進展（一項歷史階段的影響）、較佳的營養和一般老年人在些許改善的經濟狀況中生活，這些因素均促成老年人對老年期的生命期待增加。對許多人而言，老年是由兩階段組成的：在社會角色上的巨大轉變是開始於65歲左右，至於對生理上的變化和健康上的需求均投注更多的關注，則可能是發展於85歲之後。

若老年學家無法同意老年之組成分子，我們如何了解生命歷程中的這個階段？這是以生理上之減退量為特徵之生物現象？還是一種藉著武斷的隨時間前後排列所記載的年齡而決定個人納入方案和服務的資格來界定的社會類別？或許在人生歷程中，沒有任何地方是比生物、心理、社會結構、文化和靈性等方面的行為領域間的相互關係是更引人注目地被加以觀察？

依序看過自己的人生以使自己理解人生是老年期的重要任務之一。這不需要一段恐怖的返照時間，以顯現出什麼可能已經發生，也不用一段時間是花費在將焦點投注於個人的失去和減少。寧可，它能成為一段持續地心理成長和發展的時間——一份邀自己去看得更深入的請帖。Bianchi相信：

> ……經過縮減而著重的成長並不是懇求一份悲傷且灰暗的

老年，其中是將重點集中於一個相當病態的損壞和死亡方式上。寧可，透過減少而成長，是基於一項帶著信心而遇到老年期中的守護神所自動自發的心意，這可引導那甚至原本是存在於困境中的真實歡樂。這是藉著面對老年期的驚恐，藉著在最後一夜的海上航程中所散發出的，讓人發現這爲其他處於成年期的人那份具有大智慧的鼓勵和洞悉。[Bianchi, 1986: 188]

明顯地，這個人生階段是劇烈轉變與適應的階段之一，在生物上與社會上雙方面。的確，這兩個領域密切互動，且其互動之形態是老年期會成爲一個滿足的或自暴自棄的時期之主要決定因素。在另一方面，老年期可能也是一個免於承擔許多較早前之生命階段任務的時期，例如工作。然而，持續增加的老人繼續維持積極的工作和專業生涯；爲了這些，老年期既不是個退休時期，也不是個脫離重要社會角色的時期。老年是否是個脫離之前的社會角色和責任的時期或是個與其他人持續互動的時期，則這是與個人經歷人生歷程時的個人因應形式有更大的關係，是大於那隨時間先後順序排序的功能。

資源 儘管老年期在許多部分伴隨著生理的退化，大部分老人繼續擁有相當良好的健康，且保持大多數的知覺和認知能力直到年齡變得更大。因此，年齡本身能夠是一項資源，就當它是持續成長和發展的一個時期。當然，人們的年紀不同，他們就在其它許多方面都有所區隔。一些人在較爲年輕的時候經歷更多的生理退化。然而，大部分的人能夠在老年期運用相對較少的適應而實行尋常的各項活動。

無論如何，生理的能量可能以不同的方式使用。一些老人傾向於避免青年喜歡的狂熱的步伐，而且在做任何事之前更謹慎的通盤思考他們的行動。在這種態度下，老年人可能變得更有效率，反映出在生理和心理之間的資源在整個生命歷程再次強韌的聯繫在一起。回顧一生中的成就，大部分的老人會發現自我認可和滿足，且藉著將焦點放在那些對他們而言是有意義的，而不是社會所期待的事情上，故得以適應這個活力較爲缺乏的層級。對他們而言，老年是一段繼續社會和政治活動的時間，對這生命階段的認識是一段「黃金時代」，意謂一個靜止的時期，這可能

確實是令人感到不愉快的。

老年人的組織是屬於特殊興趣的組織，例如Gray Panthers或是American Association of Retired Persons（AARP），已為老年人協助其強化社會結構資源。各式各樣的經濟補助方案協助老人在老年期維持收入且提供其它的具體支持性服務，例如住處和交通津貼、居家和會眾的膳食方案及醫療照顧服務（Ford Foundation, 1989）。這些服務經常是為收入有限和身體虛弱或獨居的老人所需要。此外，社會需求是持續地被指出正在增加中且是透過自助團體而得到滿足，娛樂性的休閒方案之發展、建造教育機會、和個人諮商服務的提供等亦是。

特別的強調現已被置於結構性制度的安排上，因此老人能對他們的生活保留控制。一些目前正在發展的方案是居住，建築於能自治並可快速得到援助之處，交通運輸系統對老年人而言是在生理上和經濟上都易於取得，且諮商與財務上的支持是協助老人聯結至一些家庭式的或類似家庭式的網絡。因此，建立社會結構或安置時常與老年人之生活品質衝突，尤其是在醫療照顧是非個人化且不足夠的時候，或是當居所並未提供生理安全和社會需求時。

文化價值觀已成為影響老年期形態的極為重要之決定性因素，且於老人之間所組成的自助團體已經具有引人注目的影響力。當大家庭是個普遍的社會結構形式，老年人經常是家庭單位中首要被照顧的對象。

其它價值觀影響老年人的治療。在一個強調自治與生產力的社會中，老年人可能不想要依賴家人。他們寧可是在社會和性方面活躍也不願重要的配偶或伴侶死去，這導致在年齡較長的人之間組成新家庭和類似家庭的單位。他們也可能希望能自行界定在子女、孫子女和經濟系統上的投入程度，而不是藉著成年子女來自動的假設他們的角色期待。所有這些結構上的變遷反映出正逐漸改變中的文化價值觀能適應現今老年人所具備之更廣泛、深刻的獨立性與變化。

障礙 甚至對於相當健康的老年人來說，老年本身帶來疾病、意外和生理退化等高度危險。這可能會逐步地限制個人之生理機能與社會參與。這也可能會壓制老年人所能獲得之經濟資源。漸漸地，這個人就變得更依賴他人。這會威脅到個人的幸福感。而與普遍經歷到的知覺方面

之敏銳度逐漸喪失——尤其是視力、聽力和味覺——結合，老年人可能會退縮且變得越來越孤立。這通常會降低生存之動機，此現象可運用減低食慾至營養不良的程度，以及缺乏動力與刺激故導致加速生理方面之退化等方式而顯現出。

當在最近幾十年中已經大量增加在老年人之需求上的認識，社會結構因素仍然使這個階段變成是有問題的。年輕人長大就脫離老年人且並未學習如何為這個生命階段做準備。當長大的孩子離家，這狀況常被稱為是「空巢」症候群，且當一個職員必須退休時，社會角色的突然失去會讓人覺得無用又沒有方向感。高額的醫療照顧費用會製造焦慮與老年將會導致窮困的顧慮。

這些情況被過分強調年輕和外表的文化價值所保存下來，再加上生產力和獨立的價值觀。美國社會重視進步的改變且總是朝向新的，僅對其舊有的或原創的帶著些許尊重。在這樣的社會、文化環境下，人們會有點疑惑這些老年人覺得是被拋在身後或被逐出。我們十分明瞭這樣的感覺是與加速的生物性退化、社會孤立和心理壓力等密切相關。不幸的是，這些事實多存在於老年人身上。然而這些事實中有許多是兩面的，且老年人獲得政治和經濟權力乃是其與日增加的人數和更強的團體凝聚力所造成的結果，社會資源或許可以重分配進而使老年人的需求得到更適當的滿足。

年齡主義或許是當今社會中阻礙老年人的主要障礙。有關於老年人不願或不能改變，無法學習、無性的、苛刻的、天生保守的、依賴的和退縮的觀念是普遍存在的誤解。不幸地，這些負面的印象往往是在助人專業人員之間發現的 (Blooom, 1990)。若是已被內化，這些刻板印象就變成自我實現的預言之基礎，老年人藉此表現出與社會期待一致的行為。因此，年齡主義不僅對個人產生破壞，還有對社會秩序 (Barrow, 1989: 10)。

處遇之隱含 就像各種型式中的任何類型一樣，老年期有它特別的資源和障礙。社會對於老年人存有各種相互衝突的觀點。在一方面，假設老年人是生理及情緒上的依賴。在另一方面，嘗試去發掘讓老年人更能自給自足的途徑，因為他們組成了一個持續成長的人口群。專業社會

工作者的承諾中之某一部分是助人生活在自我導向的人生中，必定要增強社會作用以表彰並支持老年人所擁有的許多力量。例如，現在有興建更多公寓住宅區的需求，以使老年人能過得自治自主且仍然具有獲得立即的生理協助和社會交誼的途徑。此外，亦有護理之家的需求，在那裏能保有老年人的隱私方面之權利與需求——包括表達自身性方面之狀況的隱私——是被尊重的。其它許多服務也是需要的，尤其是適當的醫療照顧。

在人際的層級上，我們必須對老年人之友誼方面的持續需要、社會認可和與其他人的密切聯繫等均需敏感。一位老人可能需要情緒方面的支持以適應其身體外觀上的劇烈改變或已降低的生理機能。強烈的自尊心與個人的生活中的其它部分在退休生涯中一樣重要。協助於滿足日常生活中的需求也具有不可或缺的重要性。這可能包括提供各類不同的協助，例如到健康照顧的機構時有安全的交通運輸、申請經濟補助或填寫各種醫療表格等各類行動。

人生歷程——死亡

透過這一章，我們已嘗試呈現一個架構是有益於在生命歷程中的任何一點分析人類在其社會背景中之行為。我們已經指明這個架構中的各生命階段，包括：懷孕與出生、嬰兒期、兒童期、青少年期和老年期。現在我們希望給你這個機會，就是自己去使用這個架構以分析死亡這個階段。這是希望能夠增進你在運用這個架構上的熟練度並讓你有更大的信念去使用它。為了協助你，我們將提供一些通用的指導方針。

在進行至分析架構之前，思考一下你自己對於死亡的態度是有幫助的。大部分的兒童與年輕人被保護著與死亡隔絕，故不將它視為生命中的一部分。醫院通常不允許子女探視父母——他們必須為青少年；兒童大多不參加喪禮，且他們經常與老人的接觸十分有限。當一些事態並不是熟悉的，它們是顯得奇怪且甚至是令人害怕的。許多讀者或許會對死亡有相同的感受。

然而，今天有許多關於死亡方面的文獻，且垂死能幫助人們對生命歷程中的這個部分有更好的了解。身為一個專業人員，你將會需要在含

蓋死亡或垂死的各種狀況中仍能平靜安然的進行處遇。我們已經看到人類生活和社會結構是以多元性爲特色，事實上專業助人者必須學習去了解與欣賞。死亡和垂死均是多元性中的重要元素。當你運用這個架構去分析生命歷程中死亡這個部分，提醒你自己這和生命中的其它任何階段一樣的重要、複雜和令人震懾。

任務 想想個人和社會在面對死亡時的生命任務。每個人得到什麼又失去什麼？全盤思考這個問題的方法之一是去嘗試想像如果人能永生不死會發生什麼事？什麼樣的問題是由死亡協助解決的？另一個需要反覆思量的想法是爲何人類懼怕死亡——他們究竟是害怕什麼且了解他們的恐懼如何有助於解釋死亡所達成的生命任務？是否由生命任務的觀點來看死亡對於你在思考自身的死亡時是更爲容易或更加困難？

資源 運用生物——心理——社會——結構——文化形式決定何種資源是人們在嘗試去實行其與死亡相關之生命任務時所擁有的。另外一個去思考問題的方式爲有那些因素使得死亡對人們而言是較緩和的。這些可能是生物因素，例如藥物；心理因素，例如情緒上的安全感；社會結構上的因素，例如將資源傳給其他人的合法程序；以及文化因素，例如關於來世和儀式的觀念，以協助人們爲死亡做準備。那時，資源以這樣的方式支持人們在死亡方面的竭心盡力以使其自我感和社會人際方面的幸福感擴充至極限。是否這樣的方式似乎是反對思考在死亡這一刻的幸福？

障礙 資源這個觀點的相對面會是使得人更難以死亡的生物——社會心理——文化因素。想想看疼痛，以此爲例，這是項資源嗎？它會使死亡更易於接受，或是個障礙？使死亡變得更困難，或兩者皆有？當考慮到障礙時，確定要包含與其它事物的關係。何時關係使得死亡變得更爲困難？何時則是變得更簡單？你是否在思考障礙方面的事物時遭遇困難，尤其是與死亡有關的？爲何這對你而言是件痛苦的事？爲何它不是？

處遇之隱含 在死亡的那些方面專業人員應特別敏感？記得要系統性的思考，以使得你不會忽略那些垂死之人可能會需要的幫助，以及在幫助這些垂死之人時所特別需要的。就像你所顧慮的，是否那些專業人

士可能需要當死亡發生時這樣高度情緒性的狀況下，爲有效的提供服務
而需要這些資源？什麼可能會是，且它們是否包括結構性支持與個人性
資源？你能否與一個處於人生歷程中最後階段的人共同合作？仔細思考
這些你可能會涉入的問題，若這樣的問題是你工作職責的一部分。這樣
的思考如何幫助你了解對助人專業而言，死亡這個人生階段的關聯？

人生歷程與助人實務：
一般化模型與個人化規範

　　本章的前面幾節摘要整理出與人生歷程中幾個時段有關之那些被揀
選出來的任務。讀者被鼓勵去持續其有關於人生歷程方面理論之研讀，
以獲得更多當代在行爲方面所受之生物、心理、社會結構和文化等因素
之影響上的種種複雜程度所進行的了解。當閱讀這個領域時，助人專業
需要留神可能的性別、性取向、種族、血統、文化、階級、年齡和歷史
上的偏差。換句話說，助人專業必須了解人類行爲和發展上的廣泛多元
性。此外，傳統的發展性階段理論的價值有限，當考慮生命的非規範性
方面時。例如，在第五章的導讀5.4中「每件事都在這個時段內發生」內
指出，一位36歲的愛滋病患者如何在他死亡之前投入生活回顧中。在傳
統的階段理論模式裏，這樣的生活反應被視爲是老年期的特徵。在人類
發展模式這個範圍內。是透過人生歷程而支持概念化的人類成長和轉變
過程，這些對實務工作者來說是有用的。無論如何，發展一個含有廣泛
多元化的人類經驗的模型是極爲困難的。許多人生歷程理論家主張甚至
是去明確界定人生歷程中個別按照時間發展順序進行各個階段的先後排
列是困難的。當然，年輕的Sandifer之倖存的經驗（第一章導讀1.1）則
不會被認爲是對一個孩子來說在年齡上是適合的。然而，在這個階段中
的孩子正成長於一個充滿科技和資訊進步的時代，因此他們的期待始終
在增加。就如科學和醫療增進生命期待，我們如何界定老年期？什麼樣
的任務對於在退休後還要活個二十年或三十年的老人來說是合適的。
　　Neugarten（1982）指明老年的各種問題，爭辯說傳統的階段正變得
模糊且人生歷程中「與年齡無關」的印象必須加以發展。一種發展之人

生歷程模式的另一項選擇為現正發表於專業文獻中的那些與特殊人口群有關的產品。Monica McGoldrick（1989）和Berzoff（1989）記錄女性於人生歷程中的各式問題。Freeman（1990）將焦點放在力量取向上，在其回顧人生歷程中，特別是那些非籍美裔的家庭之問題時。Boxer與Cohler（1989）以及D'Augelli（1992）；記敍男、女同性戀者之人生歷程問題。Berman（1986）主張老年期是個人主觀經驗且每人界定其各自之意義。這些作者和其他許多人一樣，將焦點放在人生歷程之普遍模型上是較少的，且是在解釋人類經驗上的變異性。文獻的主體之建立是為了讓助人專業者具有一個操作這項具有欣賞和支持多元性之實務原則。並且，文獻的主體延伸我們無數個體會人類生長和發展的方式。又根據主流文化和階層之價值與需求而界定規範性和偏差的行為，以將人類發展的展望縮減至最小的程度。

在第一章我們討論知識的各種不同類型。人類行為和發展的普遍性理論呈現出知識的解釋形式，這些形式嘗試去提供人類如何發展及與世界互動的解釋。這些模式通常是基於實證性研究。無論如何，就如我們在第一章和第二章中討論的，實證性模式並沒有偏差且經常是被用以定義正常的或適當的行為或發展。普遍性模式絕不應用於實務中以貶抑、曲解或病理化個人、家庭或社區之經驗。

那麼，助人專業要如何運用人生歷程模式？答案是助人專業將此利用為指示性工具。這模式提供了一個通用性的架構，是為了在擴展至生物性事實和社會、文化和次文化的期待之背景中，可用於了解其中的個人行為。生命歷程模式協助於發展支持個人從出生至死亡的成長與發展所需之基本生物、心理和社會結構資源。這類的資訊能運用於與個人、家庭和社區的合作中。這些模式的內容與結構，無論如何需要去不斷地琢磨、更新和多樣化，若它們是用於援助各種助人專業且這些援助是我們尋求在適用於專業工作上的。這些模式應從不被運用在為人們指定行為或定義規範性和偏差的行為上。

助人專業藉著尋求了解個人與家庭的觀點與其生活中之事件，以為其提供最佳服務。在第一章，我們討論知識的個人、社區和抑制的形式。這些知識的形式已不常被完全運用為助人專業基礎的一部分。在社會工

作中不斷增長的文獻內容裏指出個人敘述（說「自己的故事」）對於助人過程之重要性。故事、神話、傳言、寓言和敘事均爲組織個人和文化意義的主要方式。Brunner表示：

> 我們似乎沒有其它的方式描述以故事的形式留存下來的「生活時段」。這並非意謂著沒有其它暫時的形式能加諸於時間經驗上，但沒有任何形式能順利成功的掌握「生活的」時間：不是時鐘或月曆的時間形式，不是系列或循環的次序，並非以上的任何一種。……甚至若我們以事件的極單純之形式記錄於年鑑中，這些將會被視爲以一種含蓄的敘事方式記錄「這些以主觀角度所選取出來的事件」。[Brunner, 1987: 12]

Brunner (1987) 主張，文化與眾人所發展出來的故事提供了歷史經驗、引導人類互動，甚至還有結構化的概念性經驗。Polkinghorne (1988) 與 Norton (1989) 以及 Germain (1990) 將焦點放在促使個人說出自己的故事之重要性。基於敘述的概念是人類致力於將自身所遭遇的事件賦與意義。在這樣的觀念中，敘事就與第三章中討論的認知與歸因理論有關。Polkinghorne指出人們發展生活中的「基模」（schemes）或情節：

> 敘述性的組織基模是對於了解人類多元性有特殊的重要性。基模展現人類事務中的目的與方向，且使得個人生活能夠整體的加以理解。我們運用敘述性架構以理解自身與他人的行爲，且經此而認清影響我們計畫性行動的各種作用有預期性目標。敘述使得個人的各項事件藉著界定他們所促成的事物而變得可以理解。總而言之，敘事乃一項將各種行動整理成一個整體的重要結構，因此，對於個人行動和事件之歸因上的重要性是根據其對整體之影響。所以，敘事是從許多記錄中分化而來的，而記錄是根據其在時間線上所處之位置中列出的各個事件簡要的加以排序。敘事提供行動的象徵性說明。[Polkinghorne, 1988: 17-18]

社會服務用於收集有關於案主的資料之工具被稱爲社會史。與健康

有關的服務則運用醫療史。社會史是從案主及其家屬所收集來的資料集結而成的，還包括其它來源，例如社會服務之提供者。社會史通常提供個人之家系宗譜、生理健康及發展、社會與家庭之關係、教育及工作史，以及健康與社會服務之運用。這資料是經由助人專業工作者所運用之有關於以專業形式所撰寫的報告與標題之問題標準系列而取得的。醫療史則與病患之健康史的年表中所記錄之細節類似，包括過去疾病、家族疾病史和過去治療狀況。這就是為什麼Polkinghorne可能會傾向於認為社會史即是「事件之編年史」。相對的，「敘事」(narrative) 則是案主自身的生活故事。一個敘事顯現案主對於生活事件所歸因的意義及澄清個人目標、夢想、希望、失望、成功和挫敗的涵義。從那些我們在助人過程中之必要部分所提供服務的對象中抽取出故事或生活上的敘述。當然，這意謂著助人專業工作者必須在案主透過故事告訴我們有關於他們的生活中的重要部分。這主動的傾聽也預先假定我們撥出我們在生活的先入為出之觀念如同是來自於我們自身的個人敘述及我們用以組織這世界的專業敘述或模型。Saleebey (1994: 357) 主張助人專業工作者「能有助於在意義的重組或復原上做為一個催化劑（對案主或病患），以影響案主的世界中之某些部分」。助人專業工作者傾聽這些故事而能夠對案主提供支持以達成其目標。Sandelowski討論在護理實務工作中病患的敘述之角色：

> 納入敘事模型於患者的文化中，他們將自己的生活設計為浪漫小說、喜劇、音樂劇或悲劇，在這些戲中病患是與那些妨礙他們達成目標的各種障礙掙扎並且加以克服，或是那是無法克服的第一主角。就像所有的小說家，所以，也像所有的人類一樣，他們選擇並臨時安排各種事件又給予其正在述說的那件未曾發生的經歷一致性與連貫性。藉著納入文化上類似的敘事模式，故事提供各個生活事件之間的連貫感。[Sandelowski, 1994: 26]

Sandelowski更進一步的描述：

當護理處遇以敘事體的方式而構思時，治療變成直接朝向病患能賴以維生且常伴身旁之編造的故事所構成的方案。專門的護理治療除了建立環境使病患自由自在的敘說他的故事之外，還與病患合作以(a)使得病患的敘事結構和意義對他們而言是顯而易見的，(b)爲他們的生活建造一致的故事，且或(c)重建過去事件和未來計畫的一份更有用的或連貫的解釋。這敘事形處遇的整體目標是轉變殘缺的、不一致的或過度受限的敘述而成爲可賦與能力的故事，以容許變遷是朝向一個帶有未來發展前途的整合性自我價值感。[Sandelowski, 1994: 28-29]

對於助人者要投入這過程中需要脫離「專家」的角色並具有傾聽敘述的能力：諮商心理學家Baur與精神病患在一家精神病院中進行各項工作，提出在助人過程中這樣的轉變是必須的。她也斷言個人本身敘事的重要性是了解和保護自己的世界之工具：

從說服患者去找工作或更清晰、主動的說明到傾聽他們必須要表達的一切，這些目標的轉變鼓勵一個不同類型的關係。例如，一位男士的「女兒」相信他會是隻恐龍。我成爲一個所從事的工作是從一位專家那邊傾聽關於這個精神分裂的世界中我所能聽到的一切的學生。對另外一個病人，我變得有些預備性記憶的，掌握並加強他在一次較快樂的時光中所能記得的一點故事。對大部分病患來說我只個目擊者。在所有的例子中，我接受他們的各種化名、各式主意、他們的（不是我的）各項溝通規則，以及……我藉著被投入其中而得到獎勵。……因此在許多時間我變得越來越熟悉這些適當的困擾和可嘆的疾病中之各種私密的想法，且這樣的熟悉帶來了尊敬。我被他們的勇敢與堅持所震懾。我被這些病患所塑造出來的事實，這些都以各種巧妙的手法隱藏於保護罩、金屬容器或習慣之中得保存活而感到欣喜。[Baur, 1991: 3-4]

那時，這個人的敘事與發展之一般性模式會處於相互對立的狀態。

James Glass的*Private Terror ╱ Public Life: Psychosis and the Politics of Community*一書中詳細敍述這些精神病患的故事。在這些敍述之中，他表示：

> 在這些反應之中並沒有絕對的事情或完整的事實出現；每個敍述包含自己對於自身經歷的特殊評論和所處之恐懼和解離的夢魘世界。David對於成爲一個「顆粒」並飛翔於天空朝戰場而去，或Ruth在1943年的世界並居住於Auschwitz，Julia正在剪裁和利用這些剃刀的刀片做成泰迪熊：這些考察中的每一次，這些封閉事實的框架都描述一些狀況和慾望的起源與解體……擁有對象（在研究病患時），那時不論在任何形態中——是透過因應的各種反應或是設計出的各項問卷，或是設下等級，或是稍爲將語言系統化——都已成爲一個牽強附會………﹝Glass, 1989: 13﹞

運用個人的敍事做爲專業上助人的工具是與這個助人專業所強調的個人之獨特性與尊嚴、自我決定的個人權利和引用非判斷性的態度等原則均與社會工作價值一致。

摘要

很明顯的，人生歷程包含一連串無情、殘酷的改變。這些改變中的部分是來自於生物體本身，且其它的部分是由外在的人類和物理環境所建造的。然而在這些改變之間，一些恆久的事物依然存在，包括那些延續一生的任務：生理上存活的與遺傳限制中的生理發展均嘗試與其它事物連結，以發展和強化自我價值感和稱職感，與焦點放在任務上的行爲。我們已經發現這些恆常的事物在各個人生歷程中的各階段是如何被塑造的有些許不同，而且這許多變異性及多元性是如何穿越以性別、種族、生理能力和生活形態爲基礎的人生歷程。

許多因素影響穿越人生歷程中所遭遇到的各種資源和障礙，且多重

影響（年齡階段、歷史階段和非規範性的）決定專業性協助中所必要的類型與需求。運用人生歷程以了解人類行為，因而，回顧到本書之前所提出的二項重點。第一，人類行為涉入人與其環境中的互動。第二，人類具有各種與生俱來的普遍需求，而這是以極度不同的方式精心製作和達成的。下一章，也是最後一章，將更進一步的檢視一些在上述兩方面間的密切關連。

研究問題

1. 每個同年齡層的人口群在經過這人生歷程中均會經歷到類似的歷史性影響。無論如何，每人可能會以不同的方式經歷到這些影響。在你這個年齡層的同儕有一些什麼樣的共同經驗。討論這些經驗如何塑造你的價值觀、抱負、行為和對這世界的看法。

2. 思考你目前所處之年齡層的一般共同性任務。你是否認為這些任務是可應用於你目前的生活狀況之中？與一些長輩討論這些任務，是否他們在當時處於同一年齡層之際有援用這些說法？若他們是不同的，你認為是什麼能證明這樣的改變？

3. 討論一些在過去的時代中男、女同性戀者所會遭遇到的一些障礙和所需的資源。與他們的那些異性戀的同伴在這些方面是有什麼樣的差別？

4. 討論所有生活事件（事件的發生時間、時期、次序、同伴的特質、背景的單純度和發生的可能性）中之相同部分以及其中任何的或所有的在你生活中與重要生活經驗有關的部分。

5. 閱讀本章之末的導讀。對這些兒童之死亡是已如何的影響他們的祖母？這是已如何的改變他們的人生歷程？什麼樣的資源需要在這個生命階段支持這些家庭？什麼樣的障礙是他們可能會遭遇到的？與助人專業工作者有什麼樣的關連？

6. 敘事乃是一個使生命中的各項事件能有所意義的工具。你認為敘事的概念會如何在你專業的助人過程中給予協助？你可如何將敘

事納入於實務工作中？

主要名詞

年齡階段之影響　*age-graded influences*

　　這些發展上的部分是與隨時間前後排列而記載的年齡有關，且包括隨著特殊年齡之社會期待而發生的事件。

族群　*cohorts*

　　大約同時出生的人且因此會經歷到類似的歷史性事件（雖然他們可能會以不同的方式經歷到）。

脈絡單純度　*contextual purity*

　　某重大的人生事件對某人的生活的其它同時期之事件造成干擾。

重大人生事件　*critical life events*

　　那些在某些人的生命中之非常顯著的重要里程碑和轉捩點之偶發性事件。

歷史階段的影響　*history-graded influences*

　　由歷史事件所帶來的社會變遷，例如人口統計上的變異、科技上的改變和就業率。

人生歷程　*life course*

　　從懷孕到死亡的階段，包含在歷史中的某一特定時間內的生理、心理、社會結構和文化經驗之總和。

人生階段　*life period*

　　任何生命歷程中的階段，具有與依時間先後順序排列的年紀有關之特殊發展性和社會性任務，且與生物性和心理性能力相關。

敘事　*narrative*

藉著個人、社區和文化組織其個人與群體生活中之事件與經驗於提供涵義的故事之中。

非規範性的影響　*non-normative influences*

這類對於行為的影響是無法預期亦不能事先猜測到的，又與依時間先後順序排列的年齡或經歷過的時間之關連甚少。

參考書目

Baltes, P. (1987). Developmental Psychology. In *The Encyclopedia of Aging*, edited by G. Maddox, pp. 170-176. New York: Springer-Verlag.

Barrow, G. (1989). *Aging, the Individual, and Society*, 4th edition. St. Paul, MN: West Publishing Company.

Baur, S. (1991). *The Dinosaur Man: Tales of Madness and Enchantment from the Back Ward*. New York: Harper Perennial, pp.3-4.

Berman, H. (1986). To Flame with Wild Life: Florida Scott-Maxwell's Experience of Old Age. *The Gerontologist*, Vol. 26, pp. 321-324.

Berzoff, J. (1989). From Separation to Connection: Shifts in Understanding Women's Development. *Affilia*, Vol. 4, No. 1, Spring, pp. 45-58.

Bianchi, E. (1986). *Aging as a Spiritual Journey*. New York: Crossroads Publishing.

Bloom, M. (1990). *Introduction to the Drama of Social Work*. Itasca, IL: F.E. Peacock Publishers.

Boxer, A. and B. Cohle (1989). The Life Course of Gay and Lesbian Youth: An Immodest Proposal for the Study of Lives. *The Journal of Homosexuality*, Vol. 22, Nos. 3 and 4, pp. 315-355.

Brunner, J. (1987). Life as Narrative. *Social Research*, Vol. 54, No. 1, pp. 11-32.

Clausen, J. (1986). *The Life Course: A Sociological Perspective*. Englewood Cliffs, NJ: Prentice Hall.

Danish, S., M. Smyer, and C. Nowak (1980). Developmental Intervention: Enhancing Life Event Processes. In *Life Span Development and Behavior*, edited by P. Baltes and O. Brim, Vol. 3, pp. 339-366. San Diego: Academic Press.

D'Augelli, A. (1992). Teaching Lesbian/Gay Development: From Oppression to Exceptionality. *The Journal of Homosexuality*, Vol. 22, Nos. 3 and 4, pp. 213-225.

Devore, W. and E. Schlesinger (1981). *Ethnic-Sensitive Social Work Practice*. St. Louis, MO: C. V. Mosby.

Dion, M. J. (1984). *We the American Women*. Washington, D.C.: Government Printing Office.

Ford Foundation (1989). *The Common Good: Social Welfare and the American Future*. New York: The Ford Foundation.

Freeman, E. (1990). The Black Family's Life Cycle: Operationalizing a Strengths Perspective. In *Social Work Practice with Black Families: A Culturally Specific Perspective*, Chapter 4. White Plains, NY: Longman.

Friedan, B. (1993). *The Fountain of Age*. New York: Simon & Schuster.

Germain, C. (1990). Many Ways of Knowing. *Social Work*, Vol. 35, No: 1, pp. 3-4.

Germain, C. (1994). Emerging Conceptions of Family Development over the Life Course. *Families in Society: The Journal of Contemporary Human Services*, CEU article 42, May, pp. 259-267.

Gilligan, C. (1982). *In a Different Voice: Psychological Theory and Human Development.* Cambridge, MA: Harvard University Press.

Ginsberg, L. H. (1975). Normative Life Crises: Applied Perspectives. In *Life Span Developmental Perspectives: Normative Life Crises*, edited by N. Dantan and L. H. Ginsberg. New York: Academic Press.

Glass, J. (1989). *Private Terror/Public Life: Psychosis and the Politics of Community.* Ithaca, NY: Cornell University Press, p. 13.

Hagestad, G. and B. Neugarten (1985). Aging and the Life Course. In *Handbook of Aging and the Social Sciences,* 2nd edition, edited by R. Binstock and E. Shanas, pp. 35-61. New York: Van Nostrand Reinhold.

Hammer, J. and D. Statham (1989). *Women and Social Work.* Chicago, IL: Lyceum Books.

Hareven, T. (1982). The Life Course and Aging in Historical Perspective. In *Aging and Life Course Transitions: An Interdisciplinary Perspective,* edited by T. Hareven and K. J. Adams. New York: Guilford Press.

Harper, B. (1990). Blacks and the Health Care Delivery System: Challenge and Prospects. In *Social Work Practice with Black Families: A Culturally Specific Perspective*, edited by S. Logan, E. Freeman, and McRoy, pp. 239-256. White Plains, NY: Longman.

Kimmel, D. (1980). *Adulthood and Aging,* 2nd edition. New York: Wiley Press.

Lee, F. (1994). AIDS Toll on Elderly: Dying Grandchildren. *The New York Times,* November 21, pp. A1, A11.

McGoldrick, M. (1989). Women through the Family Life Cycle. In *Women in Families: A Framework for Family Therapy,* edited by M. McGoldrick et al., Chapter 11, pp. 200-226. New York: W. W. Norton.

Moen, P. and C. Howery (1988). The Significance of Time in the Study of Families under Stress. In *Social Stress and Family Development*, edited by David Klein and J. Aldous, pp. 131-156. New York: Guilford Press.

Neugarten, B. (ed.) (1982). *Age or Need: Public Policies for Older People.* Beverly Hills, CA: Sage Publications.

Norton, C. (1989). *Life Metaphors: Stories of Ordinary Survival.* Carbondale, IL: Southern Illinois University Press.

Perkins, K. (1993). Working-Class Women and Retirement. *Journal of Gerontological Social Work,* Vol. 20, Nos. 3 and 4, pp. 129-145.

Polkinghorne, D. (1988). *Narrative Knowing and the Human Sciences.* New York: State University of New York Press.

Rhodes, S. (1977). A Developmental Approach to the Life Cycle of the Family. *Social Casework,* Vol. 58, No. 5, pp. 301-311.

Rindfuss, F. with C. Swicegood and R. Rosenfeld (1987). Disorders in the Life Course: How Common and Does It Matter? *American Sociological Review,* Vol. 52 (December), pp. 785-801.

Robinson, T. and J. Ward (1991). A Belief in Self Far Greater Than Anyone's Disbelief: Cultivating Resistance among African American Female Adolescents. In *Women, Girls and Psychotherapy: Reframing Resistance,* edited by C. Gilligan, A. Rogers, and D. Tolman, pp. 87-103. Binghampton, NY: The Haworth Press.

Rossi, A. S. (1980). Life-Span Theories and Women's Lives. *Signs: Journal of Women in Culture and Society,* Vol. 6, pp. 4-32.

Saleebey, D. (1994). Culture, Theory, and Narrative: The Intersection of Meanings in

Practice. *Social Work*, Vol. 39, No. 4 (July), pp 351-359.

Sandelowski, M. (1994). We Are the Stories We Tell: Narrative Knowing in Nursing Practice. *Journal of Holistic Nursing*, Vol. 12, No. 1 (March), pp. 23-33.

Shakespeare, Wm. (1919). *As You Like It*, Act 2, Scene 7, Lines 139-166. In *The Yale Shakespeare*. New Haven, CT: Yale University Press, pp. 42-43.

Sutkin, L. (1984). Introduction. In *Chronic Illness and Disability Throughout the Life Span: Effects on Self and Family*, edited by M. Eisenberg, L. Sutkin, and M. Jansen, pp. 1-19. New York: Springer-Verlag.

U.S. Bureau of the Census (1989). *Population Profile of the United States: 1989*. Washington, DC: Government Printing Office, pp. 36-39.

老年敲起的喪鐘：
垂死的孫兒

　　長久以來，Kathleen Buete一直害怕有通電話會說出她的女兒 Florence已死於藥物濫用。但永遠不會有這通電話了，Florence懷著身孕和染上愛滋病的回到家中。她終究是過世了，且Ms. Buete正在照顧她那八歲大的孫子，他每天因為那種殺了他母親的同樣病毒侵蝕而越來越瘦且越來越虛弱。

　　「我時常沒有任何理由地大叫」，Ms. Buete這麼說，「我讓自己可以哭，我走到廁所裏所以他不能看到我，但他時常恰好發現了」。

　　由於愛滋病那致命的危險，全國各地的外祖母們不斷地加入一個擁有新的轉變之古老角色中：她們正在為其因愛滋病而處於死亡邊緣的成年子女提供照顧，此外並包括這外孫，有時他們也瀕臨死亡，或被人所遺忘。

　　這些女性是這變遷中的致命疾病裏無法預期的受害者。異性戀的愛滋病帶原者從公元1992年到公元1993年急速跳升了130%（增加的部分原因是歸於定義的改變）且專家估計到公元二千年大約會有十二萬五千個兒童因為愛滋病而失去他們的母親。這些孩童是持續不斷地被留給親戚、朋友和社會福利機構照顧。

　　在許多方面，愛滋病這個致命疾病完全地將美國家庭因藥物、虐待、遺棄、監禁和死亡所引起的危機更形惡化。

　　在公元1992年，有八十六萬五千個在十八歲以下的兒童是由其祖父母所撫養。去年，這個數字超過一百萬，此乃根據美國退休人員協會所分析之年度官方統計資料而得。大部分的孤兒是住在紐約、邁阿密、洛杉磯、華盛頓和San Juan，P. R.根據「孤兒

計畫」——一個研究團體所呈現之為那些因愛滋病而成為孤兒的
孩童所提供的各項政策的選擇方案。

「我們相信愛滋病可能是將會氾濫的項目之一」，Rene
Woodworth美國退休人員協會的祖父母資訊中心主任，根據華盛
頓的資料做出以上的表示。這個中心在一年前開放，以為那些持
續不斷增加的為各種不同理由而撫養孫兒的祖父母提供援助和資
訊。

「我們沒有任何經濟補助，但我們傾聽各種故事」，Ms.
Woodworth，說出愛滋病這個致命疾病對祖父母的影響是強迫其
撫養這些失去雙親的孩童。「你正在處理失落的問題，可能還有一
些罪惡感、可能還有一些羞恥。他們最大的顧慮是照顧他們的孫
兒。他們是這個國家需要把握的問題。」

「許多是正在面臨經濟上的掙扎。」

「有些人說，這是非常悲傷的，母親去世，但這外祖母在並
不知道其中的含義之狀況下取代這個位置。」在紐約市的「孤兒
方案」的主任Carol Levine表示，「這長期安置的影響多半是非常
脆弱的安排。」

八歲的Carmine Buete不記得他那七年前去世的母親。現在一
個疲倦的且不適的Kathleen Buete，六十五歲，說她最大的恐懼是
在她外孫之前死去。七月時，她接受四重的心臟繞道手術。

Carmine是個身裁看起來像五歲的孩子，且容易疲倦。他最近
得到一個小的、亮紅色與黑色相間的輪椅，他就環繞著所居住之
陽光晴朗的Queens公寓練習駕駛。

當他的祖母提議他們出去吃飯時他說：「媽，我累了。」，「我
們將開車——否則我不去吃。」

「我們能夠總是携帶我的輪椅」，他說。「我正推著。」

　　Ms. Buete離婚了，且依靠社會安全法案中爲殘障者所設立的Supplemental Security Income來維持自己和Carmine的生活。他的治療是透過他參加罹患愛滋病兒童所做的臨床實驗所獲得。Carmine知道他有愛滋病且已經在所參與的試驗中看到其他小孩中有幾個已經過世。在這最後的一年半，他已經沒有所謂的免疫系統。他接受義務家敎的指導以減低他可能將從其他小孩身上得到感染的風險。

　　安靜、整潔的家庭環境有一個臥房放滿了Carmine的各種玩具和遊戲、面具和多重的悲嘆。Ms. Buete最近知道她另一個兒子是HIV檢測呈陽性反應，且可能在過去藉著分享針頭，就和Carmine的母親一樣，而被感染的。

　　「我從來沒想過，直到愛滋病眞的發生」，Ms. Buete說。「我過去還想騎著摩托車在美國旅行，但是當它發生時，你就走不開了。所有的外祖母都是。」

　　「有一個和我同樣情況的外祖母，但她在八月的時候就失去了她的外孫女」她說。「我們過去習慣每星期彼此通一次電話。你會覺得傷感因爲你失去了許多人。」

　　這疾病已在她的家中敲起喪鐘，Ms. Buete感到時常討論她的經驗是重要的，且與愛滋病相關之各種起因，例如「男同性戀者的健康危機」共同合作是重要的。

　　統計數字指出，有更多的祖父母們將會照顧孩童，此乃疾病持續增加其對家庭的影響所致。大部分的家庭已經因爲貧困與社會孤立而變得無法承受。

　　根據亞特蘭大的聯邦疾病控制與預防中心，從公元1985年至1993年的資料顯示，罹患愛滋病的人口群中因男性之間的性接觸而染病的比例由66.5%降至46.6%。這部分是歸因於女性之間和異

性戀之男性交互使用藥物的比例從17.4個百分比升至27.7個百分比。

在公元1993年，有9,288個罹患愛滋病的案例是被歸類於異性戀者間的性接觸，在公元1992年的比例增加了130%。在紐約市，這致命疾病的中心即有超過七萬件案例，每週有一百二十人死於愛滋病。他們大多是交互型的藥物濫用者或其伴侶，且許多是有子女的。

研究顯示，大約有20%的新生兒是由HIV帶原的母親所生且約會受到感染。

Megan McLaughlin，是Federation of Protestant Welfare Agencies在紐約市的主任，他表示照顧患有愛滋病孩童的大家庭應得到更多的支持。

「當事情在其能力範圍內無法平順發展時，他們需要可周轉的金錢及可遷移的地點」，Ms. McLaughlin說。「他們需要心理健康服務、放學後的輔導及日間照護。長期施行要比將孩童置於寄養服務要來得便宜。」

支持性團體正在產生之中，是透過醫院、寄養照護團體和愛滋病兒童之福利機構而形成的。其中某些機構就像Project DEAR (Developing Effective AIDS Response) 在Newark已經運作數年。這個由年紀較大的女性與其所照顧的患有愛滋病的子女、孫子女所組成，每月聚會一次，已進行了幾乎五年。

許多祖母是獨力生活的。有些是已經照顧其他嗑藥或喪失監護權的子女所生的小孩。有關於這些女性的秘聞多而且豐富，就像Ms. B uete，已經因這個病毒而失去的子女不只一個。

「一個女性的兒子患有這個疾病且其二名子女亦帶有此種病毒，67歲的Earlen Hollway說，她是Project DEAR的副總裁。「他

們現在都死了，大部份我們的成員現在已經失去自己的子女。我們正試著去教育、嘗試去協助不知道何去何從的人們。」

「這是非常困難的。」Ms. Hollavay這麼說，她是個患有愛滋病且於9歲去世的男孩之寄養母親。「我的孩子過去習慣去看病的地方有一群孩子，現在他們幾乎都死去，除了其中兩個，一個接著一個，他們過世了。」

在紐約市的家庭中心是全國第一個對某個地方的人提供監護計畫、呈現問題和獲得健康照顧的方案。這是在今年春天開辦。這個方案也為家庭中有人罹患愛滋病的青少年研究各種不同的心理衛生方案，且訓練在當地各大專院校主修社會工作的學生與這些家庭合作。

「若我們不做一些事，他們會是街頭上遊盪的兒童。」這個中心的主任，Barbara H. Draimin說。

一個住在Newark的祖母，Gereva Morrison，看顧她那29歲，在公元1987年死於愛滋病的女兒Angela Richardson。而Ms. Richard son的女兒，Shanti Santana也被感染。這個家庭相信Ms. Richard son是自其男友處得病，他習慣嗑藥。

不像許多祖母一樣，她們第二次被迫使接受做為母親的責任，Mr s. Morrison，55歲，一位在New Jersey Bell的退休巡迴設計師，已婚且是中產階級。她有私人保險並獲得來自於所屬教堂、Shanti的學校和Project DEAR。但她說她是維繫家庭的核心人物。

她說：「男性在這個家庭中並未如女性般處理這個問題。」她說出她那兩名成年的兒子和丈夫都無法安然地討論這些發生在Angela身上的事或有關於Shanti的病。

在Angela死後，Mrs. Morrison開始照顧現年二十歲的孫子和

現年十歲的Shanti。這兩個孩子有不同的父親。Shanti和Angela在公元1985年同時被發現帶有愛滋病的HIV病毒,這是在Angela為帶當時還是嬰孩的Shanti看醫生後發現的,因為那時這名嬰孩有尿布疹、發燒和瀉肚等問題一再重覆發生。

Mrs. Morrison回顧那時她被這女兒的診斷報告所打擊,因此她去家庭醫師那裏並取得特效止痛藥的處方。她只拿了一天份,她說,因為她需要保持警覺和全神貫注。但是她的腦中一再的有個聲音不斷地持續著,不應該會是這樣。

「我說,Angie,別生病、不要死,別把這些孩子留下來給我照顧」,Mrs. Morrison說,她的嗓子喊破了。「我明白她將會比我先死。」

Mrs. Morrison變成她的外孫之合法監護人。她讓Shanti在天主教學校上課。她和Shanti同母異父的哥哥在Mrs. Morrison發現他用一根針把Shanti父親的照片戳了幾個洞以後接受諮商。

Shanti的身高和體重正常,服用AZT和一種叫做Bapsone的抗菌藥物。她游泳、溜冰和打籃球。她的外祖母堅持她是每天都過著最充實的生活之正常兒童。

然而她不是,就像她的外祖母受到這麼多不同方面的提醒。最困難的任務之一是她當面告訴Shanti她得了愛滋病。Angela的社會工作者已經交給她一本書,是關於帶有病毒的兒童,她們將這本書交給Sh anti。

「某天晚上她帶這本書給我,而且我叫著:這真是個地獄!」Mr s. Morrison回憶說。「我說:你知道這是一本什麼樣的書?」她說知道。第二天她說:「我是不是有愛滋病毒?」我說「是,但這是家裏的秘密,因為人們有時並不是這麼好。」

無論如何,Mrs. Morrison已經發現一些誠實的拯救之道且正

運用她的經驗在幫助其他人。「我已經公開分享經驗五年了。」她說,「我公開分享經驗的理由是我下決心要做這惟一能讓事情將會有所改變的事,也就是你必需不再躲藏。這是一種病,許多人卻將之視爲道德問題。」

Shanti說她的朋友都是知道她所患的病。「有一次,某人叫我愛滋病女生」,她說。「我不理他。」

仍舊,當它變得似乎是過於沈重以致無法忍受的日子還有一段時間。「Shanti是她媽媽的翻版」,Mrs. Morrison溫和地説。「常常我看著她的時候我會顫抖。」

第五章　實務運用

欣賞藝術、生活總是需要較宏觀的角度。製造，或至少是嘗試
與過去未曾存在的事物產生聯結，這樣的負擔包圍著變幻世界的一
樣光芒，透過變幻世界的相同旋律，對成長、尋找和探視的恐懼擴
大了私人和公共的世界。然而，在我們這個特別的社會中，窄化的
和正被窄化的觀點時常贏得勝利。

*——Alice Coalker**

概要

　　本書的目的是在於提供剛起步的一般實務工作者具有了解人類行為
的架構。或許我們應該說這是一個嘗試去了解人類行為的架構，或是為
了明瞭一些有關於人類行為的事情。我們這麼說是因為有關於人類行為
尚有許多部分至今無法了解，且有更多的是可能再也不能明白的。以上
所引用的內容是告訴我們有關於前幾章所呈現的各項概念並協助我們凝
聚焦點，以使我們開始思考有關於如何將這理論與資料應用於實務工作
中。在第一章，我們以社會工作者的理解而開始，我們的焦點是人在情
境中的觀點，一個自從十九世紀即已開始普及的社會工作之全面性觀
點。類似的助人專業工作者也尋求了解人們在其所處之環境中的狀況。
例如，公共衛生和心理衛生工作人員尋找在環境中各個提昇或妨礙個人
與團體之生理或心理健康的機構。我們主張一些刪選的標準應運用於研
究中，且我們所獲得的人類行為來源之大量資料亦需加以處理。在這些
刪選標準中有健康、成長、生態、力量和使能等方面的觀點，是以社會
工作專業的宗旨、目標和價值為根基。在第二章，發展出一個架構以運

　　* Walker, A. (1976). Saving the Life That Is Your Own. In *New York Public
Library Book of Twentieth Century American Quotations* (1992), edited by
S. Donadio et al., New York: Warner Books, p. 142.

用系統理論、人類多元化和方向性（具有目的）等做爲全面審視人類行爲的鏡頭，透過生命中的生物、心理、社會結構和文化等人類行爲之領域以觀察出現於複雜的互動中之各項資源與障礙。第三章是以之前一章爲基礎，將焦點放在目前來自於多重學理、專業的知識，以支援在了解生物、心理、社會結構，以及在個人、團體、家庭、社區和組織上之行爲的文化來源等之相互作用。對於一般社會工作者最有用的概念可能是實現社會工作的各項目標並施行適當的實務工作，而這些都是被選取出來的，並被賦與更完整的發展與討論。在第四章的內容呈現出人生歷程的不同取向之研究，將焦點放在一般的人類經驗，但接受各種的多重影響，並確認在個人與團體滿足其需求與實現其目標上的極度多元性之方式，就當他們經過一段時間的實現自身的進取，因應各種障礙與管理各項資源。這本書已經假設學生是熟悉之前的含蓋基本心理學理論、發展理論、經濟理論和系統理論等之課程內容，以及生物、社會學、政治學和人類學等各種觀點。若這些理論已非先前所研讀的，這本書將會支援並鼓勵讀者更進一步探究這一類的知識。

這一章是藉著將焦點放在整合先前的理論而成爲一個可應用於實務中的架構。這一章注意到誰是專業的助人者及什麼是助人者要做的。它提供人們有效服務的綱領，此乃基於人類行爲之全面性了解。只是我們之前就明瞭人類行爲的偉大又難以理解的神秘，它是由可加以解釋的各項概念之廣大系列所共同組合而成的，所以我們應該要記得實務工作總是正在改變。我們將會致力於呈現一些基本原則，一些基本的問題。無論如何，儘管這一章是爲本書做個總結，它並沒有對你的學習下結論。當你繼續從事實務工作時，將會能夠在處理所遭遇到的人類情境時運用目標、價值觀、知識和技巧。

專業助人者的特質

在你讀這本書一直到現在，你可能會覺得被這些概念壓得透不過氣來。考慮一下F. Scott Fitzgerald所做的觀察：「這第一等智慧的測驗

是在同時記住兩種完全不同觀點的能力，且依然保持發揮作用的能力」
（Fitzgerald, 1936）。你是否同意我們認為他低估了一個人同時必須要
保有多少的相對立的觀點。可能你已經歷到事實上每個研讀人類行為的
學生有一共通現象，那就是，你已經發現自己成為各個原本就是著名的
理論之實例。例如，想像一下你不知道自己的生日，且你閱讀每個占星
術上的指標中之細節，你能夠斷定你是個天秤座的——你愛好和平且溫
和；不，在接下來的想法中是一個獅子座的——但又再次地，可能是個
雙子座的——對，就是它，雙子的標示解釋你具有觀看問題正反兩面的
傾向。例如，在閱讀有關於人生歷程的部分時，有些人變得一時確信自
己從嬰兒到幼童牙牙學語的人生階段有些任務並未完成。他們必定會全
心全意的，若是他們正處在人生的轉變時期且盼望有所進展。但那時，
他們清楚的看到，事實上，他們幾乎是完整地從極早期的生涯中倖存下
來。在青少年期遭遇到最大障礙的時候，他們承受多重改變的衝擊；然
而，在另一方面，這些改變的確成為資源，為這些正在成為青年的人呈
現實際上的問題，以使其能與世界搏鬥，只是產生了強烈的勝任感，故
可準備好去擔當更多的成人方面之任務與責任。當他們不常能夠分辨自
身的障礙與資源，他們懷疑將要如何才能評估其案主的障礙與資源。假
若那是不足以擔憂的，他們發現自己在系統理論和混亂理論（chaos the-
ory）間，且於結果的可預測性之觀點上搖擺不定：是否對他們存有任何
可發揮潛在助人者之功能的期望？

　　這些對於實務工作有何影響？在前面幾章你已經讀到有關於他們可
能會用這些你將在實務工作中提供服務的對象之相關概念和論點。現在
要增加另外一項要素——助人者，就是他自己。Albert Einstein表示：
「我們所能經歷到的最美麗的事物是神秘的。這是所有實際的藝術和科
學的來源。」（Einstein, 1930）質疑雖然可能會看穿我們鄰居的行為中
美麗而又神秘的一面，人類行為保存了專業助人者最美麗神秘的那部
分，就是他們自己。若是我們，身為專業助人者，想要整合人類行為的
知識成為一個實務工作上可運用的架構，我們不應該試著去了解自己的
行為，就如我們探索其他人的行為之神秘處？我們能夠藉著詢問「誰是
助人者且他們是如何變成這樣？」是否人類已是經常幫助他人？這些人

在成為專業助人者之前在做些什麼？是否在這具有敵意的物理環境的表面存在著需要我們的祖先彼此間相互協助？是否那些原本就是這樣的人會變成「天生的助人者」？

許多觀點已經提供於助人者的角色上。以下幾行是摘自於Robert Frost的詩——*The Road Not Taken*，可能會引發有關於你決定成為一個助人者的感受與想法：

> 在樹林中分出兩條路，而我，我選擇了較少人走的那條路，
> 且那已產生了許多不同。[Frost, 1916: 623]

你是否知道各種要素聚集所產生的某一種組合會造成你要踏上助人事業之路的決定？「助人者」做為「治療者」的角色而存在於社區之中是一種具有深度和豐富歷史的觀點。在各種文化中，「僧侶」的角色是定義完整的。僧侶（男性或女性）藉著「靈性」在社區裏被公認是被「召喚」來擔任這個角色的。通常這樣的「召喚」以帶有預言性的夢之形式而來臨於個人生涯的早期。這些夢想是當這人在童年或青年時期，那時患病的狀況變得更為嚴重之前就已浮現的。在這段時間，這未來的僧侶拜訪這靈性的世界，並被授與有關於健康與疾病之來源上的知識。一但這年輕人復原且再回到這個社區，他就變成一個部族中的僧侶之入門者，以學者習更進一步的治療方式。

已從行程中獲得知識與智慧且完成了入門進修部分，那時這個人會完成這令人欣喜的儀式並成為一名僧侶。一個令人狂喜的自傳性過程記敘可於*Black Elk Speaks* (Black Elk, 1979) 一書中發現，這記載一名印地安蘇族僧侶的一生。然而僧侶這個角色是在靈性與醫療領域上具有首要功能，且我們身為助人服務的工作者之角色具有更世俗化的焦點，我們可能藉著更仔細的觀看蘇族人的治療過程而學習一些有關於助人過程的形態和專業助人者的角色。

「受傷的治療者」的原型是具有一些「受傷害的」遭遇（靈性的、生理的、或情緒的）的人，並是以其所增加的權力而復元的，這件事是透過神話的記載而被發現。近似於「英雄」的原型，這個人被喚起一些追尋。個人離開社區，遭受困苦與煎熬，獲得知識與智慧，然後返鄉。

在本章之末的 導讀5.1 是敘述一個名叫Dusty的護士的故事,她參與越戰的戰地工作兩次。她的經驗沈痛的指明受傷的治療者之概念。一個助人者的例子是她同時被「稱做」和經歷一個受傷的治療者之經驗是Bernice A. King牧師,她的故事呈現於本章之末的導讀5.2。在一次訪問中,King牧師描述一段時間,在她的青少年中期過後,當她經歷到劇烈的內在騷動且感動與所屬的教堂和其他人都失去聯繫,因是如此的強烈,以致於在那成年早期,甚至她擁有許多成就和一個強壯的支持系統時,她自殺了。她描述了一個有她父親出現的夢,之後她感到生命中隨著她的呼喚而來的平靜,且生存之目的因而清晰 (Norment, 1995)。

你可能發現停在這裏去閱讀分別出現於 導讀5.1 和 導讀5.2 之中的Dusty和King牧師的故事是有用處的,之後思考一些在每個故事之前的介紹部分所提出的議題與疑問。你是否發現到在她們的故事之間有何類似與相異之處,且與你朝向助人專業的路徑比較的結果如何?耶穌、佛陀和聖女貞德是一些眾所周知的英雄或治療者原型的實例。John Sanford,一位楊格心理學派的分析家兼英國國教的牧師表示:

> 僧侶……從個人驅使他(她)的權力,直接遭遇這潛意識的內在世界;他(她)有他(她)自己與潛意識的遭遇。僧侶在協助他人的有效成果是起源於僧侶自身的經驗深度。[Sanford, 1977: 72]

僧侶和受傷的治療者之概念可能會敲動你的心弦,並幫助你了解一些有關於你自身進入助人專業的動機方面的事情。無論如何,或許這些觀點中沒有任何一個是接近於對你這個人的描述。一些人更傾向於神秘的,還有些人傾向於實際的。仍然有些人陷入兩者之間,是依靠這特定的一天,在他們的環境或他們的生活時期中。就如我們在這本書中所記述的,人類行為是被許多來源所影響的。記住這結果相等的概念,有一個來自於系統理論的原則:人們可能開始於許多不同的定點且朝向一個類似的目的地前進但是依循不同的路徑。同樣記住多元化的概念;每個人的經驗都是獨特的——助人有許多不同的路徑。榮格的觀察同樣適用於專業助人者和其所服務的人:

這隻鞋適合某一個人的脚但弄痛另外一個人的；沒有適合
於所有狀況的生活訣竅。我們每個人實行自身的生活形式
——一種無法被任何人所替代的冗長形式。[Jung, 1933: 935]

　　你目前是可能已選擇去做一個專業助人者或是你對於探索助人專業
有興趣，你或許想要在未來的生活中追尋這樣的一個角色。從某些角度
來看，你的生活經驗、個人處境和選擇，以及其它許多因素，已經帶領
你走到這一步上。有時，人們被迫去展現他們所具有的動機以進入助人
專業，因爲他們害怕其動機將不會被看做是足夠崇高的。你進入助人專
業的理由可能是非常實際的。你可能已經需要一個工作，一個助人的工
作就在廣告上，你申請且得到了這個工作；現在你發現你不只是擅長這
個工作，而且你喜歡它，你希望能夠做得更好，因此你能夠升等或取得
執照。你可能是一種覺得對於所做的工作有責任且會盡全力將它做好的
人，不論是什麼樣的任務。若這個任務是正在提供服務給人們，那時你
覺得要爲服務的施行負責，使服務盡可能的在品質上達到你所能提供的
最高水準。或許你並不知道從事助人專業對你而言是否爲正確的事業選
擇，但你已經在其它的職業或研究領域中工作卻沒有給與你一種個人的
成就感。即使你能夠賺更多的錢且有更多的社會或家庭方面的認可，你
知道你不能年復一年的忍受沒有任何個人方面的獎勵。這可能是你自行
評估性向之後所得的結果指出你是非常適合做個助人者，或你覺得你生
來就有助人的天份。可能你會在分岔路口上就選擇一條不同的道路，因
爲所背負的家庭責任，但現在你是決定要追求你強烈的驅力。這往往是
許多中年正在進行事業上的改變並回到學校的學生所發生的狀況。在另
一方面，你可能有另外一種衝動，一個你生命中的夢想是你未來愛去追
求的，但你的夢想將不會帶來收入、支付你的房租或買你孩子的衣服，
所以你的目標是在一個適合你的助人領域中獲得實務上的階層。你可能
帶著新鮮感和狂熱來處理你的工作。或許人類行爲的研讀是完全地迷惑
你，就是以同樣的方式使一些你的朋友受到訊息的迷惑，例如有關於網
際空間、商業或自動動力。你可能是帶著一些憂慮或恐懼而進行助人專
業的研究。一些人說他們知道自己極希望成爲專業助人者，且感到自己

絕對會表現良好，但他們害怕自己將會被所目睹的痛苦和困苦而壓迫的喘不過氣來。其他人說自己會希望成爲專業助人者，但他們害怕會表現不佳，或是永遠無法充分地了解各種知識，以在日後幫助所有遇到的人物。

有時，這有助於初期的實務工作者重新構造其在生活實驗中的不確定性，並非將助人事業以鄭重的態度來看待是容易的，但從身爲人類的角度來看，感到了解使你總是正在成長、改變和學習有關於你自己的新事物和無法被期待去確實地明瞭你將來會變成什麼樣子。其他人是藉著重新架構那他們視爲從無知的轉變成單純的事物而得到幫助：他們是對於許多事情的種種資料所知極少，但他們正準備去學、去了解更多，且正在爲學習與了解所需要的事物而承擔責任。

你可能有想要追求的特殊興趣或想要幫助的某些類型的人。例如，一個二十五歲的女性已在高中宣佈她是個同性戀者，她說即使是極喜愛在老人這個領域的實習，她計畫要在一個服務男、女同性戀者和雙性戀者的靑少年、靑年及其家人的機構工作幾年。她爲自己的性取向感到驕傲，且已經獲得家人的支持。儘管她想要在未來繼續其在老人這個領域的事業，她覺得因爲自身的年紀與背景，應該爲正在承擔接受其子女之生活方式的痛苦的雙親有所貢獻。身爲一個受壓迫的社區之成員，你可能爲這社區中所有成員的福利而擔負責任。National Association of Black Social Workers的倫理守則記載非裔的社會工作者的責任是去「引用我們的專業知識去改善黑人的生活品質」，去「解除黑人所遭受的磨難」和爲「社會改變，具有特別的關注乃是朝向黑人社會制度的建立」而努力 (National Association of Black Social Workers, 1994)。

另外一個重組的例子是能夠在一些女性學生的努力上看到，她們在其專業生涯中向自己允諾在一些藥物成癮的治療方案中的實務工作部分上製造一些變革。她們發現許多的藥物成癮方案中並未對接受治療的婦女於其治療或之後的聚會時間中提供托兒的服務。若案主無法找到或支付托兒服務。她們就時常會被貼上「抗拒者」的標籤。這些有決心的學生得到補助金，並爲支持於興建一個復健婦女及其子女的中途之家而進行遊說。

你自己的願望可能是拯救世界或製造一些小小的改變。你或許已經完全決定自己有一個去建造公正和充滿愛的世界以交給下一代的義務。例如，一個學生是七〇年代中期從越南回來的，決心為社會中的正義和平等而努力。他說希望為達成烏托邦的夢想而努力，且當他被問到在烏托邦中的社會工作者的角色是什麼的時候，他說：「在烏托邦，社會工作者將會像個家電修理員」。當然，這樣是引用一個受歡迎的電視廣告，是表演一個家電修理員正在等待召喚修理和解決各種問題的電話，但徒勞無功；這個品牌的所有家電都功能良好，且沒有任何問題。烏托邦，他們是會發現所有的事情都是為協助人們達成已接受良好的預防性維護之潛能而努力。

若你是繼續研讀人類服務的課程，你將在實習中修一些特別的課以提供你一個思考自身做為助人者的更細節之動機與需求的機會，且將有機會去檢視自己的個人行為，當你做為一位助人者而與某個領域的人們因實習而有所互動時。許多從事人群服務的助人者傾向於做個自身所選擇之學習方式即為藉著實行而得以學習的人，且有時「有關於」人類的理論性研讀之摘要只像是個沒有關連的部分一樣地記在心上。他們想要學習如何去應用概念，又經常地在有關及如何使這些概念對他們產生意義的聯結之間投注心力，但這只有當這些助人者有機會去直接與某個領域的人有共同合作的經驗時才有可能。

Marianne Corey與Gerald Corey（1993）均為有經驗的諮商人員和教師，討論初入門的助人者之動機。他們的非評斷性模式對學生有許多懇切的請求。在這些動機之間，他們引用的是造成衝擊、善意回應、關懷他人、被需要、擁有名聲和地位、提供答案、賺錢、具有控制權等需求，並實現其自助的需求。他們鼓勵學生不用為自己有需求而感到抱歉，但去練習自我認識，因此他們的需求便不會阻擋案主滿足自身的需要。例如，若是助人者不明白實踐他們的議題是要透過給予協助而達成的，滿足其自身的需求比對案主所提供之服務具有更大的重要性。若助人者不曉得他們的需求是使其他人改變，以確認自身原有的信念，案主可能會被剝奪掌控自己生活的機會。

Sherrod Miller等人（1988）描述一種活躍於兩個人之間的關係，

當一方推或拉且另一方以阻擋或拖拉回應時，關係就在兩人之間搖擺不定。助人者是單人動力室，能冒險地跳躍至距離案主目前所在地之前極遠處，推或拉著案主。在我們的經驗中，案主會猶豫不是因為他們拒絕授權，而是因為他們界定的目標與助人者的不同，案主們會為察覺到的在勝任感和自我決定權上的威脅而感到憤慨，或是相信這時機不對。助人者有時無法相信他們的案主能夠拒絕這樣好的一個計畫——這只是在一個地方，全都佈置妥當且準備好去展開計畫；所有的案主必須要做的事就是出現。這會引導助人者不正確地評估案主的動機或是放棄某一個特殊的案主。那時案主可能需要催促逼迫這個不情願的助人者去幫助他們獲得所需之服務以達成其目標。對於不幸的家庭而言，這些父母正處於失去其對於子女之監護權的危機中，那可能會是個毀滅性的結果。在倡導的努力方面，助人者正嘗試去整理出在社區中對案主之行為所提供的各種不同系統的支持，一個社區系統也能抗拒被逼迫，這是藉著延遲接受服務而產生的。

　　就如Corey與Corey所指出的，助人的另一個動機是自助的需求，可能是助人者和案主的權力能量來源。案主可能從那些已經成功地因應案主現在正面對的問題之助人者身上獲取信心和希望。無論如何，這也是冒險。例如，並非不常見地，我們將從那些二十多歲的青年口中聽到實務工作之描述，他們說自己經歷過性行為、藥物和搖滾樂，以痛苦的方式學習，付出了沈重的代價。儘管他們之後接受輔導，就是那一個或二個諮商員或其他關懷的成人所做的有一些好處的建議，他們說下決心自己做決定且自我學習——這是他們的生活。然而，助人者可能會變得受挫，辛苦地期待去免除其青少年案主明顯且漫長的痛苦，或苦苦地盼望其年輕的案主能看見這線光亮——重視他們、上學、找到好工作、創造好生活。他們的案主通常會真誠地喜愛與協助他們的人討論事情，可能發現助人者的挫敗，並藉著答應留在學校和下週會使用一些避孕方法，或是終止，或是逃避約談的時間來緩和那幫助他們的人的情緒，因為「我沒有任何重要的事可供談論。」

　　警告「每件事都發生在該發生的時候」是本書作者得自於研究所的指導教授Helen Hayward之口，始終銘記於心。我們已試著去記得我們

可能不會看到自己努力去授與案主權力和協助其建構自身的力量之成果。可能看到我們已促成的正向改變的報償會是由案主本身完全親眼目睹，案主在幾年之後完全獨立地自行利用我們的貢獻，當時間、發展和環境均已不同時。你的案主可能在二十五年後才運用你所付出的，就當他與另一名助人者協談時，或許是有關改善與青春期的女兒之溝通，亦或是尋求有關於個人回到學校並完成學業的渴望。那時，這名助人者可能會得到來自於過去播種而今日收成的滿足。為了展望未來，考慮一下這件事：和你玩捉迷藏的嬰孩在今天午餐的餐廳裏躲在隔廳的後面，這可能是非常有幫助的，如同Bethany Transitians的主任Kevin Lab在提醒一群為兒童提供服務的老年志工時所說的：這些孩子可能是整頓我們的醫療補助福利的協助者，所以我們能住在家裡，勝過被安置於護理之家。

由這些致力於使自己每天目睹人們所經歷到的巨大生理和情緒折磨的助人者所提出的各種問題是無法讓人忽視的。是否我正在做好事？我所做的事微不足道，甚至在虐待、折磨和剝削兒童上只是九牛一毛，或在為兒童的平等權利之爭取上達成一點點勝利？是否我的工作和服務的機構確實為貧苦大眾爭取權力，或是否提供這些人足夠的權力以維持其平靜的生活？我們在本章的導讀中記敘專業助人者的目標是在「嘗試」去了解人類行為；達到充分了解人類行為的目標是不可能的。或許專業助人者在實務工作上的目標是在「嘗試」去了解人類行為；助人者所期待的全然正向的改變可能是不常達到的，但這嘗試、掙扎是有意義的。

一些助人者蓄意選擇不加入某個將特別重要的焦點是放在與其已經歷過的痛苦與問題類似的領域中。例如，某人最近說他樂意回來並到我們的班上談他個人與酒精掙扎的經驗，有關於十二個步驟方案和他如何達成節制酒量並維持自身的復原，但他已選擇另外一個不同的實務工作領域。他覺得和自己的飲酒有關之各種議題均對他的生活造成如此多的損耗，他完全想要脫離，享受自己的節制，愛妻子，陪伴子女並運用自身的專業能力於其工作之中，以賦與那些具有發展障礙的人的權力。他的情況指明另一項與這樣的選擇有關的因素：我們助人的動機是非常可能會隨著時間而改變。我們發現一些新加入的助人者害怕他們將會投入

寶貴的時間和難以回收的教育費用，只是去學習並不適合他們的專業助人的角色。每年，我們聽到一、兩位年輕的學生有類似這樣的說法，「這是我的第三主修。我不知道我將要做什麼，若這原來是並不適合我的」，或「我已經在大學裏五年；我的父母想要知道爲什麼我已經更換主修，還有我確定這不是我想要的嗎，以及我將會在何時完成」。就如同我們視助人者爲勉強地討論那些他們覺得並不像同事們所說的那麼重要的動機，因此，同樣地我們認爲這個覺得有些事情不對勁的人會感到他們不想扮演這個助人者的角色。有時，這些助人者與經驗豐富的實務工作者或班上、工作上的同僚進行太多的比較，誰的知識、技巧和實施方法是他們極爲欽佩的。在許多例子中，這樣的恐懼隨著助人者學到去相信自己，且認爲自己具有獨特的天份時而消散；他們變得相信自己不但夠好，而且永遠不會出現像他們這樣的人，且他們必須成爲助人者不僅是他們能夠，在某些事情上與其他同事相較他們是具有較多的知識和技巧，而在其它的事情上就不是如此。經過一番掙扎而到這個地方，這些人可能是在特別鞏固的位置上去支持案主重視其自身的力量與天賦。這並不是說在學生或實習生時代沒有機會了解到這專業助人者的角色不再是他們最希望具備的。能夠體會到這點並且離開這個領域的人會投入這個領域的不同工作中，或休息一段時間，而他的坦誠和勇氣是受人欽佩的。

然而，尚需考慮另外一個因素，此乃今日必須處理許多加諸於專業助人者身上的各種壓力，是將其置於崩潰的高度危險中。尤其是易受傷害的人乃助人者之職責，需要其接觸這些幾乎看不到希望且只有少數資源的人，去負擔不可思議的高個案量、去與時常具有暴力行爲的人互動，或去用中古時代小寫草寫字體的架構撰寫這巨大的轉變。在最糟的情況下，甚至是最關心人的和最被認可的助人者也會感到厭煩。專業形態的改變，尤其是在公共福利、公共衛生或心理衛生領域的概括性實務工作者，呼籲組織內的將力量——健康——成長觀點用於助人者和案主雙方之人類行爲的管理者和督導，尊重多元化爲標準，以及那些了解各系統中所有的參與者（案主、助人者、經理）的人會給予開放性、養育和跨越界線的能源自由交換，是有機會去產生合作——整體比各部分的總和

更多──且因此避免熱能沈滯、失去能源和無效操作。我們記錄來自於各個組織的有趣報告，這些採納一種與案主的力量及基於案主目標而設計之解決方案的合作模式，以使助人者經歷到能量更新和降低損耗。這樣的狀況出現於實驗中，將於本章之導讀5.3和導讀5.4中加以描述。

　　專業助人者能有更多的能量且在幫助其他人時更有效率，若他們也能藉著善待自己而協助自己。有個古老的實務工作上的共同方法，也是專業助人者的重要工具或手段，就是幫助他「自己」。許多在訓練上的重點是在什麼是傾向於做為「專業人員本身之意識運用」，包括這些助人者之責任，例如獲取督導和諮詢、不超出其專業界線、持續於該領域中的學習與活動，以及保有自身在實務倫理上的責任與信義。有些必要的方法以維持工具在良好狀況中，但有時助人者在其領域中一分鐘也無法逃避責任且忽略維護其工具之其它注意事項。專業助人者變得如此專注於協助他人以致於忘記照顧自己。我們沒有計算在那些會為這現象貼上標籤的數目，例如，「依賴他人而生活」、「愛得太深」、「相互依賴」或「賦與能力」（促成另外一個人的問題永遠存在的負面觀感），儘管助人者的取向可能有時會證明其中一個或其它的特點且從方式的改變上儲存利益。我們確實認為專業協助是困難的且所要求的工作、工具和專業自我均獲得大量的運用，就像一輛四處旅行的業務員所用的車子一樣要累積許多里程數，或一台演奏時鋼琴家所用的鋼琴一樣支撐許多的壓力。藉著在自己的專業上努力工作，我們就能冒險驅散偶而出現的厭倦或突然以崩潰的形式所提出的附帶條件。時常，一位在助人專業中認真的學生或督導要暗示：你甚至從來不會想到用你對自己的同樣方式而對待另外一個人。一些實習生有信心實行所囑付的事項，想要確信他們已經與足夠的轉介來源洽談過，想要製造完美的報告，又想成為當案主需要他們的時候會是易受影響的，案主藉由交付助人者任務而獲得福利，這任務的行動就如同案主是其他那些助人者極為關心的人，且助人者會做這些希望案主能夠做到的事：充足的睡眠、適當的飲食、性生活、與子女遊樂、拜訪親友、運動、放鬆、沈思、祈禱或追尋一些快樂或另一個活動的個人搭配。專業協助是專業助人者在成人生命歷程中的成就之主要因素，而成人生命歷程的需求有稱職、生產力和指導，又助人者的那段日

常清醒的時候中之大部分是投注於非常重要的工作。Helen Harris Perlman (1957) 所支持的助人者是「生理——心理——社會——全面」(bio—psycho—social—whole) 的,所提供的服務可藉由參與所處系統之多重面向而更爲豐富。Alice Walker有個趣味性的描述方式:「……我是那種喜歡在平靜中自我享樂的人……」(Walker, 1992)。

另一種避開「崩潰」的方式是助人者去調和需求,以使案主的成就對某個特定助人者的知識與技巧是能直接、迅速並完全的可以追蹤。一位稱職的、有用的、可尊敬的、關懷的和有效的助人者是案主所企盼的且極度欣賞的,我們應該絕不低估我們對案主的福利與授權是如何的重要。無論如何,就如我們所知,當我們考慮系統時,互動的影響就像天上的星星一樣繁多。我們在多重連結性系統裏都是相互獨立的組成份子、團隊的所有成員、所有的夥伴。我們分享一部分的信用,但我們是整個助人網絡的一部分。畢竟,助人不是關於我們,是關於案主。就如混亂 (chaos) 觀點提醒我們,預測應是難以捉摸的。

協助他人的選擇是在個人的歷史中有其根基。如同專業助人者希望在成長過程中支持其他人——不論個人、團體、社區或組織——我們必須首先去嘗試了解自己。貧苦、生理疾病、心理疾病、歧視或一些其它逆境或許有,也可能並未成爲你經驗中的一部分。在一些方式中,你已成爲對你四周的痛苦和不公平敏感。敏感度已「呼喚」你以某些態度而採取行動。然而,爲了開始,我們可能必須去遵循僧侶的路徑並試著去清楚了解有關於我是誰、什麼力量塑造我們、及我們正往何處去。這樣的自我測試一直延續,因爲我們正一直不斷的改變。

了解和欣賞我們的生命歷程——它的來源、方向和意義——需要一些反映的時間。確實,反映是助人過程中之基本元素。這個問題辯論已久,此乃是否一位專業助人者應該爲了能夠獲取某人的內心世界而接受諮商或治療,爭論是在於助人者會因此在協助案主時擁有更多的心理能量。有時,實習生說他們以爲在自己的生命中有些問題是固定不變的,但在實習中被投進複雜的和痛苦的案主情境之中的經歷震撼了他們。其他實習生發現實習經驗引出了他們從不知道他們曾有這樣麻煩的問題之覺察。有些實習生決定去選一系列的更新的諮商教學課程;其他的就進

入治療。一個人選擇去如何反映是非常個人的選擇。Horney的觀點享有廣泛的接受度。「幸運地（心理）分析不是那惟一的方法，可用以解開人內心的衝突。生命本身依然保存著一個非常有效的治療者（Horney, 1945）。反映出我們自己，就當我們與其他人進行互助時，且去反映其他人的經驗有助於實行所知的「**同理**」（empathy）的素質。如之前所描述的，人類行為的研讀以及嘗試去了解那一個人，應該是帶有許多的謙遜而實行的。

做為一個初入門的助人專業工作者時你可能會覺得焦慮，而就在你為了與其他人之互助和人們內心活動的確實性而努力，焦慮是能夠被降至最低的。學者Zen提到「初學者的意志」乃是理想的心理狀態。就如新進人員，所有的事都是新的且你對新的資訊與經驗保持開放。無論如何，專家已經有了「答案」，且可從新事物的學習上將它們截取下來。對我們來說，做一個專業助人者的挑戰是在獲取知識、技巧和我們助人的能力之信心，但透過我們的專業事業以保持初學者的意志、對所有我們不知道的事物所存有的敬畏、好奇的想要知道更多，且明白昨天我們所知道的事今天已經改變。支持其他人是會依靠將自身投入於一些有意義的互動中的能力。為達成有效的互動，已被證明是必要的一些素質：尊重、信任和同理。初入門的實務工作者需要知道並接受自身的力量與限制。他們在同理心上的發展可基於其自身在了解成長、磨難、治療和改變上之持續不斷的力量。

尊重自己與他人是最主要的。實務之健康模式主要是憑藉對個人的尊重和人們會為正向目標而努力的信念。記得過度使用自身權力的僧侶是會被逐出社區的事實是有助益的。僧侶的角色只是社區中的許多角色之一。並不具有較高的地位。同樣的，專業助人者不應該在治療過程中將自己視為較高尚的行動者，而是一位治療階段中的共事者。治療——不論是在個人、社區或社會制度——總是來自於內部。儘管外在的力量可能需要改變，改變的過程是內在的過程，亦即改變是屬於個人、社區或社會制度的。我們身為專業助人者僅能支持那改變過程。類似地，專業助人者並非天生即比社區中其他成員具有更優越的地位，而是在扮演一個助人達成其生命任務的角色。當一位案主的車子始終是拋錨的，使得

全家上班上學遲到，一位勝任的汽車修理工可能提供更多的資源、排除更多的障礙，且在某天比一位專業助人者所進行的一門治療課程能夠降低更多的壓力。在各種角色中的所有人貢獻於助人而達成其生活目標。甚至於助人專業中的教師亦無法否認在一個完全佈置好的環境中，一位電影導演，例如《我倆沒有明天》、《情比姊妹深》的導演可能以更透明的態度溝通有關於採取力量觀點在家庭功能上的解釋之意義何在，而(至少) 在資料上比那專業教師之授課內容還要多出兩倍。或許敘事的重要性、專業助人者傾聽這些女性告訴他們有關於自身故事的需求，均可在小說中發現最佳示範，例如Margaret Atwood的*Cat's Eye*以及Terry McMillan的*Waiting to Exhale*。

身為專業助人者，社會工作者以許多不同的方式支持群眾。在這麼做的時候，我們或許可假定協助他人達成其目標的各種不同角色：仲介者、倡導者、行動者、教育者、陳情者、研究者、組織者、調解者、諮商者和外展工作者等僅是其各種不同角色之部分。不論是角色或情境，社會工作者投入於與他人的一些互動中。當為了有關於案主延遲的福利而倡導維持工資的工作者進行溝通，我們將總是更有效率，若我們了解這工作者的挫折與限制是經歷了官僚的造成拖延遲誤的過分注重格式手續所導致的結果。當一個衝突的解決過程是橫亙於男性督導和女性實習生之間而進行調解時，我們必須了解權力，但我們可能會在達成改變時甚至會更有效率，若我們也了解雙方的恐懼和憂慮。我們的價值觀、恐懼、偏見和態度能支持或轉移我們的能力至促成個人及（或）社會制度的改變。

身為專業助人者，在我們事業中的每個階段，我們需要花時間在反映我們所具有的經驗、價值觀和態度上。僧侶總是聰明的足以了解何種疾病與個人會是擅於接納幫助的。在類似的狀況下，反映我們自身的故事將會澄清我們的價值觀與態度，這在另一方面會支持我們與他人的合作。更進一步，我們或許問自己一些能提昇我們助人成效的基本問題：

・我對於那些我所服務的或與之互動的人具有什麼態度？
・我對於我正在呈現的一些問題具有什麼樣的態度？

‧我所抱持的態度是以什麼方式影響我對於人們、團體或所遵循的
制度之行為？

這些問題——在我們有關於人類形態、變遷和生命之品質與意義等
基本信念之背景下所詢問的——提供有關於我們與他人之互動與對其之
行為方面的審查與平衡。

為更進一步的聯結僧侶的治療和社會工作處遇間之類似處，我們能
更深入的審視這些古老的治療者有關於健康、幸福和治癒的信念。僧侶
是謹慎地不要跨越他們的界線。他們明白自己並沒有能預防老人死亡的
權利。事實上，死亡是天然循環的一部分。他們不相信自己能夠治癒任
何生理上的傷口。許多疾病，包括情緒上的和生理上的，被認為是由個
人與其內在或靈性上的力量阻絕而造成的。僧侶的角色是去為人類的行
為上之靈性而祈禱（倡導）、提供人們一種具治療性的氣氛（信任的關
係），以及支持人們運用自身的原始治療力量來重新安排自己（使能）。
社會工作者的助人過程中之相似處能輕易地被發現。社會工作者提供一
種信任的、安全的和具支持性的關係，而這是透過案主建立目標和將之
達成的工具所產生的。Raymond Fox發展「安全住處」的觀念以做為同
理和助人過程的隱喻：

> 在安全住處中，有活動和反映，執行和表達，外顯和內隱。
> 是強調活躍的、努力的、確認的和潛在的轉變，認識社區的「當
> 時當地」，那遙遠的過去和「此時此地」，這眼前的現在。兩者
> 均同時採納，建立適於改變的情境。這樣的整合之新奇感被當
> 做是成長的催化劑。[Fox, 1993: 46]

就像舊日的僧侶，今日的社會工作者相信人類性靈之正面形態。社
會工作者尋求授權與群眾、社區或機構以達成正向的目標。時常，社會
工作者會被召喚去處遇陷入困境中的人之行為。

僧侶的另一項更深入的功能將會終止彼此間的類似性。僧侶是被召
喚去社區之中提供一些有預言性質的說辭。僧侶時常被要求審查未來，
以事先警告社區即將來臨的危險。在這過程中，僧侶藉著評估某些實務

工作上的智能以向社區提供方向。例如，僧侶是會被詢問有關於社區之穀物種植、作戰計畫和遷移等事務。僧侶那被人所知的智慧是來自於全面地審視情境的能力。類似地，今日的專業助人者是整體地審視人們、事件和情境，以能夠有效的行動。這樣的優越點使得社會工作者就如同助人者一般在許多可能的角度上進行處遇。社會工作者可能致力於協助特定的個人、社區或機構解決問題（矯正）。他們可能也處遇以防止問題和維持健康（預防），而這是藉確認社會關懷、提倡社會政策以處理問題，並教育群眾有關於健康和具支持性的生活選擇：

當我們思考這個成為專業助人者的選擇，我們想到了Ralph Ellison關注親戚和祖先所說的話：

> 一些人是你的親戚但其他人是你的祖先，且你選擇一個你想要擁有的做為你的祖先。你讓你自己離開這些價值觀。[Ellison, 1992: 343]

藉由你的選擇去做一個專業助人者，亦即是你選擇去加入助人者的行列，儘管他們通往專業的路徑，他們的專業認定和實務領域或許會改變。這個助人者的集團享有無法眼見的友情，在你的想像中，你可能會呼喚這個團體成員的靈性、能量和傳統以維持於實踐你的助人者角色，支持眾人以達成其生命目標。

專業實務之要素

在我們反映成為專業助人者的那些人之個人敘事時，我們已經發現他們分享共同的期待的方法即是透過其助人實務工作而服務群眾。無論如何，當我們聽到他們的故事時，我們聽到許多不同的聲音：他們由個人特質和背景的觀點而改變，他們受到個別的需求所驅使，且他們已在廣大分歧的路徑上游走，以到達其生涯任務之助人目標。現在讓我們再次轉移我們的注意力到這些問題上：什麼是專業實務工作者所做的是確實有幫助的？何時他們會協助？他們是協助誰？他們如何協助？經由這

本教科書，我們已經嘗試不但為了解人類行為而解釋概念，而且展現助人者如何能在實務世界中為案主提供服務時運用這些概念。在第一章，我們界定現代社會工作實務基礎之五項要素，並主張人類行為和實務處遇的理論應該包括下列要素：健康取向、成長取向、生態取向、力量觀點和授權觀點。我們記錄社會工作的這些要素和主要目標之間的一致性：增進人們問題解決，因應和發展的能力；聯結人們與各個系統以提供其資源、服務和機會，提昇各系統之有效且具人性化之運作以提供人們資源和服務；以及發展和改善社會政策。在第二章，實務工作者被提醒儘管系統理論協助了解系統中各元素間之互動，實務工作者必須也了解系統成份間之不平等權力的作用。方向性的概念引導實務工作者去認識到每個案主的行為是直接與其生活目標相關。運用全面性的觀點，包括認識個人與團體之間及個人處於團體之內等的差異，以及尋求案主與其他人的共同處。在尊重多元化的態度之下，實務工作者必須敏銳地了解人們在以其多元化的基礎上，在於刻板印象和壓迫之間所做的聯結，並將力量的濫用作為壓迫的工具。實務工作者通常是為社會正義而努力，且在其授權行動中支持被壓迫的人民而成為有助益的。在第三章，我們認為社會工作實務工作者對於文化上敏感的實務領域所作的承諾意味著協調一致的努力被用以依照案主的需求和價值觀而設計方案，而非要求案主適應傳統的服務輸送系統和服務。考慮到社會工作是尋求去提昇資源，並將人類成長和發展的障礙減至最小，我們認為有效的實務工作需要社會工作之實務工作者致力於改善影響案主之社會結構。因為社會結構決定將會如何取得資源並將資源交給誰，社會工作在微視層面、中間層面或鉅視層面的處遇需要一個精準的和周密的力量評估，而這會影響資源的分配。社會工作之實務工作者藉著將焦點放在心理概念上而服務案主，這概念認為養育和本質一樣，並考慮到多元性，且主張提昇自尊、稱職、彈性和適應與因應能力。無論每個人在生物上所擁有的特質為何，社會工作者被請求在資源上進行具建設性的運用，以支持每個有機體擁有最理想的健康狀況，而渡過人生歷程中的成長。在第四章，我們記載人生歷程模式能延伸實務工作者對基本生物、心理、文化和社會結構資源上的了解，此乃支持人們在生活中完成其目標所需要的。因

為一般性的實務工作者採取全面性模式，而並非只在於情境之概念化還有實踐實務工作，人生歷程中的事物能應用於處遇中的所有層級，包括與個人、團體、家庭、社區、組織和社會。我們強調多元化的重要性和個人敘述或故事的卓越性。實務工作者被提醒人生歷程中的事物，過去並不是用於規定人類行為，且不是去定義正規的和偏差的行為。

若專業助人者的角色依之前幾章所記敘的是投入於這些實務工作中，且若是包括支持人們朝向於授權的努力，協助他們在盡可能免於障礙和痛苦的情況下達成其生命目標，並支援他們獲得並運用可能得到的最多資源，以過著他們所能過的最充實的生活，之後社會工作實務工作者的中心任務是服務的理念。控制群眾並不是社會工作實務的主要任務。社會工作的主要任務是服務群眾。這個觀念變成失落的了，而越來越多的人由權威和基金提供者轉介給社會工作者，伴隨著對社會工作者的要求、期待或指示，要他們促成個人的改變或（且）改變個人的「過失」行為。這觀念又失落了，就在社會工作者否認自己的身分並全然地將自己界定為臨床工作者或治療師，且限制他們的實務工作於發現、診斷和矯正偏差及（或）人類的病理。服務的觀念是更進一步的與管理式照顧（managed care）折衷，而管理式照顧中的條文規定治療的方法和目標在限定的階段數之內，以服務患有符合規定之診斷的病人。這樣的模式能輕易地引導實務工作者遠離那人在情境中的觀點。當這種情況發生時，專業人員傾向於失去C. Wright Mills（1971）所主張的焦點，此乃是個人困擾和公共議題之間的區隔。且因此，他們寧願向人們道歉，也不要改變對社會制度的病理分析。在福利方面最近的一次衝擊是包含於「與美國有約」之中，這提供了一個實例。強調福利改革的前景是假定經濟系統運作順利且某些人已無法獲取福利上的益處。福利上的接受者，大多為女性，被視為懶散、雜亂地，且這種人的行為不該受到社會的支持。解決方法是當他們已於二年之內未曾改變這些行為時刪除對母親（和其子女）的福利。焦點不是在改變引起和造成貧窮的社會和經濟環境。更多的案子可提供當我們考慮戰爭在人民上的作用，例如Dusty和來自於導讀5.1及其介紹的部分所描述之學生家庭。考慮其父親所遭受之制度化的種族主義及政治暗殺，可見於Bernice King（導讀5.2）和個人

缺陷的定義，此乃為有如Mr. Pollet的人所制定（導讀5.4），當問題是政治化的。接受Mr. Pollet的護理之家是一家人數極少的護理機構之一，將會接受愛滋病患者。照顧愛滋病患是非常昂貴的，在與許多其他的護理之家的居民相較之下。一些健康照顧從業人員拒絕去接受照顧愛滋病患的任務。什麼是政治或實務上的智慧，是含蓋於政策之中，堅持絕症病患容許其有化學藥物上的依賴並尋求治療嗎？

在本教科書中我們已為實務工作取向發展出一些建議，是符合全面性的架構。在這個背景下的服務是在實務工作者尋求去支持案主於獲得其需求、期待和目標。在這許多實務情境中，案主的目標是被避開的，或成為某人的期望之附屬品，而這個期望是改變案主之行為中的某方面。我們現在要求，能否你將翻至 導讀5.4「每件事都在這個時段內發生」，加以閱讀並反映於介紹和實例中的部分。實務工作之實務包含社會工作實務之許多說明，是嘗試去服務，而非改變，案主通過一個接受其在事實與生活目標之定義，支持他在授與權力給自己和完成目標上的努力，而這是藉由在多重系統層級上為案主之福祉而建構力量、發展資源、超越障礙和共同合作以邁向改變。

Charles Cowger在提昇案主的力量和所授與的權力上表示個案管理者正在嘗試於達成其與Mr. Pollet之共同合作：

> 提昇授與之權力意謂信任人們是能進行自身的選擇與決策。這表示不但人類擁有解決其困頓之生活狀況的力量與潛能，而且他們藉著執行而增強自身的力量並奉獻於社會。在臨床實務工作中，社會工作者的角色是滋養、鼓勵、支持、促進、協助、刺激和宣洩人們本身的力量；還有指出人們在自身所處之環境中所能獲得的力量；以及在所有的社會層級中提振平等與正義。為完成這樣的角色功能，社會工作者協助案主連結其各種情況的形態、界定其所想的、展示為達成這些願望的一些可選擇方案，最後並達成。[Cowgar, 1994: 260]

專業助人在許多環境下的實務工作是與各式各樣以多重方式需要支持的各個人口群合作。研讀穿越整個人生歷程的人類行為可提供在回答

這個問題上的一些方向：我們幫助誰？這本教科書已提供你各種在正面的人類發展上之障礙與資源。系統取向允許學生在這每日與其進行互動之複雜網絡背景下審視人們。行為是由與這些外界網絡之互動所塑造，其規模是從家庭排列至社會。儘管有關於我們希望能助以改變某人口群的特色，我們身為社會工作者的任務通常被視為是支持案主系統以達成正向的目標。這些需要協助以達成其各項目標成為專業處遇的一個目標，乃是因為要達成這些目標是有障礙的，甚或不存在的。社會工作者也將目標放在較大的家庭、團體、組織和社區等聚合體上。

藉著致力於排除資源上的障礙，我們「反應性」（reactively）的執行。當我們努力於建造將個人、個體、社會合成一整體的正向支持時，我們變得是具有「主導性」（proactive）的。一名有四個小孩的母親之配偶方過世可能需要支援喪葬費用。她也需要情緒上的支持。身為社會工作者，我們藉由提供情緒支持和協助這名女子獲得經濟方面的資源而提供服務。女人和小孩正成為經歷貧窮的民眾中成長最快的人口群。在社會工作者看來，一個撫養三名子女的單身母親會是依靠政府的津貼或透過薪資極低的工作假日，我們發現需要去主動為這些婦女及其子女推動正面的改變。主動性處遇的一個實例是有關於增加對於美國失依兒童的家庭扶助（AFDC）所編排的預算和最低薪資，這可能是要透過立法變革上的倡議方能達成，其它的例子則是與僱主簽約並成立婦女職訓方案以訓練婦女從事更高收入之非傳統性工作，且確保在訓練完成時就可取得工作機會。可獲得的且可負擔的兒童照顧、托兒中心和分布廣泛又有效益的支持團體均可減輕單身母親及其子女的壓力。當然，目前彌補受害者的氣候紛熾，這樣的母親及子女乃為造成美國之經濟和社會問題的各項成因所侵襲而造成的，這清楚顯現社會工作者多麼頻繁地因主導性服務而分神。隨著徹底的刪減預算和懲罰性措施的提出，社會工作者必須回應，同時與非人性化的方案抗爭，並支持這些受到羞辱的婦女和孩子在資源日益減少的環境中存活，而這環境對他們的需求是有越來越多的敵意。

人類行為之整體性觀點與造成影響的各種資源不但使得社會工作者擁有許多可用的反應性和主動性處遇要點，而且會要求加以運用。這樣

的取向會界定問題所在並指明探索有效解決方案之路徑所在。

　　另外一個例子可能在此是有用的。關於核心家庭解體與繼之而來的問題，例如青少年吸毒和懷孕，使得許多顧慮持續不斷的被表達出來。政治人物和福音傳道者同樣地將許多社會問題置於「衰敗的家庭生活」之範圍內。道德家建議與婚姻和家庭生活有關之傳統價值觀的減弱乃是墮落的因果兩面。若我們定義問題爲深植於道德腐敗中，那時會顯露出解決方案應該會在靈性的領域中發現，且宗教機構會成爲處遇的焦點。

　　無論如何，若我們界定問題爲具有社會及經濟方面的根源，處遇的要點將會是相當不同。如這本書之前所提到的，變遷中的經濟環境是基於經濟方面事務的優先順序已與家庭的有所抵觸。馬克思主義者，例如Fred Newman (1988)，會建議家庭裏發生的暗中顛覆是經濟上無法事先預測的結果，在這種經濟制度下，人們考慮去做個有價值的物品。從這個觀點來看，家庭是無法去對抗圍繞在四周之激烈的和失去人性的社會力。

　　我們也能建構問題的多重面向定義，舉出所有我們所能想到的家庭方面之實際的或意識到的弱點和缺失。採取力量基礎實務取向則會有不同的選擇，這個取向依照本書第一章的定義是一種將「焦點集中於個人、團體或社區之眞正力量，而非在其實際的或意識到的弱點和缺失上」。想想你認識的許多夫妻是各有兩份工作，不斷的衝刺、希望他們能有更多的時間保留給對方與子女，但必定會保持這樣的速度，並不是因爲他們想要越來越多物質方面的好處，也不是要提昇至更高級的生活形態，而是因爲他們必須將收入和福利拼湊在一起，故而足以維持自己與子女的生活層次將會能夠含蓋各項基本需求。令人驚歎的剛毅，或是就像In Soo Berg (1992)，短期解決法的學者兼治療師，或者會對這夫婦說知識才是其眞正的力量：「你怎麼辦到的？你是這麼的忙，且工作得如此辛苦；你們兩夫妻一定非常在乎你們的婚姻和子女，因此非常地努力工作以共同達成所制定的目標。」我們所遇到的從事助人專業的學生中，極少有學生是在做個全職學生、維持婚姻或伴侶的情誼、掌管一個家庭和養育子女是只有一份工作的一方。這些是那具有眞實力量的例子。

　　社會工作者能於多重層級中工作以建立其家庭的力量。我們能幫助

家庭去見識自己的真正力量。在社會與文化中均是採取「精細觀念」，此乃Alice Walker所提出之家庭與個人是確實明瞭自身在公共和專業價值觀系統的排行。年復一年地他們知道目前態度與行動組成「功能化」或「失去功能的」狀況，包括判斷有關於其特殊的家庭之家庭價值觀的確是「家庭價值觀」，是否他們需要註冊參加良好的親子關係班，或是否他們符合放棄所需之標準，以及是否他們的生活方式使得他們的名字得以雕刻在「那些擔負個人責任」的名冊上。有時讓人們界定自身真正的力量比讓他們指名自己的缺陷中的五個是更困難的挑戰——他們已經聽說所有關於失誤的事情，且為許多人而言，他們已經學得很好，因此他們冒險相信自己並懷疑自己身為人類的價值和勝任程度；這是傷害了權益的。我們能加入家人之中以使其說出他們在政治、道德、雇主、政策之制定、規畫的和社會機構的力量上等，要綜合比較在力量上的狀況。我們可能是以編譯者的角色而加入，將他們的故事或敘述編譯給有權力的個人與系統，他們是只說且聽一種語言而已：他們自己的。專業助人者能藉著不同家庭形式中的知識和力量而服務各個家庭。在家庭的定義之中，Ann Hartman和Joan Laird（1983: 30）引述Arlene Skolnick所使用的表達方式，「親密的環境」，以描述人們選擇居住的家庭。社會工作者能認出「真正的」家庭具有不同的力量，選擇與其「成長的」家庭居住的人、雙親家庭、單親家庭、再婚家庭、沒有子女的家庭、大家庭、家庭的組成是部分相關且部分無關的個人、好友的、同性別的家庭、多重世代的家庭或是朋友的青少年期的兒子或女兒，他們有時住在家裏且當其原生家庭中有壓力產生時亦住在家裏。「且不要忘記我的教會家庭、酒癮戒除者的家庭和在我的班級上的社會工作者所組成的家庭」，一位助人專業的學生提醒我們。除了單位中的人員，可能還有人類將寵物算入為家庭的一份子，掌握家庭生活中的重要意義。專業助人工作者藉著抗拒傳統上關於家庭功能的專業上之陳腔濫調而對家庭採取力量模式。語言是用來訴說的。例如Marilyn Hecht在課堂上教單親父母時指出：一個「完整的」家庭是使事情運作的家庭，而家庭中父母的數目並沒有任何影響。一位接受督導的人，分享她是如何感受負荷過重的，描述自己是個「已婚的單親母親。」而一個孩子適當地支持那有年紀更小

的孩子的父母是不必要的，「一個親職化的孩子，失去了他的童年。」一對在同一個社區中生活的母女喜愛這樣的生活，因為他們可以彼此經常見面而不需不適宜的「牽絆」。極喜歡和另外一個人密切的接觸，故這位女性可能會是個好朋友。若這女人的丈夫一點都不在意，而這並不是意味著他們可能正避免親密。一位案主最近修正實習生，告訴他離婚並不是問題，而是解決方法。我們身為專業助人者所使用的定義是重要的，尤其是對於事實上的，我們有關於處遇上的決定是來自於我們對情況的定義。

專業助人者能藉著支持兒童在學校中以新的學習方式來因應，故而運用力量取向。學校社會工作取向是於本章之末的 **導讀5.3** 之中加以描述，顯現出一個學校系統如何停止將焦點放在兒童學習的偏失上，而將焦點放在以真正的力量為基礎而設計的新模式。其他人可能為不同的顧慮而向專業助人者尋求支持：壓力、情緒上或經濟上的問題、有關於職業改變的決定，在殘障兒童或生病的年老父母之資源方面訊息的需求。無論如何，助人者也可能將焦點放在「鉅視」層面的問題上，這對個人、家庭生活均有負面的影響，且應朝向立法和政策改變上努力。因為自身的人在情境中的取向，社會工作者運用微視（個人方面的幫助）、中間系統（在小團體中的處遇），和鉅視（大範圍的社會系統）等層面而致力於改善問題。

有關於何時給予協助的問題會在進一步的陳述。在最常用的字辭中，專業助人者經常是在個人生涯中的「**危機**」（crisis）時刻會被召喚。當人類正處於其生涯旅程之路途上，他們遭遇到要求他們去適應和因應來自於環境的要求。生活是從不會免於障礙，且人類發展出一些程序，以適應和因應這些來自於為其運作的環境中的各種壓力，促使他們在系統中保持平衡，隨著生命前進、成長，且多少成功地解決在個人自身的特質上所出現的種種問題，運用個人所能獲得的資源。危機能隨著階段而定義，當過去充足的資源變得在適應或因應現有的狀況而顯得不足時。在本章之末的**導讀5.4**，顯現這個人是如何因應一連串由其重大的生理疾病而引起的危機，他尋求助人者所提供的服務，而焦點是放在他的有力之處而非其弱點。某項危機狀態可能發生於個人（失去工作）、家庭

（配偶或父母的死亡）、社區（颶（颱）風）、社會（致命的愛滋病），或文化（有計畫的滅種）。一個危機可能是急性的（一隻斷腿的治療），或可能是慢性的（在美國的健康照顧危機）且沒有短期的解決方法（貧窮、種族主義、性別主義、年齡主義、能力主義的結果）。

　　助人的處遇通常將焦點放在個人生涯中的「轉振點」(transition points) 上且大多是投入角色或地位的改變中。人們是在工作了整個成人期之後才接觸到退休，可會使其在適應上更為容易的狀況是當他們已經能夠時藉著制訂那顧慮到自己生命中可發揮生產力的時間之計畫而使得這件事能夠得到準備，並當他們已經能夠去累積足夠的財政資源時，且當他們享有相當良好的健康和擁有社會支持時。當人們沒有做好心理上的準備時、當財政資源是在退休時急劇地減少、當健康衰退、當資源不足以取得健康照顧時、當人們是孤立的、或較大的社會對於老年人急速增加上的貶抑時，人們都可能經歷到嚴重的壓力、困境和個人危機。專業助人者能藉著協助個人安置社會與休閒娛樂活動、經濟利益、健康照顧和情緒支持（微視面的）等措施中，以及透過諮商而支持每一個人。他們也能倡導一些有關之新政策，如退休年齡、社會安全福利或健康保險給付範圍（鉅視層面）。這些微視的與鉅視的處遇尋求降低在生命歷程中有關於轉型期的各項壓力。從力量取向來看，專業助人者能藉著訓練老人保持自己的狀況有如成年時期一般而支持這些老人，而非如同他們當一達到老年時期的界定年齡，就會結束其成年階段。從成年期一直延續到死亡，成年人始終保持對親密、稱職、獨立和生產力的需求。較年長的成人不應被「像個孩子般對待」，但那時兒童是不應被像個孩子般對待，當被「像個孩子般對待」時意謂著人們是被對待的好像他們並不是真正地了解什麼對他們是好的，計畫是為了他們而制訂且與其有關，又他們極少或是沒有承擔任何對自己的生活所做出的決定。

　　身為專業助人者，我們被要求去協助人們改變行為或因應某些困難的情況。就如同與兒童工作的福利工作者經常被期待去終止父母對子女的虐待行為是類似的。助人者可能很快發現貧窮、教育不足、結構性的失業、住處不足和健康照顧等均為顯著的壓力源，導致這些虐待行為。就如同Ann Hartman所指出的，情況是類似這些顯示為社會工作中之

「社會控制」的功能；她引用Bertha Reynold主張類似像這樣的情況，社會工作者需要去站在「案主與社區之間」(1989: 387)。這對社會工作者來說是具有壓力的位置，當人們無法取得那達到所盼望的目標或先前企盼的目標所需的資源時。

David Wagner (1989) 指出對社會工作專業氣度和基本的變遷上的承諾被發現是在正要進入這領域和接受專業訓練時是最強的。這結構性的改變定位是逐漸地被這維持一個不公平的社會所具備之力量所打擊。這些力量迫使專業助人者去把焦點放在個人適應上，而非系統的改變上。

維持一項個人和社會問題的處遇之平衡觀點是受到來自於社會工作取向的人類行為之全面性研究的強烈支持。這有助於達成兩項基本的實務目標。一，這提供問題和解決方法所在之「更清楚」的景像。二，這提供「沒有人在這島上」的如詩般之事實的科學性基礎。一個人的命運是受到與多重系統之互動的強烈影響。授與人們權力使他們為了支持與力量而與他人聯結，所以促進了交互協助與系統變遷。專業助人者也需要去建設性地運用專業結盟，以此而授與自己與案主權力以產生有意義的與基礎上的改變。當社會工作者將自己置於「案主和社區之間」，他們將總是會經歷到審視問題的重擔，此乃包括個人的痛苦和社會結構上的因素。我們能更輕易地保持在專業領域中「處於兩者之間」的路徑上，當我們提醒自己案主和社區擁有不平等的權力時。在評估系統時，助人者可能做出錯誤的結論，因為系統中的各元素是相互依賴的，每個元素彼此間的影響是相等的。當我們站在「案主與社區之間」時，我們是為案主與資源而努力，這使得人們達成其生活目標是可能。

社會工作乃是助人專業，可追溯其根源至十九世紀晚期及二十世紀初期，在本世紀後半這一段期間，沈重的壓力壓迫剛抵達美國大城市之市中心的個人與家庭，而這些壓力是來自於後工業化、移民和鄉村到城市的遷移。經過這段歷史，即已於社會工作之二項永久的來源間產生一種難解的聯結。一項來源係來自於慈善組織會社，由義工擔任的訪視者所進行之個人逐件式的協助，曾經流行過一段時間，且於十九世紀中期之社會個案工作方法的實務與理論上興盛，目前存在於今日之臨床社會

工作者之工作範圍內。另一個來源是來自於「安置運動」(Settlement Movement)之社會改革的成果，穿越時間中團體工作者和社區組織者的努力，在1960年代晚期達到豐碩的成就，和存在於今日自助團體和社區授權的努力上。安置（社區中心的一種類型）運動是將焦點放在達成立法性的改革和環境上的改善，以增進個人和家屬的生活品質，他們是來看各個城市、給予公民權、語言和工作技巧訓練。安置計畫的領域中之領導者，Jane Addams和同事發表反對美國資源分配之不均等各種意見。自助是主要被強調的。活動是基於安置者的哲學基礎。這項社會改革活動已經歸類為「原因」，傾向於一種改變社會的任務。慈善組織會社的義工提供按照家庭、依照案件的資助，藉著友善的訪問者進行家庭訪視，帶著幾籃食物和用品並對家中成員提出如何能夠改善生活之忠告。此外，他們的焦點放在給予個人性服務，透過督導、訓練和技巧發展以強調責信制度 (accountability) 和科學性模式。助人的形式已稱之為「作用」，傾向於個人所具之技巧。這些歷史上的傳統均使社會工作成為一個專業助人的專業之發展受到正向的資助，但都還是有其一定的限制。就如同Ralph Dolgoff等人所說的，以當代社會工作觀來看，慈善組織是處理「為自身的判斷和支援的品質而堅決要求，並傾向於為了案主的問題而對其加以責備。」(1993: 277)。安置住所是將焦點放在同化和主流的理想典型上，作者亦指出，引用Dorothy Becker (1968: 85)：「(安置住所) ……繼續在掙扎於教導貧民有關一般中產階級的工作價值，節約和克制是成功之鑰」(Dolgoff et al., 1993: 278)。當你註冊登記專業社會工作的課程時，你將會讀到社會福利和社會工作史的細節部分之特別介紹和政策路線。學生欣賞Dolgoff、Feldstein和Skolnick在其書中各章節之內容，均是詳加說明目前經濟補助之聯邦社會福利方案，以及提供支援各項需求的方案，例如健康、食物、住所和個人服務。還有許多其它的重要內容記載於社會福利和社會工作史上而成為助人專業。若你正追尋自己感到興趣的主題，你能藉著查閱社會福利、社會工作專業的目錄和在這個領域中具影響力的人物之簡要傳記而有所收穫，此可見於《社會工作百科全書》中 (1995)。Martin Bloom (1990) 提出依據美國歷史和社會福利發展而制成之比較表，頗有助益，並發展從案主所處環境

之多重系統中將拉扯、推脫案主經驗之概念化模式。Charles Heffernan (1992) 的論述形成了學生之特殊人口群和實習領域。Karen Haynes和 Karen Holmes (1994) 特別注意社會福利中的發展,因此乃其對婦女及自身權利之影響。當你閱讀社會福利和社會工作歷史發展時,你將會記下在公共政策或服務方案中對美洲原住民與非裔美籍人民所投注之稀有的注意。社會工作者需要明瞭國家和專業對這些族群的忽視。

　　遠離個案工作、團體工作和社區組織的模式成為社會工作實務之個別方法的統整,而成為整合之概括性社會工作實務方法,使社會工作者得以建立其人在環境中之全面性焦點,且被訓練為求達成所有實務工作之目標而採取適當的行動,第一章中所提到的目標為:一、支持個人的問題解決、因應和提昇發展之能力;提高系統之有效與人性化的操作而供應群眾資源、服務和機會;並聯結提供其資源、服務與機會的系統及群眾本身 (Baer and Federico, 1978)。無論其中的限制為何,這些目的及一般性方法可採取一些解決原因與功能間的緊張狀態之步驟。在這實務的處理模式中,社會改革的任務是在於專業上的任務及專業助人者於支持個人在保有平等之重要性和接受同樣的注意上之能力時所需之技巧。目標與技巧的聯結有助於將個人與環境結合在一起,以製造專業性助人者之全面性社會工作處理模式。Herbert Bisno引用Kaplan所使用的詞彙──「工具法」,簡要地敘述,若給一個小孩一柄鐵槌,他將會發現他所碰到的每一件事物都是要敲打的 (引用於Federico, 1984: 241)。而應用於專業之實務工作中則可能是那些前來向那些以非常特殊的方法 (個案工作、團體工作、社區組織) 而接受訓練的助人者求助,冒險於不論案主需要或想要什麼樣的服務,所接受的模式可能會是只有助人者知道該怎麼做。受過嚴密的訓練,助人者可能不知道這世界上各種可能的模式;且當案主也冒險接受專業人員所界定的自身需求,而不是由他們來界定自己的需求,不必感到驚訝的是一些助人的努力在慰問案主和專業人士上幾乎都是很快就失敗了。概括性模式中的整合方法嘗試去首先將焦點放在人們之需求和行動。這是假設各式各樣的方法可能是各種人類狀況所需要的,這總是複雜的且並不簡單,以致於一個概括性的實務工作者應該接受各種技巧的訓練。這些技巧是含蓋於實行「**助人過程**」

(helping process)（或**問題解決過程**（problem-solving process））的各個階段之中，個別地或集體地施行。「助人過程」及「問題解決過程」傾向於一個以科學方法爲基礎，強調是一個系統的、按次序的和循環的過程。在社會工作中，助人者和案主是被視爲過程中的全程參與者。一般說來，這些技巧包括：溝通、約定和建立關係的技巧；評估、設定目標、訂定契約和制訂計畫的技巧；處遇的技巧；和評估、結案、轉介和整理的技巧。而每一項技巧中含蓋更多技巧的組合。在溝通過程中，助人者需要發展傾聽、聆聽和回饋等技巧，從對案主的口語和非口語訊息和內容的暫時性了解有所回應。在目標設定的過程中，助人者必須在支持案主具體指定其想要達成的目標時是有技巧的，而這是依據那些目標對他們而言是重要的，那些是可實行的，以及那些是可以按部就班達成的，且在時間容許下允許案主經歷到實現希望和信心的種種成就，而這甚至是比原本預期達到的成果還要更多、更好。之前所提起的這些技巧能被概括性實務工作者採用爲中介者、倡導者、諮詢者、教育者、計畫者、管理者、協商者、組織者、行動者和陳情者的角色。每一種角色均包括特殊的技巧，且時常更會是助人者採用的多重角色。想想這一個例子，採行力量基礎（strengths-based）模式的助人者與經歷到失能的人共同合作。助人者採用中介者的角色與大學生或勞工合作，他們是具有生理殘障的，需要能了解並可以說明自己對於美國殘障人士法案下各項目的知識，明白那些機構可能不知道在這些法律下其所應負的責任，或許尚未具備足夠的資源以給殘障人士方便，也可能已發展出各種迂迴而又可以執行法律的複雜方法，且或許具有保護其行動的強力法律實施。在教育者的角色中，助人者能傳播有關於殘障學生及勞工的法規資訊，且（或）是加入那些他們需要遵照行事的法規方面之訊息而加以評估。做爲一個諮商者，助人者將指出種種附加於殘障人士身上的恥辱，且明瞭這對個人的自尊心之影響，而這是做爲稱職的成年人在控制自己的世界時所需要的；助人者將支持人們對於所處之被貶視的地位進行持續性的抗爭，這時常引導他們爲自己的殘障而責備自己，或不敢再要求那些他們所需要的資源。做爲一個諮商者，助人者將會提供身有殘疾的人機會以分享他們的想法與感覺，支持他們去建立與創造自己的眞實力量，

並鼓勵他們去建立適合自己的實際狀況，而非持續地適應機構的情形。

概括性實務是否萬全？不，它確實嘗試去實踐人類多元化及其顧慮，允許保留餘地以做為將首要強調的事置於人們對需求之定義上，而非在於助人者的定義，並提供助人者一個機會，以從互動和在某特定情況下交互影響的因素之系統觀點而檢視各種情況。或許這個模式之主要貢獻在於這不會使一個專業社會工作者擺脫險境的；直接實務工作的作用是做為「臨床工作者」不能為自己免除為改變社會狀況所應付出的努力，這可能導致其案主經歷到Helen Mendes (1979) 所謂的「社會心理的負荷過多」，這是傾向於因為將過多的要求置於人們的內外在資源上所導致的結果。社區活動者不能為自己免除參與個人或家屬的痛楚，這可能會使得他們的社區居民委員會的成員展現耗盡的資源或缺乏參與。是否概括性取向是促進犧牲的深度或幅度？一些社會工作者會爭論這件事。Carol Meyer的觀點是引用Patricia Ewalt (1994) 的論述。Meyer倡議教導那些正經歷到最嚴重的且造成衰弱的社會問題。她建議內容基礎 (content-based) 取向應高於概括性方法和模式。她的想法是脆弱的案主需要來自於具備有關於案主及其環境的特殊知識的助人者所提供的協助。其他人會爭論的是在於這些概括性的社會工作者最重要的是必須擁有廣度，因為他們所服務的人們是多元化的，大幅度的需求是人們所呈現的，且大多數的服務領域是社會工作者需要去協調以對人們有助益。某一本由Alex Gitterman (1991) 所編輯的教科書，結合基本社會工作在有關於為一系列的易受苦難之案主提供服務上所需的實務原則與特定訊息。這類模式對於專業助人方面的學生所具備的優點是呈現對其實習責任有直接適用性的資訊：例如，與被虐兒童、受暴力侵害的婦女或無家可歸者有關的。這困難是除非提供許多不同的觀點以服務特殊的人口群，一個初入門的助人者可能傾向於取用某一項模式施行於對特殊人口群的實務工作上，而以此作為處方。例如，對肥胖的人所實施的實務模式乃始於一項先前的內在心理成因的假設，這將很有可能推薦不同的處遇模式而非指出身裁的各種變化以做為多元化方面的根本，或指明身裁瘦削的社會壓力。這樣的反應可能是助人實務工作者需要一般性方法和各種特定資訊。

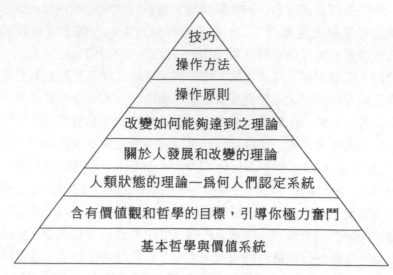

技巧

操作方法

操作原則

改變如何能夠達到之理論

關於人發展和改變的理論

人類狀態的理論—為何人們認定系統

含有價值觀和哲學的目標，引導你極力奮鬥

基本哲學與價值系統

From: Brill, N.(1995). *Working with People*, 5th edition. White Plains, NY: Longman Publishing Group, p. 138. Reprinted with permission.

圖5.1　技巧的評估

　　當今社會工作實務將焦點放在助人過程或解決問題的過程上，以做為基本的處遇模式。如之前所提到的。這能應用於與個人、團體、家庭或社區的工作中。概括性的實務工作者將帶著許多其它的處遇模式而呈現於服務的歷程中。所運用的模式之選擇可能會隨著案主需求、機構或實務單位、宗旨、約束和委託而改變。然而，必要的是專業社會工作助人者確信其實務方法是與社會工作價值觀和目標是一致的。

　　Nanomi Brill（1995）提供一種標示從基本價值觀至處遇技巧之進展的基模（見圖5.1）。

　　在分析基模時，始於最底層並經過之前的順序而到達最上層。基本的哲理和價值觀引導基本目標的決定。相信所有群眾的素質是會產生降低種族歧視的目標，例如，了解引起歧視的負面力量(個人的和社會的)，以及能夠促進於降低歧視的正向力量，這將更進一步地指引我們正確的

方法。改變過程的理論和鼓勵改變的過程使得基本的原則、方法和技巧具備形式，能用以促進達成目標。立法和教育的模式則是特殊的例子，可用以達到種族平等的理想。

在此筆者要求讀者於此暫停閱讀正文，轉閱導讀5.3「校長上學」及導讀5.4「每件事都在這個時段內發生」。這兩個例子乃是說明專業助人者的自我認定以嘗試去實習許多書本中所發展的概念。無論如何，在你閱讀之後，這可能有助於你回到Brill的基模，且反應你在基模和實務的實例之間的聯結。例如，是否基本的哲理和價值系統適於每一個實例之中？什麼理論是有關於人們的發展和改變，而這是如何引導學校處遇團隊去修改它的方案？什麼理論是有關於改變如何能促成引導個案管理者的行動？

另一個審視實習之實例的架構是概述我們為了個案陳述而使用的實務歷程。綱要所含蓋的問題包括社會工作的目標和價值觀，案主的力量、多元化和助人過程之要素。是建立於：(1)力量基礎取向；和(2)強調案主決定的目標 (client-determined goals) 之取向。個案陳述者所記載的問題清單包括下列：

⑴機構的宗旨和目標為何，且是否你看到在機構的宗旨和價值觀與
　社會工作專業的目的之間的配合或錯誤的配合？

通常，陳述者看到的是配合；經常配合是引導受僱者或實習生選擇在某特定機構工作的因素。這問題可能有助於實務工作者成為將焦點更多是放在他們每天所面對的機構之文書工作委託、計畫和有問題的個案情境。實務工作者能幫助自己藉著詢問下列問題而將焦點再次放在模糊的助人情境中：什麼是我在此的專業目標？在導讀5.3，「校長上學」，宗旨是在幫助每個兒童到達其全部的教育潛能。在導讀5.4「每件事都在這個時段內發生」中所呈現的狀況，個案管理者所服務的機構之宗旨為提供感染HIV病毒的病患直接的支持性服務，社區教育和資訊則致力於預防HIV疾病的擴散。在這兩種情況下，這是與社會工作價值觀和目標相互能配合的。

(2)描述對案主所提供之服務方案。是否所提供的服務與機構的宗旨
　　吻合？

　　這問題能為初入門的實務工作者澄清為什麼他們可能在某些實務狀
況中感受到角色的不確定性。這個疑惑可能是機構所記載的宗旨，與所
提供的服務或是所傳遞的態度上不一致的結果。例如，一位工作者可能
會感受到案主沒有受到尊重或是給予服務的選擇機會。這工作者可能感
受到他被其他機構的人員所批評，乃因自己太相信或是信任案主所說的
一切。在其它時候，儘管機構描述其宗旨是為貧苦家庭提供基本的資源、
工作機會和個人的支持，而所提供的確實服務可能是與焦點放在家庭的
人際間之弱點的諮商是一致的。工作者更會感到有信心的是如果他們的
工作角色與所記載之機構目標、基本的社會工作價值觀是一致的。機構
內的新工作者或學生經常能夠看到在宗旨與方案之間的中斷和許多次擁
有一個機會去提供這樣的理解。這位校長——社會工作者（導讀5.3）能
再評估學校的宗旨和方案。這處遇團隊的模式並非在於達成學校的宗
旨。這團隊決定去施行於服務方案的改變與宗旨配合，並符合社會工作
的價值觀與目標。在這個案管理者的情況中（導讀5.4），她的不適與外在
系統的期待有關，希望她的案主是行為合宜且相信個案管理者與那些外
在系統所做一切都是為了她好。她的情況是之前討論的狀態的一個例
子，亦即依據助人者是處於案主和社區之間。在這個情況下，社會工作
價值是機構支持並由個案管理者授權以完成她的工作。

(3)誰是服務團隊的成員？那個人或那些人組成案主系統？那些機構
　　的工作人員是在團隊中？其他有那些人在服務狀況中具有某一特
　　定角色？

　　這些問題幫助實務工作者去依據團隊成果而思考，並建立一項資源
的廣泛基礎。在導讀5.3之中，服務團隊是由父母、教師和各種不同的處
遇專家所組成的，視兒童所需之特殊學習技巧而定。儘管在這狀況中並
未採用，孩童、大家庭和教練亦能被考慮為團隊之重要成員。若你是學
校社會工作者，你會如何執行這個想法？在導讀5.4中，服務團隊一直改

變，且外界機構和大家庭加入。

　⑷請提供一些有關於你和案主合作狀況的資料：什麼是你肯定與尊
　　重案主之處？你的案主已經教導你什麼，而這已提昇你身為實務
　　工作者的知識和技巧？你的案主在過去和（或）現在生活中的什
　　麼元素是你認為對工作而言這二者是重要的？你的案主自身之多
　　元性的那些部分需要去給予特殊的注意？案主的目標是什麼——
　　意謂什麼是他所希望擁有的、期待的、盼望的？什麼是在你案主
　　的生活中具有功能的？什麼是你與案主雙方認為是較有效益的施
　　行方法？你有設計什麼評估方法，且是與你的案主共同完成的？
　　什麼計畫已是你和案主都已同意的？

　　在這系列中的第一個問題意謂：什麼是陳述者對於案主身為個體的
肯定與尊重？這個問題擔保助人者尊崇社會工作的價值觀，且已在助人
過程之早期階段（溝通、聯結和關係建立）受到嚴肅地看待，並已開始
發展自身與案主間的完全交互合作關係。這些任務是由助人者和案主為
了那一份正在進行之實務狀況的合併性評估（joint assessment）中所要
達成的各項目標而執行的。助人者傾聽案主的故事，與案主商議是否他
能正確的了解，請案主提出意見，並回應與肯定案主的感受。有時，當
專業助人者被要求去界定案主的力量，他們列出下列事項，例如：如指
定般的接受醫療；為會談而出現；與機構規定配合；或，反諷地，指明
對他的弱點與限制的了解。這樣的一張清單並沒有反映出案主或他個人
所具之力量的深刻認識。回答這個問題「什麼是你尊重與肯定案主之處」
或許能提供對案主所具有的力量之更有意義的評估。是否呈現出學校的
修正版處遇方案中有仔細的考量對每位學童的肯定與尊重，即是將其視
為一位已發展其獨特之因應和適應技巧的獨特學習者？基於個案管理者
Mr. Pollet的描述，你是否同意她尊重和肯定他？若是，什麼是一些她提
起的有關於他的事情是暗示這個的？這問題促使社會工作者將焦點從投
注於案主的錯處轉移至對其正向及有益的事物上而延伸出一個範例。這
焦點集中於我們身為助人者的注意力已回歸至社會工作價值觀中個人之
獨特性、尊嚴和價值，且脫離檢測案主缺失所應具有的敏銳度。

爲了回答「什麼是案主已敎導你的」這個問題，工作者需要去與案主以互惠的與合作的關係而審視自己。這樣的需要脫離「專家」的角色且對資訊的相互交換之可能性開放。這來自於導讀5.4中的個案管理者描述Mr. Pollet敎她許多對其個人生涯有益的事物，關於時間的重要性中專業生活以及如何生活，如何逝去的部分；她選取這案主的暗示：他已準備好改變且他能夠做決定。

　　問題的下一個系列是來自於以上將焦點放在評估和計畫的過程：「案主生活中的元素；多元性；案主的目標；什麼是對案主有用的；什麼可能會是更好的；案主情境之交互評估；以及彼此同意的計畫。」助人者可被引領至與案主共同發展評估的一種途徑是去反映在持續進行之「生理——心理——社會整體」的個人方面之部分事物。我的案主如何認定他的眞實狀況？什麼是這案主所謂的「經驗」；什麼是這案主的日常生活狀況？什麼是案主對其感覺的「理解」？什麼是案主所「思考」的？什麼是案主所「感受」的？什麼是案主自有狀況進展的「意義」？什麼是案主所「想要」的？什麼是案主「想要」去做的？其它「系統」在現況中與案主有什麼樣的互動？什麼過去的因素對我和案主來說是對於現實狀況所承受的壓力？

　　在考慮這關於「多元化」的各方面問題時，實務工作者和案主能思考的是案主與全人類共有的特徵、力量和需要；這些因素中有那些是與其他團體的成員（西班牙裔、亞裔、非裔等美籍人士；鄉村的、市郊的和無家可歸的人）所共同具備的；以及這些因素中有那些是他們所獨有，且並不與他人共享的——這使得案主變得獨特。身爲專業助人者，我們需要去了解多重文化上各種觀點的多元性。多元性存在於種族與血統團體「之內」和在女性、男性、兒童、老人、男同性戀者、女同性戀者和異性戀者之間。例如，在導讀5.4中，身爲男同性戀者的Mr. Pollet，透過直接經歷到恥辱和歧視而了解男同性戀者在文化中的遭遇。他的界定是爲一個強壯的個體、一個獨立的人和一個男同性戀者對他而言都是重要的。他的生涯規畫對他來說是重要的。你認爲是否個案管理者在文化上的明瞭和對他的多元化是敏銳的？你是否認爲他們的性別差異是來自於社會疏離？

考慮在Mr. Poliet的狀況之中案主目標的問題。除了他的慢性疾病以外，他想要盡量長時間的維持他的健康至最佳程度，並盡可能地獨立生活。之後他想要去保留那些已經遠離他的獨立性。最後，他希望得以善終，在平和且準備完全的情況下。你是否認為個案管理者是應協助他完成這些目標？

　　在有關於「什麼是在案主生活中具有功能的」問題我們可以回到導讀5.3且反映處遇團隊如何開始去架構兒童那些之前已經解釋過的並不具功效之特質。一個愛追根究底的兒童現在是被視為具有良好的協商技巧；另一個時常在班上搗蛋的學童在提供各項活動時就會被班級視為一位能幹的學習者。這些特質現在被視為是勝任於幫助這些兒童適應和因應，以建立未來的進一步發展。Mr. Pollet的生活（導讀5.4）是工作狀況良好的，直到其所帶有的HIV病毒發作為愛滋病；接踵而來的是一連串的失落感：他可能不再維持其專業及成年工作者的角色；他的收入急遽下降；他的身體不再能支撐他的獨立精神與活動；且他需要去加入其他人與系統之中以求得倖存。是否在這些領域中他會有不同的行為？若你是要協助他的，你將如何處理這些圍繞在他控制疼痛的方法上之各項問題？他是否需要改變？

　　這個問題「你有什麼評估方法是否案主共同完成的？」假設助人者既未擁有評估亦不能勝任於單方面的進行評估，評估是屬於案主和工作者所共有的。考慮介入Mr. Pollet生活狀況之評估的因素有那些。Mr. Pollet具有一些不可思議的且以組合的方式所表現的特質，這些可能會使得他被羞辱。他是個帶有HIV病毒的男同性戀者、一個嗑藥者，而且他失業了。他的生涯選擇和生命機會是如何被這些因素所影響？什麼因素的神秘匯合影響Mr. Pollet去保持對自己的真誠和維繫自身在透過嚴格考驗而產生的自我價值感和勝任感？他的反抗可視為他在維持對自己生活上某些方面的控制所做的掙扎。你是否看到這些生物、心理和社會結構上的例子透過Mr. Pollet的過去與現在之生命歷程而彼此互動？什麼可能會更確信成人發展上表現稱職、控制、生產力和獨立等需求之概念，超過Mr. Pollet的一生中不斷發生的強烈歧視？他的個案管理者似乎是靈敏的察覺出Mr. Pollet正在經歷歷多少的在自我上的遣責。她認

出在這生命歷程中所感受到的矛盾：Mr. Pollet，就像其他人一樣，想要擁有自治和親密；想要獨立的且享有控制權的，但他是想要得到照顧的；並想要具有專門知識和技巧，但又想要學習新的資訊與技能。Mr. Pollet描述他自己是一個倖存者，且評估自己並沒有準備好去採行依賴的角色，但當他面對生命中的變遷，他改變自身的需求評估。

最後一個問題是必須「為行動制訂計畫」：這些包括發展的任務或步驟以達成所記載的需求、評估已完成的工作，並決定有關於工作會何時完成。一項實務智慧的真理記述若你有清楚的溝通，一個誠實且開放的關係，和情況的正確定義，則處遇將會從定義上根據邏輯而進行。當我們檢視兩種實務的典範，會顯示出重要性之其它各項因素。在每個案件中，處遇團隊和個案管理者透過尋找解決方法而與案主及各種狀況聯結，且所有的團體均投入於那些連續不斷地有關於他們能夠使系統發揮功能的建設性想法。

已有審視個人和機構之實務工作的形式。無論如何，應用於實務工作中的形式應可在基本的社會工作價值觀中發現。Whitaker及Tracy (1989) 採用五項基本的「社會工作價值觀」(social work values)，以建立實務工作之架構：

1.尊重個人的尊嚴。

2.提昇助人過程中的非判斷性模式。

3.尊重案主之自我決定的權利。

4.多元化之非制約性的接納 (unconditional acceptance) ——種族的、文化的、性方面的和政治的。

5.對貧苦的、受壓迫的和被褫奪公權的人給予富有感情的和永續性的承諾。

一些實務的原則是來自於社會工作的價值觀。例如，這些價值觀是保密原則之後所隱藏的理由。人們保有隱私權以做為尊嚴和價值之功能的表現。若他們有尊嚴與價值，就有權利去期待來自於助人者的接納，而不是判斷。若是人們具有自我決定的能力，就有權利去接受或拒絕服務；他們有權去要求我們從他們所處之狀況開始，而不是我們的；有權

得到完整的告知；並有權免於助人者將自身的信念施諸於他們。

　　身爲社會工作中之專業助人者，嘗試去整合兩種自我，個人的自我與專業的自我，工作者必須面臨一些基本問題：

　⑴是否我的個人價值觀與專業價值觀雷同或相異？

　　社會工作做爲一種專業，並保有每個人均具有尊嚴與價值的信念，這是毫無疑義的。沒有條件。沒有例外。這些價值是由許多其它專業所共享的。初期的工作者能澄清其個人自我與專業自我之間的雷同與差異，藉由詢問：我是否共享這些信念？是否我所握有的個人價值是當我長大時被同化的，或是我能爲自己謹愼的測試並且自覺地、自由地選擇？我的價值觀是否幫助我穩健地邁向達成生活目標、欣賞不同世界的群衆與意見、享有滿足的人際關係、服務案主並實習自身的專業？是否我的個人信念銘刻於石上？是否我檢視自己長期以來的價值觀，知道自己總是正在學習、成長和改變？什麼是我用以決定我想要保留那些價值，那些是我想要修正的，又那些是我想要拋棄的價值之方式？專業助人者指出這些案主所發現的問題可用於澄清其價值。

　⑵是否在我的個人價值觀和專業價值觀之間存有無法配合之處，我
　　會在實行我的專業目標時如何處理自身的個人價值觀？

　　社會工作之專業助人者的自相矛盾的議題是：然而自我決定的原則限制社會工作者不要將其價值觀強加於其他人身上，專業社會工作者同意去接受自身表白的價值觀運用，當他們執行其專業能力。社會工作專業價值觀與在第一章之中提出的架構合作，而提供社會工作實務的基石。許多發生於實務工作中的事件所使用的方法是不易與基本價值觀一致的。與非自願的案主合作的人類服務實務工作（例如在精神病院中、監獄裏和靑少年、成人法院）經常遭遇案主的自我決定之權利與運用於控制行爲的各種認可方法之間的衝突。在這類的機構中，社會工作者和其他人類服務專業助人者經常是被雙重安置，且有時衝突性的角色需要倫理的判斷。每種助人專業均具有倫理守則以引導其成員與各種不同系統之互助。National Association of Social Workers (1980)，在此

項專業之主要組織的倫理守則中，詳加說明引導社會工作者在滿足其對多重系統之倫理責任上的行為準則，包括案主、同學、受僱的組織、社會工作專業和社會。無論如何，倫理守則並未記載社會工作者的法律責任。Herb Kutchins（1991）主張信託關係（自信任的狀況中所發散出來的，乃脆弱的案主必定寄託於專業助人者）是實務工作者的合法責任之有效解釋。儘管我們已強調這是以完整的交互合夥關係與案主合作的概念而貫穿於全書之中，我們指出在許多的助人情境中「同等」是不存在的，例如，當案主是一個正感到情緒上非常不穩定的人而要求協助，或當父母被命令去看專業助人者是為了保留對其子女的監護權。在這些例子中，易受傷害的案主寄託於助人者之特殊的信任感及助人者必須舉薦的權威之中，或對抗監護權所產生的不平等之權力關係，以及在專業助人者身上的較大的責任重擔，乃由於他是在這關係中保有較多權力的人。Kutchins傾向於Gerhart和Brooks對於那系列的法律規定所進行的觀察，是助人專業人士需要去明瞭只以一項整合的形式而研讀是無法獲得的。法律規定中有極少的部分含蓋了知會後再取得同意（informed consent）（知道什麼樣的行動將會被採取之權利，及其所期待之利益與風險）；警告受到案主的危險威脅之第三者的責任；保密的限制；及報告兒童虐待案件的要求。訴訟的主意能夠警告那些初期的助人者。許多社會機構已收集有關於特殊法律規定的資訊，這對該機構之工作具有特殊的考量。例如，若你正在服務兒童和青少年的機構中工作，你應該知道有關於父母的允許及兒童的隱私權利之類的問題之相關法律規定。在心理健康機構，助人者需要去明白有關案主拒絕醫療之權利或有關與親戚或雇主分享訊息的規定。致力於尊崇自我決定的原則，專業助人工作者應該認識系統互動，了解一生之中某個系統的權利經常與另一個系統的權利相互衝突且是需要協商的。當一位助人者操控案主與社區之間的緩衝區域，則倫理和法律上的困境就是這領域的一部分。

專業諮詢和支持能幫助處於這些困境的初入門之助人者。這些困境並不是輕易地就可解決，且能引起正直的助人者之苦惱。他們指出系統性改變的需要是當社會力量對案主之生命歷程具有負面的衝擊，因此僅留下少數可施行的選擇。有個例子是一個貧困的人不願被安置於精神病

院中，此乃因其在社區中顯現具威脅的行為而招致的結果。專業助人者面對一位希望能帶領機構和社區朝向安全。案主及社區出現具競爭性的要求，這時助人者就會被召來協商。像這樣的衝突可能是更易於緩和或甚至能夠預防，價值觀為心理疾病之患者而設立的以社區基礎的中途之家有更多能提供服務的。許多專業助人者在1960年代心理衛生運動的初期幾年中，我們熱心地給予那些被機構化的案主權力，然而無法考慮到這事實是當一個人是處於情緒和生理健康之最佳狀態時，還是無法輕鬆容易地在社區中成功地生活。沒有整個系統的多重支持，在社區中倖存成為一件對情緒上容易受傷的人的一項重大挑戰。Naomi Brill的基模也能被用來增強公共政策問題。社會政策和公共政策應是基於、並與基本人類價值觀一致。例如像健康照顧、教育、最低薪資、住所、AIDS和家庭計畫等均是，但這些政策中之少數例子顯示專業助人者是以日常生活為基礎而處理的。在這樣的情況下，社會工作哲理、目標和價值觀應該是公共政策架構中的基本元素。因為這已是人類行為之教學內容但不是實務工作的教學內容，我們已無法完整地解釋實務工作。當你註冊於人類服務的課程時，你將會研讀一些助人中各個階段之特殊技巧的發展細節之課程。除了本章所引用的工作項目之外，在實務工作中尚有其它內容，每一種均有其自身之特殊力量。同樣地，就在社會福利和社會工作史的教材之中，你可能想要以「社會工作百科全書」的部分為依據，我們已經含蓋直接服務方面的數本教科書之標題。我們希望在這一章中所納入的在實務工作方面的素材將會在你的專業實務工作中聯結專業助人的概念基礎，以及在那些概念的運用上將會有助益。

摘要

本教科書之前段所發展的系統觀點引導我們推斷出實行概括性社會工作的助人專業人員必須尋求影響系統，這會在人們的需求上發揮作用，使得微視、中間和鉅視面的處遇成為適宜的。健康——力量——成長、力向性和多元化觀點將我們的注意力投射在尊重所有人的力量之需

求上和重視他們的需求之界定。這些觀點引導我們去選擇文化上和個人上特殊之模式。它們引領我們帶著敏感性、謙遜和技巧而提供服務。無論如何,就如同知識和技巧對社會工作實務的重要是一樣的,我們推論這本書藉著強調社會工作價值觀和目標方面的優越性而引導社會工作實務。在人類行為方面與生態和成長的觀點結合,價值觀和目標而提供一項基礎以決定誰、何時及如何我們處遇,而與人合作共同朝向其授權的目標而努力。

研究問題

1. 某些投入助人專業的動機已被界定,包括需要滿足理智上有關於是什麼使得人們有如此行為的好奇心和需要去對建立一個公義的社會有所貢獻。你認為是什麼樣不同動機的組合操弄於自身的決定中而加入助人專業?你的動機長久以來是如何改變的?你是如何期待自己的動機在未來的變化?

2. 與人們有效地工作需要一項持續的有關於助人過程之動機與信念的檢測。對你而言,僧侶的類比在評估你自身成為助人者的機動上有何助益?

3. 社會工作者時常成為投入於危機的時期、生活轉變或環境變遷上個人、家庭和社區的生活中。想一想在你生命中這些段落。什麼力量或事件沈澱為服務的需求?什麼樣的資源互動以協助解決這些問題?什麼障礙互動而阻礙其解決方案?考慮如何專業處遇已是或並未有幫助。

4. 個人和較大團體,包括家庭、團體、機構和社區之使能經常是安置人類服務工作者於險境之中,帶有普遍流行的信念和文化、社會結構中的權力元素之態度方面的系統。什麼資源是你在身為一個人類服務工作者開始去強化自己於處理種族主義、性別主義、年齡主義、能力主義和對同性戀者之恐懼等可見於自身、自己的文化和社會結構上的問題?

5. 討論在介紹本章時所引用的Alice Walker之文章內容，依據其中在了解人類行為上的應用和將這份了解轉換至專業的目標和實務工作中。

6. 有許多是要討論有關於某一位個案管理者和Christopher Pollet之共同合作的記述（於導讀5.4）。你是想要從那裏開始？你可以藉著你問自己下列問題而開始：若你或任何你深愛的人罹患AIDS，你是否想要有一個像這個案例中的實務工作者做個案管理者？若是，什麼是她所做的而你發現是有用的？若不是，你想要事情如何被從不同的方式處理？在你自己的實務工作經驗中，你是否有時發現自己陷入專業人員期待案主所做的與案主想要做的不同之爭執中？在這種情況下，你發現什麼對你有用？

7. 導讀5.3包含一個方案報告，改變了學校系統。你是否曾經上過像George Reavis在「動物學校」中所描述的那個學校？你認為什麼使這所學校竟會變得不同，這被描述為藉著學校的處遇團隊而產生改變，是學校校長和新模式的強大擁護者？若你是一個工作於學校系統的人類服務專業人員且你想要嘗試一種新的模式，你如何進行此模式以獲取完全不了解這個模式的或並未表達有興趣改變的校長之許可？你認為力量和案主為焦點的取向是如何實施於市中心的學校，或一個具有廣泛多元性的學校，或是非常缺乏經費的學校？

8. 討論在導讀5.1的Dusty的故事，依據她的動機和助人方法的選擇。什麼是有關於你對她富有同理心的能力及她在與病人的角色上的彈性之想法？討論有關於她決定對病患的狀況誠實。這些問題如何與你和個人、團體及社區上的合作產生關聯？有那些理由是Dusty希望保持假名？她的故事對你表達助人過程的什麼形態？你認為現代的這些事件如何影響專業助人者和公眾？

9. 在導讀5.2中，你閱讀有關於Bernice A. King牧師走上助人專業的道路之故事，且在這導讀的介紹中，你讀到有關於其他非裔美籍人士所採行的不同之助人路徑，此乃社會工作者Phyllis Bass所表達的。若社會工作的目標是在於使社會變得對人們的需求更有反應，助人發揮其

所有的潛力並聯結群衆與社會資源，什麼樣的行動方案能使概括性的
實務工作者投入以記述Bass所指出的不平等？

主要名詞

社會工作者全國協會之倫理守則 *code of Ethics of the National Associa-
tion of Social Workors*

為引導社會工作者的行為符合其對案主、同事、雇主、機構、社會
工作專業和社會的原則。

危機 *crisis*

一種決定性的狀態，在此通常使用的因應策略承受壓力，需要行為
反應的重新建構。危機有時是分為發展性、情境性和環境性危機。危機
是經常招致更進一步的成長。

同理 *empathy*

嘗試以當事人的角度去了解另外一個人的情況的能力。助人過程之
基本元素。

助人過程（問題解決過程） *helping process (problem-solving process)*

人際協助模式，強調接近的處遇過程是系統化的、按照順序的且循
環的。在社會工作領域，這是個案主和工作者之間共同享有的過程。

社會工作價值觀 *social work values*

由社會工作專業之成員所共享的主要信念，包括個人之多元化、獨
特性與價值之信念、自我決定的權利，和對受壓迫的人的允諾。

轉振點 *transition points*

生命歷程之方向改變，藉著經由發展階段的進步或社會地位的變動
所帶來的。

參考書目

Ansley, L. (1991). Going Her Own Way. *USA Weekend,* January 13, p. 4. Arlington, VA: USA Today.

Atwood, M. (1989). *Cat's Eye.* New York: Doubleday.

Baer, B. and R. Federico (1978). *Educating the Baccalaureate Social Worker.* Vol. 1. Cambridge, MA: Ballinger.

Becker, D. G. (1968). Social Welfare Leaders as Spokesmen for the Poor. *Social Casework,* Vol. 49, No. 2 (February), p. 85.

Berg, I. and S. Miller (1992). *Working with the Problem Drinker: A Solution-Focused Approach.* New York: W. W. Norton.

Black Elk (1979) (told through Neihardt). *Black Elk Speaks.* Lincoln, NE: University of Nebraska Press.

Bloom, M. (1990). *Introduction to the Drama of Social Work.* Itasca, IL: F. E. Peacock Publishing, Inc.

Brill, N. (1995). *Working with People,* 5th edition. White Plains, NY: Longman Publishing Group, pp. 136-140.

Corey, M. S. and G. Corey (1993). *Becoming a Helper,* 2nd edition. Pacific Grove, CA: Brooks/Cole Publishing Co., pp. 2-29.

Cowger, C. (1994). Assessing Client Strengths: Clinical Assessment for Client Empowerment. *Social Work,* Vol. 39, No. 3 (May), pp. 262-268.

DeShazer, S. (1985). *Keys to Solution in Brief Therapy.* New York: W. W. Norton.

Dolgoff, R., D. Feldstein, and L. Skolnik (1993). *Understanding Social Welfare,* 3rd edition. White Plains, NY: Longman Publishing Group, pp. 276-277.

Edwards, R. (ed.) (1995). *Encyclopedia of Social Work,* 19th edition. Annapolis, MD: National Association of Social Workers.

Einstein, A. (1930). What I Believe (In *Forum*). In *Bartlett's Familiar Quotations,* 16th edition (1992), edited by J. Kaplan, p. 635. Boston, MA: Little, Brown and Company.

Ellison, R. (1964). In *Time,* March 27. In *The New York Public Library Book of Twentieth-Century American Quotations* (1992), edited by S. Donadio, J. Smith, S. Mesner, and R. Davison, p. 343. New York: Warner Books.

Ewalt, P. (1994). Visions of Ourselves. *Social Work,* Vol. 39, No. 1 (January), pp. 5-6.

Federico, R. (1990). *Social Welfare in Today's World.* New York: McGraw-Hill.

Federico, R. (1984). *The Social Welfare Institution.* 4th edition. Lexington, MA.: D.C. Heath, p. 241.

Fitzgerald, F. (1936). The Crack Up. In *Bartlett's Familiar Quotations,* 16th edition (1992), edited by J. Kaplan, p. 694. Boston: Little, Brown and Company.

Fox, R. (1993). *Elements of the Helping Process: A Guide for Clinicians.* Binghamton, N.Y.: The Haworth Press, Inc., p. 31, pp. 44-46.

Frost, R. (1916). The Road Not Taken, st. 4. In *Bartlett's Familiar Quotations,* 16th edition (1992), edited by J. Kaplan, p. 623. Boston, MA: Little, Brown, and Company.

Gitterman, A. (ed.) (1991). *Handbook of Social Work Practice with Vulnerable Populations.* New York: Columbia University Press.

Hartman, A. (1989). Still between the Client and the Community. *Social Work,* Vol. 34, No. 5 (September), pp. 387-388.

Hartman, A. and J. Laird (1983). *Family Centered Social Work Practice.* New York: Free

Press, p. 30.

Haynes, K. and K. Holmes (1994). *Invitation to Social Work*. White Plains, NY: Longman Publishing Group.

Heffernan, C. (1992). *Social Work and Social Welfare*, 2nd edition. St. Paul, MN: West Publishing Company.

Horney, K. (1945). Our Inner Conflicts, Conclusion. In *Bartlett's Familiar Quotations*, 16th edition (1992), edited by J. Kaplan, p. 657. Boston, MA: Little, Brown and Company.

Jung, C. (1933). Modern Man in Search of a Soul. In *Bartlett's Familiar Quotations*, 14th edition (1968), edited by E. Beck, p. 935. Boston, MA: Little, Brown and Company.

Kutchins, H. (1991). The Fiduciary Relationship: The Legal Basis for Social Workers' Responsibilities to Clients. *Social Work*, Vol. 36, No. 2 (March), pp. 106–113.

McMillian, T. (1992). *Waiting to Exhale*. New York: Viking Press.

Mendes, H. (1979). Single-Parent Families: A Typology of Life-Styles. *Social Work*, Vol. 24, No. 3 (May), p. 193.

Miller, S., D. Wackman, E. Nunnally, and P. Miller (1988). *Connecting with Self and Others*. Littleton, CO.: Interpersonal Communications Programs, pp. 18–19.

Mills, C. Wright (1971). *The Sociological Imagination*. New York: Penguin Books.

The National Association of Black Social Workers (undated). *The Code of Ethics of the National Association of Black Social Workers*. In the University of Cincinnati School of Social Work (1994) Student Handbook.

The National Association of Social Workers, Inc. (1980). *Code of Ethics of the National Association of Social Workers*. Silver Spring, MD.: The National Association of Social Workers.

Newman, F. (1988). The Family in a Time of Social Crisis. In *History Is the Cure: A Social Therapy*, edited by L. Holzman and H. Polk, pp. 126–141. New York: Practice Press.

Norment, L. (1995). New Generation of Kings. *Ebony*, Vol. L, No. 3 (January), pp. 25–34.

O'Hanlon, W. and M. Weiner-Davis (1989). *In Search of Solutions: A New Direction in Psychotherapy*. New York: W. W. Norton.

Palmer, L. (1987). *Shrapnel in the Heart*. New York: Random House.

Perlman, H. (1957). *Social Casework: A Problem Solving Process*. Chicago, IL: University of Chicago Press, pp. 6–7.

Saleebey, D. (ed.) (1992). *The Strengths Perspective in Social Work Practice*. White Plains, NY: Longman Publishing Group.

Sanford, J. (1977). *Healing and Wholeness*. New York: Paulist Press.

Szasz, T. (1973). The Second Sin. In *The New York Public Library Book of Twentieth-Century American Quotations* (1992), edited by S. Donadio et al., p. 341. New York: Warner Books.

Wagner, D. (1989). Fate of Idealism in Social Work: Alternative Experiences of Professional Careers. *Social Work*, Vol. 34, No. 5 (September), pp. 389–398.

Walker, A. (1989). The Temple of My Familiar. In *The New York Public Library Book of Twentieth-Century American Quotations* (1992), edited by S. Donadio et al., p. 504. New York: Warner Books.

Walter, J. and J. Peller (1992). *Becoming Solution-Focused in Brief Therapy*. New York: Brunner/Mazel Press.

Whitaker, H. and E. Tracy (1989). *Social Treatment*, 2nd edition. New York: Aldine-DeGruyter.

導讀 5.1

護理方面之專業助人者典範：Dusty

　　以下敘述一名護士在越南的經驗提供一個當代的「受傷的治癒者」之實例。它也指出對這些受到幫助的人之同理的回應及同伴的重要性以了解人類行為及關係。越戰時代對於美國人民有何影響，且歷史事件如何協助制定那些在這段時間影響Dusty和其他人的態度和價值觀？什麼樣的歷史事件已經影響你和你的案主之信念與態度？什麼事件乃現在你和你的同伴所經歷到的，將會影響你未來的行為和關係？

　　我的一個學生最近在畫家族圖表時顯示出她的家庭中之每一個世代的夫婦之間與孩童之間的關係已經藉著來自於第二次世界大戰，到韓戰，到越戰，至波灣戰爭中的每一個行動而造成某些形式上的傷害。她顯出多重的系統互動。她的祖父母，非常的相愛且在第二次世界大戰爆發之際結婚，在她的祖父被徵召之前將近有三個禮拜的時間共同生活。懷有身孕且自食其力的，她的祖母接下來花費了四年的時間在工廠中工作、撫養兒子，在角色上變得稱職且態度獨立。她的祖父，具有對男女方面極為傳統之角色期望，從戰場上回來帶著相當殘缺的身心，且沒有準備好這名女子已與他離開時的那位新娘有極大的不同。這對夫妻共同生活，但保持彼此之間的「距離」。丈夫「開始喝些酒」，且母子二人是「親密的」，根據家庭成員的說法。我們的學生遺憾的是她父親的童年沒有更快樂，且她覺得不好受的是她的父親直到長大之後才了解發生什麼事情。韓戰奪走這個學生的舅舅的生命，他身後所留下的妻子具有高中學歷，沒有正式的工作經驗，且需要撫養三個孩子。她曾想像自己會是個1950年代電視節目中被理想化的那種妻子與母親，且她是「花費很長的一段時間」和「許多鎭

定劑」來因應自身的處境。這位學生的丈夫平安地從越戰中回到
工作與家庭間,但是會「絕口不提在這場戰爭中發生的任何事」。
很快地,她的丈夫「似乎對任何事都沒有什麼好說的」,對她和她
們的子女也是一樣;他們變成「在一間寂靜的屋子裏的沈默家
庭」。幸運地,他們透過退伍軍人的夫妻諮商團體而得到協助,學
習到他們的經歷與其他的越戰退伍軍人和其家人相較並不特殊,
且「情況逐漸改善」。這學生擔心的是現在她的兒子將會發生什麼
事,他的年齡並不足以踏上波灣戰場,但他想要成為一個軍人且
希望獲得能在軍中取得的教育機會。這名學生的故事指出人們能
如何被極為不同的方式評估,是憑藉進行評估的助人者所戴的眼
鏡。一群助人者可能會爭辯,若是祖父母間的婚姻關係已經藉由
相互的親密與開放的溝通而形成特色,不和就是可以避免的。其
他助人者或許相信世代間的化學性依賴與否認結合是可操作的。
仍然有其他人可能會發現無法可解的悲慟。有些人或許會將一些
信用放在對時間和事件等人類生活的影響,且可能考慮這些人做
為其現實生活之規畫者與設計者。助人者會發現這名學生及其家
庭成員之缺失和失功能之處在上下之間遊走,或以敬畏及尊重對
其進行審視,乃Dusty用以審視眾人的方式。一位助人者可能記下
這個家庭已經在幾次危險的時段中生活並倖存下來,且辛勤工作
以因應生活。從這個觀點來看,一位助人者可能看待專業任務是
與家庭密切的合作如同在一次播種的共同活動中之正式夥伴,且
運用所有可能的資源以有效的發揮作用。或許這是Ronald Feder-
io所謂的當他寫作時這專業助人者的中心任務就是去支持人們以
「盡可能選擇面臨最小的障礙及痛苦來達到目標。」(1990)

她去越南治療且回到家時是受傷如此之重，幾至無法倖存，因此她改換名字、職業和屬於自己的過去。她同意以匿名的方式談談她的經歷。而Dusty是她在越南的綽號。

「越南讓我付出了極大的代價：一次婚姻、二名幼兒、撫養健康兒童的能力、執行我所選擇的終身職業的能力、我的生理健康，以及在許多時候，我的情緒穩定性。在我的戰後創傷程度達到極危險的程度之後，我更換我的名字、我的職業、我的住處，和我的過去。寂靜和孤立讓我去重建那多年來已極不正常的生活。」

她嫁給一個商人，而他不知道他的太太過去曾是一名護士，在軍中，或在越南。

「當你正坐在那裏於夜半時分服務某位病患，那是一名19歲的孩子，離家萬里且你知道他將在黎明之前死去——你正坐在那裏為他檢查維持生命的徵象，並為他輸血、陪他說話、牽著他的手、看著他的臉、撫觸著他的臉，而你看到他的生命正一點一點的流失且你知道他想要媽媽，他現在想要爸爸和家人在身邊且你是唯一的一個他已擁有的，我是說他的生命正是在漸漸地消逝中——然而，它滲入你的靈魂中。沒有任何事比分享一個人的死亡更親密……當你已經必須和某人合作這件事且交付給他，在19歲這一年，有個機會去說這最後一件他們將要說出的事，協助某人死亡的行動是比性還要親密，比生育子女還要親密，且一但你已經進行，你就不能再從頭來過。」

是一個小女孩的時候，她崇尚科學，在高中時代，她的輔導老師建議她做個科學圖書館館員。她後來成為護士，且因為她已經在學校跳過好幾級，她在21歲那年登記為護士並加入越戰。她知道自己是最年輕的護士之一。

從西元1966年至1968年，她去越南兩次，在撤退地區的醫院中做一個外科、加護或急診護士。在撤退地區，就如同這些醫院的名稱，是傷者從前線帶離之後第一個被送到的地方。一旦他們的狀況穩定，就會被送到其它的軍事醫院。

護士，是經常被提起的，並沒有投入戰鬥之中。確實他們沒有躲開子彈，但他們不能逃避屍體。「最初幾次你剪掉某些人的制服，而腳也跟著掉下來，沒錯，你的心在吶喊，但你非常、非常快地將它嚥下。你必須要。若是你失去控制，他們就會死。就是那麼簡單。」

那時支持她撐過去的，現在也提供一些幫助，是知識使她創造了差異。她選擇去花下第二年的時間留在越南，因為「這傷痛不斷的來，戰爭越來越糟，而我是專精於我所做的。」她知道「這些人們會有未來，因為所有的我都經歷過了。」

……當某人，他們未曾料到就在夜晚來臨時回家，是那麼的不可思議的急促。這些是她嘗試去想起的人……

恐懼和痛苦來自於這些人並未形成的記憶。一些人從來不曾重獲意識且時間從精神錯亂到死亡是在不知不覺中流逝的。一些人生氣，知道他們是太年輕所以還不能死……

她從不鼓勵任何人去否認他正瀕臨死亡。若一個男孩說，「我將不會變成那樣，不是嗎？」她總是會說，「它看起來不好。」總會有個理念。她想要這個人能說出任何他們在死去之前所要說的事。

親密是顯露於字彙、沈寂與撫觸之中。她從不害怕觸摸病患。「規則未必是合宜的，你是護士、醫生，你是他們的病人，你是他們的女朋友，他們的妻子，你是他們唯一擁有的，且無論要付出什麼，那就是你會得到的。那是你在那裏的原因，這就

是自動自發的。」

……David是她所記得的那些人之一。十八年後，她寫下一首有關他的死亡的詩……

另外還有一個男孩的記憶在他死後許久對她而言是重要的。她已忘記他的姓名，但記得他的臉。「他是一隻小蝦，大概體重是120磅。這個孩子救了我的命。他甚至不髒。身上沒有任何傷痕。或許待在越南只有幾天。我不知道陸軍想要從這孩子身上得到什麼，一個黑人小孩的確應該已經遣返。我舉起他的頭以便轉動並檢查他的瞳孔，腦漿則從他的耳朵掉到我的手上。他已經因震盪性的爆炸而死亡。我只是看著他的腦部組織並想著，「不論他是誰，他已經不是在這裏了。他有一個愛他的母親和未來、過去，且他是從某個地方來的。這只是如此的……浪費。」

就是這項記憶在她考慮自殺的那個時刻回復：「我想扣扳機且我的腦漿就會飛濺至整面牆上，而我想到那孩子的腦漿，我已經把我的手洗乾淨，且那時我想到會有人必須要到我的公寓且清理掉牆上的腦漿，並洗掉他們手上的我的腦漿，而我不會這麼做的。」

男性對越南的貢獻是當他們返鄉時會拒絕或逃避。但女性的貢獻，尤其是護理人員，經常是完全不為人知。軍隊，為自己在越南留下的證明會在記錄中記下——例如，計算所尋獲的敵軍武器之數量——不能在這天說有多少女性希望是確實的。軍隊將他們送到從來不會被打擾的地方。當然，其中看來，最常給予的估計值是總共有7500名女性投入越戰的部隊太多。其中有83.5%是護士……

（在1985年）有兩件大事的週年紀念：第二次世界大戰結束

的四十週年紀念，以及西貢淪陷的十週年紀念。她被這兩個支撐她的生活之兩次大戰的景像給淹沒。

她的母親已從第二次世界大戰時納粹對猶太人的大屠殺中倖存。Dusty是唯一的一個祖父母、姑姑、舅舅和堂表兄弟均死於軍營的孩子。直到她36歲且參與一個納粹大屠殺之倖存者子女的團體，她開始了解這些經歷是如何塑造她的……

「我已嘗試去否認過去，也嘗試去逃離它；這沒有用且我不知道要怎麼樣才會有用。或許是一點辦法也沒有。我只是開始去發現我並非獨自在痛苦中且我認為這或許是用這種方式發散的。」

這是令人驚訝的，或許，對某些人而言是如此，但對大多數參與越戰的人來説，除了這份可怕的經歷之外，並不後悔這件事發生了且若有機會仍將重返。Dusty也没有例外。

「我已有親眼目睹的特權，這確是能發生的最慘烈的景像，確實要人如何能夠全身而退。眼見這些男子為其同袍而有的感覺且他們過去所做的事和所有的照顧，我想這些都是絕無僅有的特權。我認為我已經為這些情景感到非常的光榮。」

The excerpt below, which tells "Dusty's" story is taken from Shrapnel in the Heart *by Laura Palmer. Copyright © 1987 by Laura Palmer. Reprinted by permission of Random House, Inc.*

神職方面之專業助人者典範：牧師

侵信會牧師King，是一名亞特蘭大的教區主管牧師，協調一份活動排滿的行程表，包括諮商、寫作、指導兒童、組織婦女的討論會，並發展單身人士的神職工作。無論如何，她成爲牧師而走上助人的道路並不平順。在文章中她遊走全國，發現自己所面對的個人障礙。她的父親的死已留給她憤怒，且除了可愛的家庭並取得資源外，她的青少年期和成人早期是充滿困擾的，隨之而來的是King經歷過沒有價值的感覺並想到自殺。她被拉出來，她說，藉著上帝的慈愛和她生命的目標之發現。許多在助人專業中的學生發現自己從King的故事中得到啓示；對他們來說她是一個強勁、正面的角色典範。其他學生知道King的痛苦，尊重她的奮鬥和勇氣，且想到她爲了達成而「付出辛苦代價」──但她的故事並不是他們的故事。他們是已經「只有極少的機會及些許的支持」的人，在社會工作者兼社區機構主管的Phyllis Bass的字彙中，「已經需要從深處中上升」的貧窮，Phyllis的到達是以專業助人者的角色最後出現在目的地，這是在需求「長得多且慢得多」的長期持續後達成的貧困狀況，隨著道路上的許多停駐以克服路障，例如在尋找和保存工作時將零碎的知識整合，撫養兒童並協助家庭。許多學生回應Bass的顧慮爲是否由非裔美籍人士的成功故事更能被廣泛接受，勝於他們唯一聽說過的那些「主流」之成功故事，他們能混淆這機會不平等的現實並使這神話永遠存在：「若他們只是會離開福利和工作，任何一個非裔美籍人士均有可能成爲總統……簡單。」對這些學生來說，King的故事中所得到的教訓是：即使她有一個具支持性的家庭和獲得各種機會，這對她是困難的，她掙扎──對一個沒有支持也沒有機會的人來說是必定是

極爲困難的！

你認爲呢？你是否認爲没有任何一個人的故事是類似的，無論似乎是有多少明顯的相似之處？是否每位助人者和每位案主，有其自身之獨特故事，自己跟隨的一條特殊路徑？是否他們有權保留他們的故事，有權保存他們的路徑？是否人類服務專業人士有責任去聽聞且去相信每一位案主的故事？是否人類服務專業人士有責任去協助清理路徑？

下列的文章來自對Martin Luther King Jr. 生日前一天的訪問内容，在Rev. Bernice King 27歲過後的幾個月後，她從Emory University得到神學及法學碩士的學位，並獲得浸信會牧師，並在她家鄉的教會 (Ebenezer Baptist Church in Atlanta) 頭一次佈道；而這個教會不論是她的父親或是曾祖父均曾在那裡擔任過牧師。

「小兔」King的第一個野心是長大後成爲男孩。當她的母親一拳正面擊來，九歲大的小兔想要成爲第一位女性總統。之後，她決定去做律師——最高法院的第一位黑人女性。兩年前，她宣佈她想要當個牧師。

今天，Bernice Albertine King牧師，27歲，想要去監獄——做諮商員。

Bernice King天生就具有野心。生於一個具有高度期望和大型活動的家庭中，她是Martin Luther King Jr.的四名子女中最年輕的一個，唯一進入神職工作者。星期一，這尊崇她父親的假日，全國將會記得他那廣大社會變遷的夢想。且Bernice將在自己的崗位上工作：一名青少年監獄的牧師，她能在那裏傳播法律上和靈性上的諮商和藉著個人而改變社會中的群衆。没有這

樣正式的方案成立,但她有信心和資源聯繫以使這樣的一個方案展開。

五月,Bernice接受一項神學的碩士學位以及來自於Emory大學的法律學位。她畢業的那天晚上,她被授以浸信會牧師一職。自從那時起她已經爲Fulton那青少年法庭的法官做法律書記的工作,計畫取得神職式照顧的諮商博士學位並促成她的監獄計畫。「我正嘗試去進行田野調查。我想我們需要知道一些新事物,而不是拋棄舊事物,但我正試著去發現在那裏我的『天賦』能派上用場。」

她不時到教會團體和其他組織中講課,她在馬丁路德・金 (Martin Luther King) 合唱團中唱次中音,在每個月的第一個禮拜天,她支持亞特蘭大的Ebenezer Baptist Church的佈道——她的父親、祖父和曾祖父都是那裏的牧師。

在最近的一個禮拜天,Ebenezer的團聚週末,Bernice在會中佈道,她第一次在故鄉的教堂擔任牧師。在五呎五吋高,擋住她身形的大部分的講台上站著,但她的聲音高昂。她花費40分鐘講道:「爲何教堂不能靜默」。她斥責某些成員是「他們被天堂給綑綁住了,以致於他們沒有地球上的責任」且他們捏住鼻子,「就這樣顯露出他們完全排斥的態度。」在這次聚會中持續「保持忙碌」,她從講台上昂首瀾步的走下,被包圍在爵士樂舞步和如雷的掌聲中。

儘管她已是一位佈道家,她知道在許多的聚會中的群眾可以在她的臉、聲調和姿勢上看到他的父親;而這比較困擾著她。在她十五歲生日之後的一星期,她的父親在曼非斯 (Memphis) 遭人暗殺。

「當人們走到我面前說話時,總說:噢,你眞像你爸爸,我

不知道該説些什麼，或許我應該説：謝謝你？」

那個星期六，「謝謝你」是她對那些在接受服務之後握著她的手的支持者之回應。「有些事我將必須要和時間搏鬥，但我將要接受它，因爲這是掙扎的一部分；這是做爲某人的子女、而這個人曾有過極大的影響。

「我也了解人們是尋找一些希望，和對許多人來説，希望是民權運動的主旨。這是Dr. King……他們想要做些事以回到Dr. King的身邊。

給Coretta的回聲

Coretta Scott King，63歲，從加州的家中飛來及時探訪她的佈道。她會回到洛杉磯，在第二天繼續慶祝女兒Yolanda的戲劇公司Nucleus成立十週年慶。Yolanda，35歲，花費大部分的時間在洛杉磯和紐約市，儘管亞特蘭大對King的四名子女來説都是他們的家。Martin三世，33歲，是某郡的地方司法行政長官。Dexter Scott，29歲，是名娛樂事業的製作人，陪同其母參加Bernice的佈道。

Coretta，小心翼翼的移動她的雙腳，因爲年齡和長途高速飛行後產生之生理失調而浮腫著，原本看來是無法參加這次佈道。之後她説她只是緊張。「身爲單親母親，是個永遠無法完全放鬆的人。你無法聽到沒有任何批評的，當她做得好，你會覺得非常高興。」

且那時她説只有一件事會讓她的女兒退縮。「我無法在她站在那裏講道時不去想起她的父親。」

記得父親的葬禮

Bernice絕不是模仿她的父親。她幾乎不記得他。Joseph L. Roberts——自西元1975年起即擔任Ebenezer的牧師且在Bernice的祖父於西元1984年過世後變成他的指導者和繼父——同意這樣的比較是不公平的。「這世界正企盼能知道Dr. King魂歸何處，就如同這世界將不斷的呼喚他」，他感嘆。「毫無疑問，透過遺傳基因與環境，她已天生具有得自於他的天賦。但這對我們和世界來說不要陷入那以她的祖先魂魄所織成的扼殺個人的圈套。」

當Bernice於西元1963年3月28日出生時，她的父親已前往阿拉巴馬州的蒙哥馬利市，巴士聯合抵制活動，是協助成立Southern Christian Leadership Conference且被關入獄中，被毆打和攻擊。當時Bernice只有四個月大，他發表了那篇著名的：「我有一個夢」的演說，在華盛頓的遊行中，當她十八個月大時，他獲得1964年的諾貝爾和平獎，且在她兩歲時，他從阿拉巴馬州的Selma號召遊行，到蒙哥馬利市——之後發生著名的「血腥周日」——在全國的電視上。她聽說她過去怕這個經常缺席的父親。「一直到我接近四歲時才真正地開始了解他和他在我生命中的意義。」

她的記憶被許多特殊的事件弄得模糊不清，但有一件事直到今天還緊黏著她，一件為這位正常理智的成人恐懼死人的現象完全負責的事情：這開始於當她登上那架載著她父親的屍體飛離曼非斯的飛機上。「我聽到，或以為我聽到，一些聽起來像是呼吸的聲音。且我告訴媽媽，「他正在呼吸。」她已充分的向我解釋他是沒有辦法說話的。所以，在我心裏，這意味著他也是

不能呼吸的。「但我卻聽到他的呼吸聲。」

她的恐懼在葬禮中更形惡化，那時正播放著一卷King在Eben-ezer最後一次佈道時的錄音帶。「這使我感到混淆，因爲我的媽媽說他不能講話，且那時我聽到這卷錄音帶。我開始找尋他。」

直到今天，她對死者的情緒反應是幼稚的。「若某人死去，我不能確定他是已經死了。這是令人毛骨悚然的。這像是他們會回來般。」

這卷始終縈繞在心頭的錄音帶是於1967年4月4日錄製的——也就是在他被暗殺的那一年。而他是在傳播他的讚頌。

對Bernice並無障礙

將近於這民權英雄過世四分之一個世紀以後，種族主義和歧視持續著。「這件事實」，她說，「是即使我們已經移去一些障礙，我們仍無法消除心理上的影響。」

尤其是對年輕的黑人男性。

提出他們的問題且Bernice意志堅定。「許多我們的年輕人被關在我們的看守所和監獄中是因爲他們不知道自己是誰，不知道自己的潛能。我想要他們將自己的能量放在正向的方法上……打人是容易的；罷工是容易的。對某些事許下承諾遠比自己去做一些偏差的事要有價值的多。」

較多的承諾，這「上帝的知覺」是Bernice希望在她仍然擔任協助那些青少年的牧師時就能再次喚醒這些孩子。然而她必須指出如何使夢想成爲事實。一位專家提出忠告：學習如何使他們穩定，研讀青少年心理學。

這需要是存在的，Don Smarto表示，他是一個全國性團體，監獄傳道人機構的負責人。「有一些方案，但這些是小型的，或

只是那些離開自己的教堂且可能有其它工作的寬厚的人在執行。」

Coretta說她的女兒對協助黑人男性有興趣是自童年期即已萌芽；她總是和男孩子一起玩：籃球、手球、街頭曲棍球、網球，你只要説出來。「她就像是一個小跟班，眞的。」Martin三世這麼説。

她在那時經常認爲自己是個男孩。她告訴母親當她長大會變成一個男孩。她的母親告訴她，「不，你還是會成爲一名淑女。你將會像我或是姊姊Yolanda。」

Coretta説：「她的感覺在小時候就是對女性在意的事情没有任何障礙，那是件好事。Bernice没有遭遇到上一代所受到的隔離。她知道的，當然，但她没有經歷過這許多苦頭。所以她覺得事情都是開放的。Bernice總是把她的目標定得很高。」

「我爲她的成長感到非常高興與驕傲」，Coretta説。「哦！了解對她來説困難的挑戰是如她的父親所服務的領域是相同的。」且她好奇的是如果Bernice研讀法律就可能會有些方面是和她相像的。

提防——但尋找笑容

Bernice不信任這些新聞媒體所以很快的説她幾乎不接受訪問。她的母親也嘗試去保持距離；這次訪問是Coretta的第一次且已安排了六個月。Bernice保衛家中的範圍，指明不可描述她的住家或甚至是她住在城中的那一個區段。她也不討論來自於演説和工作的收入；這個郡大約支付一名新來的法律書記官約29000美金的年薪。她有些羞於提及她那25000美金的名車（Acura Legend），尤其是自從她勸告受刑人有關於物質主義

的邪惡之後。打電話給King的家人都會被為非暴力社會改造的Martin Luther King Jr. Center之工作人員所阻擋。且Bernice家中的電話號碼是個秘密。

安全是一柄雙面劍。

「我投入神職工作，且我必須擁有一個列在名單上的號碼，道德上。」Bernice說。但死亡一直威脅King的成員；一個公開的電話號碼可能造成不能挽回的傷害。甚至與教堂有關的電話可能像滾雪球般變成不必要的干擾名人。

「真正困難的是指出。我不是對有關於保護性的屏障特別瘋狂，因為我只是個平凡、普通的人。」

只是一個希望人是不會對她如此嚴肅的平凡、普通的人。有些人期望King家中的一位成員會是有名的。身為神職人員，她期待為所有的人做每一件事。「這可能是一通寂寞的電話，因為人們總是拉住你。有幾次當人們走向你且說著「我能為你做什麼？他們總是想要得到。」

為了愉快的放鬆，她看著她的男朋友，高大、英俊的Tony Frierson。在他身邊，她就變得不一樣了。這King牧師變成「兔兒」，且這兩個喋喋不休的傢伙就像孩子一樣。在一起，他們是……很可愛的。

Frierson說King是「一位非常聰明且知識豐富的年輕女性，在她身邊幾年，隨著時間先後順序而進展。」好玩的事情是這個男士是她的初中三年的同學。他們已經約會一年，但是因為他的晚間工作安排在Turner傳播系統的主控室中，他們不能像所有喜歡的男女友人那樣經常在一起。「我們沒有在一起做很多事，我們沒有時間。我們在一起做許多晚餐——太多了。我們兩人都已增加太多體重。」

　　都是堅持──即使沒有太令人信服的──婚姻並不在計畫之中。對Bernice而言，婚姻平等是複雜的：「我們兩人彼此眞心相愛，但這只是現在。婚姻令我非常害怕。這不像加入一個健康俱樂部。接下來是教會，這是最令人害怕的機構，因爲從婚姻產生家庭，且家庭支持社會並能最終決定社會將會在那裏結束。」

　　且儘管路途是不確定的，她知道社會──和她──應該在那裏結束。

學校社會工作之實務典範：校長上學

　　Rosemary Schroeder是一所市郊小學的校長，業已執教鞭達
27年之久。她也是本文的作者，她曾經學習綜合力量本位、個案
及解決本位的理論的社會工作實務。這綜合理論集合基本社會工
作價值及實務原則，包括有力量本位的評估 (Saleebey, 1992;
Cowqer, 1994) 及解決本位的方法 (Berg and Miller, 1992; Walter
and Peller, 1992; O'Hanlon and Weiner-Davis, 1989; and DoSh-
azer, 1985)。Schroeder影響她的學校的處遇協助團隊 (Interven-
tion Assistance Team) 對老師與家長來採取這種模式。她記錄下
應用這模式的學校社會工作實務的真實經驗。她更覺得學校可能
著重在問題層面，以致於忽略了學生、家長及老師可能有的力量。

動物學校

　　從前，動物決定牠們必定要做些英勇的事情以符合「新世界」
的問題。所以它們組織一個學校。

　　牠們所採納的活動課程是由跑步、攀爬、游泳和飛行所組成
的。爲了更簡便的管理這個課程，所有的動物選取了所有的學科。

　　鴨子在游泳一門中表現優異，實際上勝過它的教練，但牠在
飛行這一門中剛好及格且在跑步上成績極糟。因爲牠在跑步上動
作頗慢，牠必須在課後留校和退掉游泳課以練習跑步。這是保持
到……牠在游泳上的成績只是到達平均分數。

　　兔子在跑步課上從一開始就是成績最好的，但會緊張的失
常，因爲在游泳課裡有許多彌補的工作要做。

　　松鼠在攀爬上表現優秀，直到牠在飛行課程中感到挫敗，那
門課的老師要求牠從地面爲起點而不是以樹頂爲起點而飛下。牠

也因過度發揮以致抽筋,並得到爬行課程中的C和跑步課程中的D。

老鷹是個問題,且是被嚴厲的教訓。在攀爬課程中牠打敗其牠動物,但牠是用自己的方式而到達樹頂的。

草原土撥鼠不上課且與強徵稅收抗爭,因爲管理機構無法挖掘並鑽入洞穴以交付課程表。牠們讓自己的孩子當權的學徒並之後又加入土撥鼠和地鼠以成立一間成功的私立學校。

——George H. Reavis

在今日的學校系統工作之行政管理人員、老師、社會工作者和諮商人員是爲在獲致成功上有困難的學童決定各項令人激賞的策略。在學校中的各種問題通常不是獨立存在的。它們透過家庭作業抗爭和學校恐懼症之類的問題而溢流滲入家庭生活中。同樣的,家庭問題影響兒童在學校的表現。學校的處遇團隊必須敏銳地明瞭環境和工作意願兩者均是在設計影響各項變化的策略上將會促成學童能夠遵循自身在學業上和社會上雙方面的潛能。

最近幾年以來,一種類似於學校的模式進行著。學童的問題幾乎是經常引起學校處遇團隊的注意,而這不是來自教師,就是來自父母。時常,他們處於挫敗感中,爲學童和自己無法復原、整治情況而感到反心。甚至會表現出敵意與憤怒。他們的期望經常似乎是這處遇團隊將會發現一條路以改變這個孩子,因此所有的狀況都會好轉且問題將會消失。團隊評估這問題,之後制定建議的解決方案,這其中有許多將不會被採用,且情況將只有極少的或沒有改變。最後,教師和家長雙方可能會放棄這個學童,爲缺乏成果而責備他且爲自己在扮演父母和教師的角色上失敗而自責。這的確是這幾年我們在學校中寧願不承認的各種事情發生的

結果。當運用將焦點放在力量 (strength)、案主目標 (client goal) 和解決方案 (solution-focused) 等模式於學校內部的談論會上,顯示一些爲何這個模式不能發揮功用的理由。這些模式的基本教義中有許多是在這些研討會中修正的。我們的處遇支持團隊研讀這些並發現我們能藉著再思考和重新建構我們的模式而運用許多的基本假設於處遇團隊研討會中。我們藉著仔細聆聽父母或教師的顧慮而開始這現在已加入父母和教師的研討會。我們明白他們的挫敗並表達我們爲他們已經投注心力於解決狀況而產生的感激與欣賞。我們嘗試去將他們對問題的了解更勝於對團隊的這一部分進行說明與澄清,因此,他們不是團隊成員,而是專家。之後我們詢問他們什麼對於學童來說是好的且什麼策略將會奏效。我們鼓勵他們去談論有關於這名學童的力量、資源和能力,以及他們自己的。對我們來說這經常可能是去發現這敘述者鬆弛下來如同這些負面情緒已經沈澱下來。我們發現這開放了澄清其目標和產生正向的解決方案的道路。我們的希望是表現出對他們的尊重、確信他們是正當的、建立他們的自信、並消除他們挫敗的經驗。在過去,我們被固定於界定問題;因此,我們會高估力量,即使界定問題在發展解決方法上是如此的有效,如此的具有實務性。團隊是包含那些確實的決定問題爲何並提供我們解決問題之策略的建議之各個專家所組成;因此,我們經常提議各種與家庭之特殊生活方式、教師之課堂教學形態或兒童的學習形態不符的策略。現在,因爲父母和教師決定他們自己的解決方案,這解決方法對他們有效且知道這對他們來說是能夠實施的,他們就更可能去全程依循。在此應該記錄下來這團隊的組成分子有所改變,而所依賴的便是狀況。在一些例子中,這團隊是由教師、諮商人員或心理治療師和社會工作者。在其它情況下,這團隊可能擴充至

包括學習障礙專家、語言治療師和特殊課程的教師。當父母要求
召開研討會，他們就和教師一樣，總是團隊的一部分。以下爲一
些團隊成效的實例：

· 團隊過去習慣建議例如在家中的個人書桌提供給學童或設
  定從晚間七時至八時爲讀書時間。我們現在與父母談論有
  關於是否他們發覺自己的子女對擁有這特定的時段有所反
  應且安置讀書的地方亦是，若眞如此，是一些特殊的實務
  工作與其家庭模式符合。在此，我們尊重他們的多元性並
  認可他們做爲考慮周詳的父母是稱職的。

· 當一位教師將一名8歲，就讀於三年級的女童Nahid的狀況
  與團隊商討，她經常藉著在不適當的時間場合大聲說話而
  干擾班級課程，我們詢問是否這名學童仍有一些行爲合宜
  的時間。在此，我們依循以解決方法爲焦點的模式
  (solution-focused model) 之實務工作方法，藉著當這問題
  沒發生時的時段和例外的發現而獲得解決方法。教師說
  Nahid在參加結構性的活動時行爲良好，因此決定將自行於
  課程中安排更多的結構性活動。

· Susan，9歲的四年學生，不參與課程活動。在此我們結合
  力量基礎取向 (strength-based) 與以解決方法爲焦點的模
  式 (solution-focused model) 等實務工作方法以詢問這位問
  題陳述者說出他們會如何採取不同的行動，若這問題已消
  失無蹤。在這個例子中，這位教師花費一些時間在反映問
  題上，但終於能說出當Susan參與更多時，她自己會提供更
  多的讚美和做些事情以建立Susan的信心。她說她認爲自己
  能夠現在就開始讚美Susan所表現出來的能力，且列出這些

素質。最後，Susan得到信心並開始更常參與。

在最近的研討會中，一位教師報告了他對一名7歲的一年級的男孩David感到厭煩，這個男孩時常在並未有所挑釁的狀況下打其他的學童且總是與教師爭辯對他的處罰方式。這名教師已經忍下來但已容忍得太久，且對David感到非常氣憤。當這件事發生時，這名教師可能描述這次攻擊事件的發生是連續不斷且毫無理由的。我們給這名教師許多時間去發洩他的挫折，之後再問是否他喜歡任何與David有關的事物，他所注意到的任何長處。這位教師微笑並立刻承認David具有優越的幽默感。他重新以協商的方式來架構與David之間的爭執，而這是David習慣用以解決問題的技巧。這名教師目前正與David合作，並運用其協商的技巧以處理David和同學間的爭論。

在最近的研討會中，這個團隊聽說Joseph的老師所提出的真實狀況。13歲，六年級的Joseph正在班上奮力掙扎，然而他的表現仍無法到達他的能力層級。他在保存和運用概念上有困難，這反映在他的考試分數和家庭作業上。他的理解和表現在他積極投入某項活動時就會改善，但在聽課的時間，他似乎失去注意力和集中力。除了當他在主動參與某些活動時會顯現出他的力量以外，他是一個誠實的學生，想要改善他的成績，且對老師的支持和提醒有所回應。其他的資源包括這個班級中另一位老師的出現和Joseph雙親所給予的支持。

計畫去建造Joseph的力量，每位團隊成員接受特殊的任務。課堂中的老師計畫去增加對Joseph的提醒以幫助他集中精神。學習障礙專家將與Joseph在數學課上合作以提昇

其習得種種技巧的資訊，並將設計一張大綱表格以跟隨作業完成上的步伐。Joseph能保存他的表格在書桌上且將影本貼在家中。Joseph的父母將聘請家教，另外，語言治療師將與家教分享有關於如何指導Joseph的資訊，這些有助於記憶的策略可提昇他在資訊上的記憶力。心理學家將透過課堂的觀察和複審父母保持在家中的清單以評估注意力的形式。

我們是在發展提供文件的方法和測量我們的新取向之過程中。因此，我們具有更多的成功經歷且更少的挫敗。我們將這樣的信念帶給老師、父母，且可能是大多數的學童，他們想要成功，且我們樂於協助他們成功。

個案管理之實務典範：
每件事都在這個時段內發生

　　我不想說Willy Loman是一位偉大的人。他從沒有賺很多錢。他的名字也未曾出現在報紙上。他也沒有最好的性格，但是他是一位凡人並且也發生了一件可怕的事。所以我們必須注意他。他還未死，但我們必須要注意他。

——Arthur Miller*

　　假如用自己翅膀來飛，沒有鳥可以飛如此高。

——William Blake**

　　沒有心理學，只有自傳及傳記。

——Thomao Szasz+

　　我想要充分過自己的生活。

——Christopher Pollet（假名）(1992)++

　　這個實務範本是用來以Mary Kag Martin-Heldman合作，她是以前個案管理師，現在服務於市區AIDS服務機構的個案管理主管。這個範本根源於Martin-Heldman所寫的書，其中她對個案，Christopher Pollet（假名）工作兩年的報告。

　　從一開始，Martin-Heldman和她的個案即在很豐富的溝通中

---

* Miller, A. (1949). *Death of a Salesman,* Act 1. In *Bartlett's Familiar Quotations,* 16th edition (1992), edited by J. Kaplan. Boston, MA: Little, Brown & Company, p. 738.
** Blake, W. (c. 1793). The Marriage of Heaven and Hell. Proverbs of Hell, line 15. In *Bartlett's Familiar Quotations,* 16th edition (1992), edited by J. Kaplan. Boston, MA: Little, Brown & Company, p. 357.
† Szasz, T. (1973). The Second Sin. In *The New York Public Library Book of Twentieth-Century American Quotations* (1992), edited by S. Donadio et al. New York: Warner Books, p. 341.
†† Unpublished source.

建立正向關係。Martin-Heldman是以個案爲主並且很能掌握情境。有些個案得到專業者認爲他們所需要的，而不是個案認爲他們所需要的。不同健康專業者以及家庭、朋友、以及社區常有明確的想法來認爲什麼是對個案最好（正如Mr. Pollet）及明確期望內於一個案管理者應如何產生想法。

　　在一般直接服務課程（如本文作者Martin-Heldman）所正確認對案主目前的承諾，及和指導者諮詢，設計應用一般實務原則的策略來調節不同人的觀點，對個案目標協商承諾，保持自己的精力和最重要地，將自己的力量充分發揮並幫助個案達成目標。Martin-Heldman機構已整合這理論模式到他的個案管理服務，並且也獲得其功效。此篇報告指出個案非常滿意他的服務以及個案管理師也少有崩熬及覺得較少工作負荷量（Martin-Heldman服務Mr. Pollet的同時也服務了137 AIDS個案）。假如這些狀況是成立的，那麼這個理論模式有其很大的實務價值。

　　Christopher Pollet（此乃假名）被本地的醫院之AIDS中心的醫生轉介至個案管理服務。36歲的Pollet先生已被診斷爲AIDS、嚴重的神經系統疾病和潛在性球菌型腦膜炎。對神經末稍的損傷影響到他的運動能力，他行走困難且需要依賴柺杖作爲支持。他消化食物的能力受損以致於體重嚴重減輕。醫生顧慮到Pollet先生的生活環境並不安全。他們都知道他會需要居家照顧以處理AIDS可能會產生的併發症。Pollet先生不一定是居住在街頭、與朋友同住，或是住在臨時的市中心庇護所。他沒有接受所需要的特殊營養，也沒有受到保護以免於他那無法對抗外界的受損之免疫系統受到感染的風險。在我們的評估中，Pollet先生告訴我他想要個案管理服務及搬到一個更安全的住處。

　　在我們第一次見面的時候，Pollet先生是充滿怒氣、機智，且

非常聰明。他開放的分享自己的感受。他已經積極地運作以製造他所擁有的大部份資源；例如，他有許多的認識的人，且他已經能夠用本身的技能交換短暫的臨時住處和食物。Pollet先生形容他自己是「一名倖存者」。他又說：「我總嘗試去維持自己所說、所擁有的獨立。」Pollet先生將自身的獨立視爲「對我的個人身分來說是非常重要的」特質。他是五個兄弟姊妹中最年幼的，17歲父母過世之前是由正統派基督教（Fundamentalist）機構支持父母將其撫養長大；他在鄉村小鎮中成長且爲公開的同性戀者即使鎮上的居民反對他的生活方式……他說他回憶起「許多次，當我覺得我的家人不愛我是因爲我的性偏好。」他聽到鎮民將同性戀男子歸類爲「邪惡的」或是「精神異常」的。除了他們在接納他的差異上有困難之外，人們對於他在攝影、烘培和園藝上的創造力感到驚奇；因此，他說：「我發現自己在鎮上占有一席之地。」他在高中畢業後離開家鄉並儲蓄足夠的錢以進入東岸的商業藝術學校。當他完成他的訓練，他發現一項在這個城市中的工作且自從要維持一項固定的工作記錄開始就已住在那裏。直到他的病使得他不能夠工作，他在同一家公司中保有經理級的職位八年且享有一份好的收入。他多年來既沒有伴侶也沒有性方面的活動。

　　Pollet先生告訴我他在意自己的健康，他表示：「我並沒有準備讓病毒奪走我最美好的一部分。」此外就是要「維持我的獨立」。Pollet先生陳述他的目標爲：「我想要過著最充實的生活」。障礙是他在維持長久住處上的困難，以及缺乏支持性系統（他的家人住在別州，且他不覺得家人會有所回應），困難是在接受他因爲病情過於嚴重以致無法工作的事實，且適應於每月以政府之社會安全補助金約430美元的低收入維生是麻煩的，這遠遠不如他有工作時所賺得的。

　　我了解他經歷多重的侵擾，包括生理和情緒方面的正常，以及身為一個稱職的，具有生產力的成人之角色、地位和自我形象上。他的生命歷程在精華時期被縮減。我想要同時支持他去維持自身管理自己生活上的權力及當他在接受為自身持續進行的慢性疾病所需要的幫助時能保有自身的尊嚴。

　　Pollet先生和我同意共同致力於朝目標前進。我提供支持。我帶給他有關AIDS患者：安置中心的資料。他決定搬到那裏但不遵守居住規則或支付兩個月的房租。在安置中心的工作人員調查到他酗酒、嗑藥，且將他的行為歸因於化學物質上的依賴。我討論了建立收款人的制度或進入化學物質依賴的治療方案中等選擇，或兩者均採納，但他拒絕接受任何一項選擇。他說他感到會在集體性的住所中受到「束縛」且「尚未準備好依靠權威者的規則生活。」這安置中心將他逐出。

　　我們再評估。他想要嘗試單獨住在公寓中。我支持他搬家。在六個月之後，他被兩間公寓以未繳房租為由而逐出。我談到對處方藥物的過敏；他同意也有這個問題，因而被送到藥物治療中心，但在兩天後被要求離開。這中心說他販賣抗憂鬱的處方藥；他否認這個說法。在這個時候，他的健康狀況急速惡化；他走路有極大的困難且不方便、脆弱。他的醫生和我與他見面討論這健康正在走下坡的事實，並談論有關於將他的家人納入對他的照顧之中或尋求安置於護理之家等選擇。他說他「沒有準備好」進入護理之家且想要評估其它的資源。我了解在某個程度上他希望被照顧，但在另一個層級上他想要和同年齡層要的一樣：是自治的、稱職的且控制自己的生活。他同意舉行家庭會議，由他的兄長和其妻子參加。其他的家庭成員拒絕參與，因為他們聲稱Pollet得海洛英癮且對他們說謊、行竊多年。這對夫婦同意將自己的房

子提供給Pollet先生,且他也接受了。我安排居家健康照顧且Pollet
搬到外州他兄弟的家中。數週後,他的嫂嫂打電話,充滿恐懼的
說錢不見了且毒品販子打電話到家裏。Pollet先生否認這樣的說
法。在這時刻,醫療團隊覺得需要進行Pollet先生的精神和心理狀
況的評估。進行評估的人表示Pollet先生是他曾評估過的個人中情
況最佳者之一。

　　之後Pollet先生離開其兄之住處並回到這個城市中且停留在
庇護所。他的健康是急速惡化且他的免疫性戰鬥的白血球數量降
至0這一級 (正常的層級大約是1000),使他處於所有形式的感染
風險中。在一週之內,在他摔倒並跌斷他的臀部之後,庇護所的
工作人員帶Pollet先生到醫院急診室。當他被送入醫院,他的醫生
和我討論有關於他的嚴重惡化的健康狀況──他的體重下降到81
磅,他有嚴重的腹瀉,且他因爲神經系統的疾病以致於無法動彈。
Pollet先生表示他明白現在自己的需要已經改變。他說他了解自己
需要有個人去準備三餐、保持他的清潔並給予他支持。他要求回
到過去被逐出的那家AIDS安置中心。他說自己現在覺得與其他同
樣是AIDS患者的人住在一起最舒適且準備好接受結構性的方
案、付房租並遵守居住規則。

　　我與安置中心的工作人員討論,他說Pollet先生必須在重新進
入之前完成化學物質依賴的治療方案,但因爲Pollet先生仍然否認
使用藥物或酒精,因此沒有治療機構願意接納他。我打電話給一
些中心也是表達對AIDS問題的顧慮和改變患有絕症的人之動
機。(這問題是如何記載痛苦、化學物質依賴和AIDS已成爲我身
爲個案管理者在爲了自己和案主持續性掙扎的來源。許多治療模
式爲AIDS患者強調康復和節制的重要性,爭論它支持病患的健康
並協助他們解決內在衝突。然而許多AIDS病患覺得他們只有一段

非常受限的時間去選擇自己的方式，且許多是發現他們的化學物質依賴成爲其疼痛控制的方法）。

　　Pollet先生衡量他是要選擇去護理之家、收容所或回到街頭和庇護所。他選擇護理之家，但他是氣餒的。他了解自己會放棄自豪的獨立。他顧慮到自己失去活動能力故與朋友和認識的人失去聯繫。他覺得應該離開這裏，一個年輕人竟然待在老人的住處。他擔心自己會沒有足夠的經濟資源和對自己的金錢失去控制（護理之家會成爲收款人且他每個月會分配到30元美金）。

　　他說自己害怕死亡。他想自己不會被任何人所需要，但主要是，他說：「我害怕自己會被孤立且被遺忘。」他和我都同意運用彼此的合作關係以腦力激盪出他能在這新環境中盡可能的保存自己的權力之方式。護理之家支持這個計畫，這包括Pollet先生的參與，以及AIDS醫療中心之醫護人員，一項對護理之家工作人員對AIDS及其治療的在職訓練課程亦是。Pollet先生認爲這是他的一個機會，要履行所需要的服務且使得工作人員更能接納他，因此他們就不會怕他或日後患有AIDS的病人。他計畫去指導工作人員人像攝影技巧因此他們能夠爲居民及其家人拍照。當他覺得身體狀況良好，他會爲居民的特殊節目而烘焙和裝飾蛋糕。在機構中的義工計畫探訪Pollet先生。Pollet先生想要繼續與我見面，且我們約定每週一次的探視和每週兩次的電話訪談。這目的是維持一個支持性的關係，回顧計畫和視其健康情況之改變而給予調整。Pollet先生建立其新目標爲：「我想要完成這次自己是停留在一個安全的環境中，在那裏我感覺得到支接與照顧」。我們同意這份工作的時間架構會是在他的生命期間。

　　一週之後，再次探訪他時，Pollet先生已經花費那30元去買香煙，並想要從他的支票中得到更多錢。一項妥協的方法在他、護

理之家工作人員和義工之間實施，也就是購買較便宜的香煙。Pollet先生已經想到自己接近死亡且告訴我他想要在死之前與家人和平相處，但有個障礙，他覺得是這事實上他的家人並未探訪他，且他們從來不曾接受真實的他。我們為他練習了幾個向他的家人溝通他的感覺之方式並安排與他哥哥的長途電話。Pollet告訴他的哥哥他覺得這個家庭因為他是男同性戀者而加以拒絕且說他希望家人能來看他。這是第一次我聽到Pollet先生對他的家人表達正向的感受。他的哥哥立刻回應，於下個週末探訪他並帶來衣物和香煙。

在下個星期的訪視中，護理人員說他們對Pollet先生將用過的尿布四處丟在住處內。他們正考慮將他逐出，因為健康維護的規則已經被他破壞。Pollet先生承認這樣的行為，說他覺得憤怒、被孤立且被拒絕；他說自己是這個地方最年輕的人，是非常寂寞的，且沒有參與任何一項我們腦力激盪出來的任務。工作人員、Pollet先生和我都執行這項決議。健康維護規則的重要性和Pollet先生照料個人的衛生都已明瞭。置物櫃有數個將會貼上Pollet先生的名字，他將負責把尿布丟進置物櫃中。為了交換這項承諾，Pollet先生將會協助護理之家設計其新的簡介中之攝影部分的設計。這樣的協議保持著。此外，Pollet先生確實參與計畫中的AIDS教育課程方面的口頭陳述，且表現十分出色。Pollet先生現在準備好接近死亡，且在下週的訪視中，我們完成了生命回顧，包括回顧他的各項成就，他引以為傲的和在他生命中具有特殊意義的人。他期待回顧且說這對他而言意義重大的是有人對他的故事有興趣且花時間傾聽。這次的回顧帶來了對他父母的愛、年輕時的自由和事業的成績與過去和伴侶的關係都有更新、回復的感覺。這一次，他也回顧了對宗教和對死亡之恐懼的感覺。他已經離開那間受洗

的教會並被指指點點，因爲他覺得是因爲自己的同性戀取向而造成排斥。他已經前往另一個正統基督教派的機構，但這個機構已停止招募成員「當我正在尋求自身的獨立且當我知道自身染上HIV病毒時感到憤怒。」現在，當他完成生命的回顧時，他感到自己已準備好與一位神職人員談論自身的靈性問題並準備赴死。我無法在這機構中發現任何一名神職人員，但他同意見另一位從不同機構來的牧師，且一連串的探視就此開始。

Pollet先生的時間現在是如此珍貴且如此有限。我想要知道自己提供了什麼。我決定寫一封信，提醒他我們共享的各個可資回憶的經歷，讓他明瞭我是如何的欣賞他和尊敬他，並且列下所有他已教導我的事情，這均使我以後會成爲一位更好的個案管理者。

在Pollet先生進入護理之家的三個月後，他去世了。我在他死前兩天最後一次見到他。儘管他在生理上非常的虛弱，他仍然充滿精神、機智、非常聰明，且和我們兩年前見面的時候一樣的開放自己的感受。他告訴我他是「平靜的」且很快的就會與在天堂的父母重聚。笑著，他說：「我知道我已經爭鬥過，我已爲生存而戰，我過去沒有準備好離開，現在我準備離去。」他處理這件事的方式是他「已經將生命逐出」且「改善了」那些需要彌補的事情。我了解他的意思是他過去將自己的生活視爲一片片的碎布而現在已織成一件衣服。他說他與家人和好，且「我已回歸上帝」。他謝謝我所提供的協助。我不知道自己是否會再見到他，但我感覺到我們正在說再見。

其它實務工作之教科書

Compton, B. and B. Galaway (1989). *Social Work Processes,* 4th edition. Pacific Grove, CA: Brooks/Cole Publishing Co.

Epstein, L. (1992). *Helping People: The Task-Centered Approach,* 3rd edition. New York: McGraw-Hill.

Germain, C. and A. Gitterman (1980). *The Life Model of Social Work Practice.* New York: Columbia University Press.

Hepworth, D. and J. Larsen (1993). *Direct Social Work Practice,* 4th edition. Pacific Grove, CA: Brooks/Cole Publishing Co.

Johnson, L. (1992). *Social Work Practice: A Generalist Approach,* 4th edition. Needham Heights, MA: Allyn and Bacon.

Kirst-Ashman, K. and G. Hull, Jr. (1993). *Understanding Generalist Practice.* Chicago: Nelson-Hall, Inc., Publishers.

Maluccio, A. (ed.) (1981). *Promoting Competence in Clients: A New/Old Approach to Social Work Practice.* New York: The Free Press.

Pincus, A. and A. Minahan (1973). *Social Work Practice: Model and Method.* Itasca, IL: F.E. Peacock Publishers, Inc.

Sheafor, B., C. Horejsi, and B. Horejsi (1994). *Techniques and Guidelines for Social Work Practice,* 3rd edition. Needham Heights, MA: Allyn and Bacon.

Shulman, L. (1992). *The Skills of Helping Individuals, Families, and Groups,* 3rd edition. Itasca, IL: F.E. Peacock Publishers, Inc.

Turner, F. (ed.) (1986). *Social Work Treatment: Interlocking Theoretical Approaches,* 3rd edition. New York: Free Press.

Zastrow, C. (1992). *The Practice of Social Work,* 4th edition. Pacific Grove, CA: Brooks/Cole Publishing Co.

人類行為與社會環境　社工叢書 2

著　　者■ Robert L. Berger　James T. McBreen

　　　　　Marilyn J. Rifkin

譯　　者■ 陳怡潔

出 版 者■ 揚智文化事業股份有限公司

發 行 人■ 葉忠賢

責任編輯■ 賴筱彌

登 記 證■ 局版北市業字第 1117 號

地　　址■ 台北市新生南路三段 88 號 5 樓之 6

電　　話■ (02)23660309　23660313

傳　　眞■ 886-2-23660310

郵政劃撥■ 14534976

印　　刷■ 偉勵彩色印刷股份有限公司

法律顧問■ 北辰著作權事務所　蕭雄淋律師

定　　價■ 新台幣 350 元

初版一刷■ 1998 年 6 月

Ｉ Ｓ Ｂ Ｎ■ 957-8446-71-3

Ｅ - ｍ ａ ｉ ｌ■ ufx0309@ms13.hinet.net

國家圖書館出版品預行編目資料

人類行爲與社會環境 / Robert L. Berger,
   James T. McBreen, Marilyn J. Rifkin 著；
   陳怡潔譯. --初版. --臺北市：揚智文化 ，
   1998[民 87] 面：公分. --(社工叢書；2)
含參考書目
譯自：Human behavior ： a perspective
for the helping professions
ISBN 957-8446-71-3(平裝)

1.社會個案工作   2.行爲科學

547.2   87004690